CW01483650

Collection folio junior

dirigée par
Jean-Olivier Héron
et Pierre Marchand

ISBN 2-07-058390-2

© Éditions Gallimard, 1994, pour la présente édition

Loi n° 49-956 du 16 juillet 1949
sur les publications destinées à la jeunesse

Dépôt légal : avril 1994
N° d'éditeur : 67433 – N° d'imprimeur : 64649

Imprimé en France sur les presses de l'Imprimerie Hérissey

HOMÈRE

La guerre de Troie

extraits de l'Iliade

Préface d'Evelyne Scheid

Gallimard

Préface

L'Iliade est, avec *l'Odyssée*, l'œuvre la plus ancienne de la littérature grecque. C'est un très long poème d'environ 16 000 vers, répartis en vingt-quatre chants. Les Grecs en attribuaient la composition, comme celle de *l'Odyssée*, à celui qu'ils considéraient comme le plus ancien et le plus prestigieux de leurs poètes, Homère.

L'aède Homère

Dans l'Antiquité, on pensait qu'Homère était originaire d'Asie mineure, sur la côte de l'actuelle Turquie. Dans cette région étaient installées depuis le xe siècle av. J.-C. des populations grecques. La cité de Smyrne, mais aussi l'île de Chios, située près de la côte, s'attribuaient l'honneur d'avoir donné le jour à Homère. Les Grecs ne savaient pas exactement à quelle époque il avait vécu et ignoraient à peu près tout de sa vie. On racontait seulement qu'il était aveugle, et cette infirmité était considérée comme le signe que le poète était inspiré par les dieux.

En fait, Homère était certainement un aède, c'est-à-dire un poète qui se déplaçait de ville en ville pour réciter ou plutôt chanter ses vers en s'accompagnant d'un instrument appelé « phorminx » ou « cithare ». Comme tous les aèdes, il avait entraîné sa mémoire à parfaitement retenir un nombre considérable de récits légendaires.

La tradition épique

Les aèdes étaient en effet les héritiers d'une longue tradition. Les faits qu'ils évoquaient étaient censés s'être déroulés dans un passé fabuleux, qualifié « d'âge héroïque », une époque où vivaient des héros capables d'accomplir des exploits exceptionnels ayant eu pour cadre la guerre de Troie.

Cette guerre aurait opposé pendant dix ans les Grecs et les Troyens. Mais il était impossible à un aède de raconter toutes les péripéties de cette très longue histoire. Certains récits évoquaient le mariage d'Hélène, la plus belle femme de la Grèce ; d'autres son enlèvement par Pâris et les difficultés rencontrées par les rois grecs pour réunir une flotte armée et obtenir des dieux qu'ils fassent souffler les vents favorables ; enfin, d'autres récits concernaient le siège de Troie et la prise de la ville. L'aède répondait au vœu de son public et choisissait dans cet ensemble de récits l'épisode réclamé. Il y avait peu de « suspense », puisque chacun connaissait le dénouement de l'histoire ! Mais les auditeurs goûtaient l'art de l'aède et prenaient plaisir à entendre de quelle manière il racontait les combats, comment il mettait en scène les personnages, quels sentiments et quelles réactions il leur attribuait. A cette époque où l'écriture n'existait pas, écouter un aède était le seul moyen de retrouver des personnages que tout le monde connaissait et aimait.

Pour composer son récit sans l'aide de l'écriture, l'aède devait d'abord exercer sa mémoire, mais aussi apprendre à utiliser diverses techniques. On remarque en effet que certains vers reviennent régulièrement dans le cours du récit, pour indiquer que l'on passe d'un jour à un autre (« Lorsque surgit l'Aurore au doigts de rose »). De la même manière, nombre de formules, toujours les mêmes, sont appliquées aux personnages et permettent de les identifier. Achille sera dit « aux pieds légers » ou « fils de Pélée », Ulysse « aux mille ruses », etc. Pour l'aède, ces vers et ces formules servent de points de repère dans la composition orale des poèmes. Il permettent également aux auditeurs de se retrouver plus facilement parmi les événements et les personnages.

Tous ces récits ont donc été ainsi racontés pendant plusieurs siècles, à l'occasion de fêtes ou dans les palais des rois. A un moment cependant, que l'on situe au VIIIe siècle av. J.-C., celui que nous appellerons Homère, même si on ne sait rien de précis sur lui, a assemblé quelques-uns de ces épisodes pour en faire un très long poème, l'*Iliade*. A son sujet, les spécialistes s'interrogent depuis longtemps : un homme peut-il être capable de composer oralement un aussi long poème ? Un tel poème peut-il être conservé sans changements en étant simplement appris par cœur puis récité ? Certains pensent qu'Homère a dû en fait utiliser l'écriture, car dans le courant du VIIIe siècle les Grecs ont emprunté aux Phéniciens des signes qui leur ont permis de se constituer un alphabet.

En dépit de sa longueur, l'*Iliade* ne raconte qu'un épisode de la guerre de Troie, qui se situe pendant la dernière année du siège. Le célèbre cheval de Troie, par exemple, n'y apparaît pas !

La guerre de Troie a-t-elle eu lieu ?

Cette question a passionné beaucoup d'historiens et d'archéologues. Les fouilles de l'Allemand Heinrich Schliemann (voir le supplément en fin de volume), si elles n'ont pas apporté la preuve que les vestiges dégagés étaient bien ceux de la cité détruite par les Achéens, ont donné un nouvel élan aux recherches concernant cette période reculée de l'histoire grecque. On sait aujourd'hui qu'une riche civilisation s'est développée de 1600 à 1200 av. J.-C. dans les régions du sud de la Grèce : le Péloponnèse, l'Attique, la Béotie et l'île d'Eubée. Les historiens lui ont donné le nom de « civilisation mycénienne », du nom de Mycènes, la ville la plus importante et la plus riche aux côtés de Tyrinthe, Pylos ou Thèbes. Des recherches parallèles menées dans l'île de Crète ont permis la découverte d'une autre civilisation, tout aussi riche et prestigieuse mais antérieure à la civilisation mycénienne puisqu'elle a connu son apogée entre 2000 et 1500 av. J.-C. On lui a donné le nom de civilisation « crétoise » ou « minoenne », du nom du roi Minos qui aurait régné sur le site le plus important, Cnossos, où l'on peut de nos jours admirer son fabuleux palais, célèbre pour ses fresques.

Ces civilisations connaissaient l'écriture ; une écriture syllabique dans laquelle chaque signe désigne non une lettre comme dans notre alphabet mais une syllabe. Cette écriture, le « linéaire B », a été déchiffrée vers 1950. La langue qu'elle sert à noter est une très ancienne forme de grec. Malheu-reusement, cette écriture n'était employée que par les scribes, qui dans les palais tenaient la comptabilité des rois en la consignant sur des tablettes. Ces tablettes que l'on a retrouvées en grand nombre, notamment à Cnossos et à Pylos, ne fournissent que des informations économiques et ne nous aprennent rien sur la personnalité des rois qui ont habité ces palais ni sur les événements qui ont marqué leur règne. Par conséquent, même si Homère fait d'Agamemnon le roi de Mycènes et de Nestor le souverain de Pylos, rien n'atteste leur existence historique.

Pour des raisons inconnues, ces civilisations se sont éteintes vers 1200 av. J.-C. Si la guerre de Troie a réellement eu lieu, il faut supposer qu'elle s'est déroulée un peu avant l'écroulement de la civilisation mycénienne.

Elle a pu être fomentée par de petits rois mycéniens désireux de s'approprier les richesses d'une cité prospère située en Asie mineure qui occupait de surcroît une position-clef du point de vue politique et commercial. Mais rien à ce jour ne permet d'affirmer avec certitude qu'une telle guerre a bien eu lieu, et il est probable que nous ne saurons jamais si Homère s'est inspiré de faits réels.

Les siècles obscurs et la renaissance de la Grèce

Après la chute de la civilisation mycénienne commence pour la Grèce une période de grande pauvreté qui va durer quatre siècles. Elle fut appelée le Moyen Age grec ou encore « les siècles obscurs », car pendant longtemps, en l'absence de documents écrits, les spécialistes ne disposaient d'aucune information sur ce qui s'était passé pendant cette période. Les palais des rois mycéniens avaient été détruits et la population avait considérablement diminué. Les échanges commerciaux qui avaient permis aux Mycéniens de s'approvisionner en produits de luxe avaient été interrompus. L'usage de l'écriture s'était perdu. C'est néanmoins en ces siècles d'obscurité que s'est développée la tradition épique, à travers les poèmes chantés par les aèdes qui faisaient revivre un passé fabuleux.

Vers 800 av. J.-C., la Grèce émerge petit à petit de son isolement et de sa pauvreté et recommence à nouer des relations commerciales. Un peu partout dans le pays se créent de petits états indépendants que l'on appelle des cités. Plusieurs villages se réunissent pour constituer une cité. Les citoyens sont prêts à se battre pour défendre leur indépendance et leur territoire ; ils se dotent d'un régime politique complètement différent de celui qu'avaient institué les rois mycéniens. A cette même époque, enfin, les

Grecs recommencent à utiliser l'écriture : cette fois il s'agit d'une écriture alphabétique qui peut être employée de manière commode par le plus grand nombre. C'est le début d'une période fertile en transformations et en innovations, que l'on appelle la « période archaïque ». C'est aussi à ce moment-là qu'un aède plus talentueux que les autres et que la tradition désigne par le nom d'Homère a composé *l'Iliade*...

Le monde de *l'Iliade*

S'il est inutile de vouloir chercher dans *l'Iliade* le compte rendu fidèle d'événements historiques, on peut y puiser de précieux renseignements concernant la civilisation.

L'Iliade décrit un monde en guerre, un monde brutal qui laisse peu de place à l'évocation des activités quotidiennes ou des fêtes. Les hommes qui sont mis en scène sont des guerriers nobles et des rois qui possèdent beaucoup de terres et de troupeaux et mènent une vie luxueuse dans leurs palais quand ils ne sont pas occupés à combattre. Les comportements décrits dans le poème sont surtout liés à des traditions : rites funéraires, tactiques de combat, traitement réservé aux prisonniers de guerre et aux captives, partage du butin. On peut voir aussi comment se créent et s'entretiennent des liens d'amitié et de clientélisme entre ces nobles qui, même s'ils appartiennent à la même catégorie sociale, n'ont pas tous la même richesse ni le même prestige. Les seuls éléments qui peuvent apparaître comme « mycéniens » sont des noms de lieux et certains détails décrivant les palais des rois ou des objets précieux. Mais par ailleurs, la plupart des données concernant la vie matérielle, la vie politique et les coutumes renvoient aux siècles obscurs et à l'époque où *l'Iliade* a été composée.

Homère l'éducateur

Plusieurs siècles après la composition de *l'Iliade* et de *l'Odyssée*, les Grecs continuaient à admirer l'œuvre d'Homère, à la lire, à la réciter, à l'écouter. Les enfants, dans les écoles, en apprenaient par cœur des passages entiers. Même si les conditions de vie avaient changé, ils retrouvaient dans ces poèmes des manières de penser qui étaient toujours les leurs et des valeurs qui, bien que d'origine aristocratique, n'en continuaient pas moins à influer sur leurs comportements. Le sens de l'honneur par exemple, l'amour de la liberté, la générosité et le devoir d'hospitalité, le désir profondément ancré de se mesurer aux autres, aussi bien dans les activités physiques que dans les débats politiques ou philosophiques. A cet égard, le goût et même l'amour de la discussion font partie intégrante de la culture grecque. En outre, les dieux qui interviennent dans *l'Iliade* sont les mêmes que ceux auxquels les Grecs, plusieurs siècles plus tard rendent encore hommage. D'une manière générale, ces dieux se montrent assez indifférents aux souffrances humaines car ils vivent eux-mêmes dans une tranquillité et un bonheur sans fin. Les protagonistes de la guerre de Troie, quand ils ne sont pas aveuglés par la haine, se rendent compte qu'ils sont les jouets du destin. « Ce sont les dieux qui sont cause de tout » dit le vieux roi Priam à Hélène pour la consoler. Il s'agit là d'une réflexion sur la destinée humaine que ne pouvaient qu'approuver, bien des siècles après, les hommes qui l'entendaient ou la lisaient.

Evelyne Scheid

La guerre de Troie

Aux noces de Thétis, la déesse marine, et du héros Pélée, la déesse de la Discorde, Éris, lance une pomme au milieu des dieux : qu'elle aille « à la plus belle » ! Trois déesses se disputent le prix : Héra*, Athéna et Aphrodite. Elles demandent l'arbitrage de Zeus, qui refuse car il dit les aimer également toutes les trois. Pour mettre un terme au différend qui divise les trois déesses, Zeus choisit Pâris, le berger, dont la beauté égale celle du divin Dionysos.

Pâris est le fils cadet du roi Priam. Sa mère Hécube, alors qu'elle le portait encore, rêva qu'elle mettait au monde une torche qui mettait le feu à la ville de Troie tout entière. Effrayée par ce sinistre présage, elle fit exposer l'enfant, dès sa naissance, sur le mont Ida, mais des bergers, sans doute inspirés par les dieux, le recueillirent et l'élevèrent. Ainsi va le destin du monde...

Pâris soupçonne à bon droit que son verdict comporte des enjeux qui le dépassent. Les déesses font assaut de séduction, offrent leurs appas à ses regards émerveillés : il faut décider. Athéna lui promet la valeur guerrière ; Héra le pouvoir ; Aphrodite la possession de la plus belle femme du monde. Subjugué, Pâris tend la pomme à la déesse de l'Amour.

Jamais Athéna ni Héra ne pardonneront ; dès lors, elles vouent une haine implacable à celui qui les a dédaignées et au peuple troyen. Leur vengeance terrible déclenchera la guerre.

---

* Les divinités et les principaux personnages de *L'Iliade* figurent dans le glossaire p. 326.

15

Reconnu par Cassandre, Pâris retourne au sein de sa famille, à Troie, et épouse Œnone, en dépit des prédictions de sa sœur, qui n'annonce que des malheurs, et que pour son malheur on ne croit jamais. Mais Aphrodite a mis au cœur de Pâris le désir poignant de voir Hélène, et ce désir ne lui laisse ni trêve ni repos. Pâris se rend donc en Grèce, à Sparte, où règne Ménélas, l'époux d'Hélène. Pâris entraîne Hélène, comme lui sans force contre la volonté de la déesse de l'Amour. Ils s'embarquent pour l'île de Cythère, au large du Péloponnèse, puis pour Troie. Ménélas, mari trompé, veut venger son honneur. Avec son frère Agamemnon, le puissant roi de Mycènes, il rassemble tous les chefs grecs : l'injure sera vengée, la perte de Troie consommée. (On peut penser aussi que la perspective d'aller piller la plus riche cité d'Asie Mineure n'était pas pour déplaire à ces rois faméliques.)

L'armée s'assemble. Ulysse, le roi d'Ithaque, va chercher Achille, le plus fort des Grecs. Le devin Calchas a prédit en effet que Troie ne pourrait être prise sans son intervention, mais qu'il mourrait sous les murs de cette cité. Thétis, sa mère, pour le soustraire à ce sort funeste, l'a caché dans le gynécée sous un déguisement. Ulysse a l'idée ingénieuse de faire sonner l'alerte, et tandis que toutes les femmes s'enfuient effrayées, Achille déchire ses vêtements féminins et accourt, ne pouvant résister à l'appel du combat. Le sang des héros court dans ses veines : même averti de son destin, comment pourrait-il hésiter ? Peut-être le jeune Achille ne croit-il pas à sa mort : sa mère, en le plongeant tout enfant dans l'eau du Styx, l'a rendu invulnérable – sauf au talon par lequel elle le tenait. Achille et son ami Patrocle accompagneront les Grecs. L'armée se réunit dans le port d'Aulis et attend les vents favorables. Mais les dieux sont courroucés et seul le sacrifice d'Iphigénie, la fille d'Agamemnon, apaisera leur colère. Le vent se lève, et l'on embarque. Troie est bientôt en vue. On court à l'assaut. Une fois. Deux fois. Dix fois.

Neuf ans de guerre, et quand commence l'Iliade, à l'aube de la dixième année, la cité résiste toujours.

Chant I

La peste - la colère

Muse, chante la colère d'Achille, fils de Pélée ; cette colère funeste qui causa tant de maux à l'armée des Grecs, qui précipita dans les Enfers les âmes généreuses d'une foule de héros et livra leurs corps à la proie des chiens et des vautours.

Ainsi le voulut Zeus, dès qu'une querelle eut séparé le divin Achille du roi des peuples, Agamemnon.

Chrysès, pour racheter sa fille, s'était rendu près des vaisseaux des Grecs. Tenant dans sa main son sceptre d'or, au sommet duquel flottait la bandelette d'Apollon, il apportait de riches présents pour la rançon de sa fille.

– Atrides, et vous, Grecs, dit-il, plaise aux dieux que vous renversiez la ville de Priam, que vous revoyiez votre pays, et que vous me rendiez ma fille chérie contre cette rançon.

– Un murmure favorable accueille cette prière. Tous veulent que le prêtre soit respecté et que la rançon soit agréée ; Agamemnon, seul, s'y oppose et, renvoyant le prêtre d'un air menaçant :

– Vieillard, que je ne te revoie plus ici, ton sceptre et la bandelette de ton dieu ne te défendraient pas contre ma colère. Je ne te rendrai pas ta fille. Loin de sa patrie, dans Argos, elle tissera la toile et fera mon lit. Va-t'en, ne m'irrite pas, si tu veux sauver ta vie.

Le vieillard eut peur et obéit. Pensif il suit le bord de la mer ; un instant, il s'éloigne un peu du rivage, et fait cette prière à Apollon, son dieu, qu'enfanta Latone à la belle chevelure :

– Écoute-moi, Dieu à l'arc d'argent, qui protèges Chrysè et Cilla la divine, et qui règnes sur Ténédos, dieu de Smynthe, si jamais j'ai paré ce temple qui t'est cher, si jamais j'ai brûlé pour toi des victimes choisies, exauce cette prière : que tes traits fassent payer les larmes de ton prêtre aux fils de Danaos.

Apollon l'entendit. Irrité, il saisit son arc et son carquois, et descend de l'Olympe ; dans son vol, ses flèches s'entrechoquent sur ses épaules. Il s'avance enveloppé d'un nuage et s'assied un peu à l'écart, à proximité des vaisseaux. Il lance un trait qui atteint les mulets et les chiens agiles, puis un autre qui frappe les guerriers ; sur les bûchers s'amoncellent les cadavres.

Pendant huit jours, le dieu accable l'armée de ses traits ; le neuvième jour, Achille assemble les Grecs ; Héra, la déesse aux bras blancs, le lui avait suggéré. Elle voyait avec peine les Grecs périr de jour en jour. Dès qu'ils furent réunis, Achille se lève, et dit :

– Atride, la peste et la guerre nous consument : si nous pouvons échapper à la mort, errant de nouveau sur les mers, regagnons notre patrie. Mais avant, consultons un devin, un prêtre, voire un interprète de songes, puisque le songe nous est donné par Zeus. Que cet interprète nous dise la cause de la colère d'Apollon ; si ce dieu nous punit d'avoir négligé son culte, et si des sacrifices arrêteraient sa vengeance.

Calchas, fils de Thestor, le meilleur des augures, qui connaît le présent, le passé et l'avenir ; qui, doué par Apollon de l'art divinatoire, avait guidé la flotte des Grecs jusqu'aux murs d'Ilion, Calchas répond avec sagesse :

– Achille, cher à Zeus, tu demandes ce qui a irrité Apollon, le roi qui frappe au loin ; je te le dirai ; mais

jure-moi de me défendre par la langue et par le bras, car je vais mettre en colère l'homme qui commande sur tous les Argiens. Un roi est bien fort quand il hait un de ses sujets ; si, au moment de l'offense, il dissimule son ressentiment, il ne le nourrit pas moins jusqu'à ce qu'il ait satisfait sa colère : Achille, peux-tu me défendre ?

– Parle sans crainte, Calchas, répond Achille, je jure par Apollon, chéri de Zeus, par ce dieu que tu invoques lorsque tu découvres aux Grecs les secrets de l'avenir, je jure que personne ne portera la main sur toi, pas même Agamemnon qui se glorifie d'être le plus brave des fils de Danaos.

Calchas, dépouillant toute crainte, dit :

– Il est vrai qu'Apollon n'est pas irrité contre nous pour les causes que tu as alléguées, mais parce que Chrysès, son prêtre, a été injurieusement menacé par Agamemnon, et qu'il ne lui a pas voulu rendre sa fille, bien qu'il eût offert de riches présents pour sa rançon. Voilà la cause de vos maux, et de ceux qu'Apollon fera peser encore sur vous. Il n'éloignera pas la peste avant que vous n'ayez rendu, sans rançon, à un père aimé, sa jeune fille aux sourcils arqués, et conduit à Chrysè une hécatombe sacrée. Peut-être alors, après l'avoir calmé, pourrez-vous le fléchir.

Tout indigné, le fils d'Atrée, le puissant Agamemnon se lève. Dans son âme gronde une noire colère ; il roule ses yeux étincelants et, regardant Calchas avec fureur :

– Interprète de malheur, qui m'est toujours contraire, ne me prédiras-tu jamais quelque chose qui me contente ? Encore aujourd'hui tu publies parmi les Grecs que le dieu à l'arc d'argent les fait périr de la peste, parce que j'ai refusé la rançon brillante de la jeune Chryséis et que je veux la garder dans ma maison. En effet, je la préfère à Clytemnestre, que j'épousai à la première fleur de son printemps ; elle ne lui cède en rien pour le port, l'esprit et l'habileté des mains. Cependant, s'il le faut, je la rendrai ; je veux le salut du peuple, et non pas être cause de la perte de tous. Mais les Grecs me rendront une autre captive, afin qu'étant le premier entre vous, je ne sois pas le seul privé de ce qui lui a été donné en partage.

– Atride très glorieux, mais le plus avide des hommes, répond Achille, comment les Grecs te rendraient-ils une autre esclave ? Nous n'avons plus rien à partager, et ce qui l'a été ne peut être repris à ceux auxquels il a été distribué. Mais remets Chryséis au fils de Zeus, et nous t'offrirons trois et quatre fois plus, quand le père des dieux nous aura donné le pouvoir de saccager Troie aux bonnes murailles.

– Tout brave que tu es, Achille, réplique Agamemnon, tu ne m'en imposeras pas. Tu voudrais garder ta captive, tandis qu'assis tranquillement je me verrais ravir la mienne. Qu'on m'en livre une autre d'une égale beauté, sinon j'irai prendre la tienne, ou celle d'Ajax, ou celle d'Ulysse, et celui de vous qui m'y verra frémira de colère. Cependant je remets ce soin à un autre temps. Qu'on lance à la mer un noir vaisseau, et qu'on y mette une hécatombe. Nous y conduirons la jeune Chryséis aux belles joues. Un de vous, Ajax, Idoménée, Ulysse, ou toi, fils de Pélée, le plus audacieux des hommes, commandera le vaisseau, et, par des sacrifices, tu nous rendras favorable le dieu qui frappe au loin.

Achille, regardant Agamemnon de travers :

– Homme revêtu d'impudence et à l'esprit de renard, dis-moi qui désormais t'obéira, ni qui veuille, avec une prompte allégresse, aller au combat par ton commandement. Je veux bien que tu saches que je ne suis pas venu ici par haine contre les Troyens, puisqu'ils ne m'ont jamais fait de mal.

« Jamais ils ne m'ont enlevé de génisses ni de chevaux ; jamais dans la Phthie fertile qui nourrit beaucoup de guerriers, ils n'ont ravagé mes moissons : la mer bruyante et des montagnes ombragées nous séparent. Mais toi, plus éhonté que le reste des hommes, tu sais bien que nous avons traversé les mers pour venir venger l'injure faite à Ménélas : encore nous méprises-tu, n'ayant avec ton regard de chien aucune considération pour ce que j'ai pu mériter par tant de travaux et de faits d'armes ; et tu me menaces encore de m'enlever toi-même ce qui a été octroyé à mon courage !

« Cependant tu as toujours pris une plus grande part que moi en la distribution du butin et des dépouilles de nos ennemis : pendant que je me suis contenté de ce qui m'a été donné, sans rien exiger des autres. Et puisque tu veux mettre à effet tes menaces, je te déclare dès à présent que je m'en vais à ma maison à Phthia, où il me sera plus utile d'être que de demeurer ici, et je t'avertis qu'aussitôt mon départ, l'honneur que tu me dénies te sera chèrement vendu.

– Fuis donc, dit Agamemnon, si ton cœur t'y porte, je ne te prie pas de rester. Il y en a encore d'autres auprès de moi qui m'honoreront, et surtout le puissant Zeus. Tu m'es le plus odieux des rois que nourrit le fils de Cronos. Tu ne te plais que dans la dispute, les guerres et les combats. Si tu as un si grand courage, sans doute un dieu te l'a donné. Va chez toi sur tes vaisseaux avec tes compagnons, et commande aux Myrmidons. Je ne me mets pas en peine de toi, et ne suis pas touché de ta colère. Puisque Phœbus Apollon m'enlève Chryséis, je la renverrai et irai moi-même dans ta tente emmener Briséis, ta récompense, afin que tu saches combien je suis plus puissant que toi et qu'un autre craigne de se dire mon égal et de se comparer à moi face à face.

Il parla ainsi, et le chagrin s'empara du fils de Pélée ; son cœur dans sa poitrine poilue flotte entre ces deux pensées :

Ayant tiré son glaive et écarté les guerriers, tuera-t-il Atride ou, modérant sa colère, mettra-t-il un frein à sa fureur ?

Tandis qu'il roulait ces pensées dans son esprit et qu'il tirait du fourreau sa grande épée, Athéna vient du ciel.

Elle était envoyée par Héra, qui aimait Atride et le fils de Pélée, et s'attristait de leur querelle. Athéna se tenait derrière Achille et ne pouvait être vue que de lui seul. Comme elle prenait le fils de Pélée par ses cheveux blonds, celui-ci s'en étonna ; il regarde et reconnaît Pallas Athéna ; les yeux de la déesse lui paraissent terribles.

– Pourquoi, lui dit-il, viens-tu, enfant de Zeus qui tient l'égide ? Est-ce pour voir l'outrage et la honte que je reçois d'Agamemnon pour l'injure qu'il m'a faite ? Son orgueil et son insolence me contraignent de lui ôter la vie sans différer plus longtemps.

– Je viens, dit Athéna, pour calmer ta colère, si toutefois tu veux m'écouter. Héra, qui vous aime tous deux et s'inquiète de votre querelle, m'a envoyée vers vous. Remets ton épée dans le fourreau, conteste de paroles et non point avec le glaive, et pour te donner plus de sujet de donner quelque relâche à ta fureur, écoute cette prédiction : « Le temps viendra, ajoute foi à mes paroles, qu'Agamemnon t'offrira des présents trois fois plus grands pour apaiser ton ire. »

Achille, alors obéissant à Pallas :

– Déesse, dit-il, quoique j'eusse délibéré de me venger d'Agamemnon et de l'occire, encore est-il plus raisonnable que j'obéisse aux commandements de vous autres dieux, plutôt qu'à mes passions, car je pense que celui qui vous obéit, vous l'écoutez favorablement.

Il dit, et appuie sa main pesante sur la garde d'argent de son épée, et pour être agréable à Athéna, il l'enfonce dans le fourreau. La déesse remonte vers l'Olympe dans les demeures de Zeus qui tient l'égide parmi les autres dieux.

Le fils de Pélée, dont la colère fermentait toujours dans le cœur, apostrophe encore Agamemnon en ces termes outrageants :

— Homme appesanti par le vin, aux yeux de chien et au cœur de biche, qui n'eu jamais le courage de présenter une bataille avec ton armée, ni d'assiéger les places difficiles à prendre, juge un peu que ce t'est une belle prouesse de ne quitter ta tente que pour ravir le butin que les enfants d'Arès ont conquis au péril de leur vie. Et tu ne contrediras pas que, si tu dévores tes peuples, c'est que tu règnes sur les derniers des hommes, car autrement, Atride, ton insolence t'aurait déjà coûté la vie. Je fais ce serment : je jure par ce sceptre, lequel séparé de son tronc qu'il a laissé sur la montagne, et dénudé par le tranchant du fer, ne produira plus ni branches ni feuilles ; je jure par ce sceptre que portent en leurs mains les juges de la Grèce, gardiens des lois de Zeus, et ce serment te sera funeste, qu'un jour les Grecs regretteront Achille. Accablés sous les coups d'Hector, tu ne pourras les en garantir, tu gémiras dans ton cœur et tu te souviendras alors d'avoir outragé le plus vaillant des Grecs.

Alors le fils de Pélée jette à terre son sceptre percé de clous d'or et s'assied. Atride frémit de fureur.

Nestor au doux parler se lève. C'est l'harmonieux orateur des Phyliens, les paroles coulent de sa bouche plus douces que le miel. Il a vu s'éteindre deux générations d'hommes à la voix articulée, qui avaient été nourris et avaient vécu avec lui dans la divine Pylos. Il régnait sur la troisième. Ses paroles sont empreintes de bonté :

— Ô dieux, dit-il, un grand deuil pèse sur la terre achéenne ; Priam, ses enfants et les Troyens se réjouiraient de grand cœur, s'ils savaient que ceux qui président à nos conseils et nous guident dans les combats se querellent entre eux. Croyez-moi, je suis plus âgé que vous, j'ai vécu avec des guerriers plus braves que vous, ils

ont écouté mes conseils. Je ne verrai plus des hommes tels que Pirithoos, Dryas, pasteur des peuples, Cénée, Exadios, Polyphème, semblable à un dieu, et Thésée, fils d'Égée, digne d'être immortel. C'est avec de tels hommes que j'ai vécu. Ils m'avaient fait venir de la terre lointaine de Pylos et je combattais avec eux selon mes forces. Personne n'eût osé se mesurer avec eux, cependant ils se rendaient à ma voix. Vous aussi, écoutez Nestor et fiez-vous à sa prudence, car il est bon de savoir obéir. Atride, ne te sers pas de ton autorité pour enlever à Achille sa captive Briséis, puisqu'elle lui a été donnée par les Argiens pour récompense de sa valeur. Et toi, fils de Pélée, n'entre point en contention avec le fils d'Atrée et ne t'égale pas à lui en paroles, car Zeus lui a donné une telle dignité que jamais autre mortel n'en eut une pareille, et quoique tu le surmontes en force corporelle et que tu aies reçu l'être d'une déesse, encore Agamemnon est-il plus puissant que toi, puisqu'il exerce son autorité sur un plus grand nombre d'hommes. Pour toi, Agamemnon, refrène ta colère contre Achille, car il est, comme tu sais, le rempart de tous les Grecs.

– Vieillard, répond Agamemnon, ta parole est véritable, mais tu vois qu'Achille veut être au-dessus de tous, qu'il veut dominer et régner sur tous et donner des ordres à tous. Certes, quoi qu'il dise, je ne céderai jamais devant cette prétention ; si les dieux immortels l'ont fait guerrier, lui permettent-ils de m'outrager ?

Achille, l'interrompant :

– Mais je serais appelé lâche et homme venu de rien si je fléchissais à tous tes commandements ; commande à d'autres qu'à moi, et je veux bien que tu te souviennes de mes paroles. Je ne suis pas dans l'intention de contester ni de me mesurer avec toi, ni avec un autre pour Brisés, quoique toi et les autres princes m'ayez baillé en pur don ce que vous m'ôtez. Mais quant aux autres choses qui m'appartiennent, jamais personne ne les aura contre ma volonté. Et s'il te prenait fantaisie d'enfreindre ma défense, à l'instant les Grecs verraient ruisseler ton sang autour de ma lance.

Après avoir échangé ces paroles violentes, Agamemnon et Achille se lèvent et congédient l'assemblée. Le fils de Pélée se dirige vers sa tente avec Patrocle et ses autres compagnons. Atride fait embarquer Chryséis en un vaisseau, avec vingt rameurs d'élite et Ulysse pour chef, sans oublier l'hécatombe promise au dieu qui frappe au loin.

Voyant démarrer ce vaisseau et les voiles dressées, Atride commanda aux Grecs de nettoyer le camp, ce qu'ils firent, et jetèrent leurs immondices dans la mer. Alors chacun en son particulier sacrifie sur le rivage à Apollon : celui-ci un taureau, celui-là un mouton, cet autre un bouc, et vous eussiez vu une perpétuelle lueur par la quantité des feux qu'on y faisait ; l'odeur des victimes, s'enroulant avec la fumée, montait vers le ciel.

Pendant que les Grecs étaient occupés à leurs oblations, Agamemnon, encore outré de colère pour les propos qu'Achille lui avait tenus, appelle Talthybios et Eurybate, ses hérauts et ses messagers :

– Allez à la tente d'Achille et amenez-moi Briséis ; s'il refuse de vous la livrer, j'irai l'enlever moi-même à la tête de mes guerriers, ce qui sera plus dur pour lui.

Il dit et les envoie avec cet ordre cruel. Ils vont bien malgré eux vers les vaisseaux des Myrmidons, et trouvent Achille assis près de sa tente ; en les voyant, il eut une grande peine. Eux, troublés, se tenaient debout par respect pour ce roi, et ne pouvaient pas lui parler. Achille comprit leur silence :

– Salut, dit-il, hérauts, messagers de Zeus et des hommes, approchez-vous de moi, car vous ne me faites point d'injure ; je sais bien que c'est Agamemnon qui vous a fait commandement d'enlever Briséis. Allons,

Patrocle, issu de Zeus, va la chercher, et remets-la entre leurs mains ; qu'ils soient mes témoins devant les dieux immortels, devant les hommes sujets à la mort, et à la face de ce roi barbare : que si un jour il faut que mon bras détourne des Grecs un fléau indigne... Mais Atride délire, des pensées funestes le troublent. Il n'a rien conçu jusqu'à présent et ne peut rien prévoir pour sauver les Achéens, quand ils combattront pour lui à bord de leurs vaisseaux.

Patrocle obéit à son ami. Il amène de la tente Briséis et la remet aux hérauts. Ils retournent vers leurs vaisseaux avec la jeune fille qui ne voulait cheminer que par force. Achille se retire à l'écart, loin de ses compagnons, près du rivage de la mer blanchissante. Il fixe ses regards sur l'océan et, levant les mains, il implore sa mère chérie :

– Mère, puisque tu m'as enfanté pour une vie si courte, le maître du tonnerre, Zeus, ne devait-il pas au moins sauvegarder mon honneur ? Loin de là, le fils d'Atrée, le puissant Agamemnon, m'a outragé ; il possède le prix de ma valeur, Briséis, qu'il m'a ravie lui-même.

Il parlait ainsi en pleurant. Sa divine mère, assise près de son vieux père, l'entendit. Aussitôt, comme une vapeur, elle s'élève de la mer agrentée, s'assied devant lui et, versant des larmes, elle le caresse et lui dit :

– Mon fils, pourquoi pleures-tu ? quelle douleur t'a saisi le cœur ? Parle, ne me cache rien, afin que je partage ta peine.

Achille soupire et lui dit :

– Te dirai-je ce que tu sais déjà ? Nous sommes allés à Thèbes, ville sacrée d'Éétion, nous l'avons ravagée et nous avons amené ici notre butin. Les fils des Achéens l'ont également partagé entre eux. Ils ont choisi pour Atride Chryséis aux belles joues. Ensuite Chrysès, prêtre d'Apollon, vint vers les vaisseaux des Grecs pour délivrer sa fille ; il apportait une riche rançon et tenait dans sa main le sceptre d'or, au sommet duquel flottait la bandelette d'Apollon. Il suppliait tous les Achéens et surtout les deux Atrides d'exaucer sa prière. Tous voulurent que le prêtre fût respecté et la rançon agréée ; Agamemnon seul y contredit et le renvoya après l'avoir injurié et menacé. Chrysès étant parti, Apollon, irrité, eut compassion de son prêtre, qui le priait. Il affligea les Grecs d'une peste si contagieuse que plusieurs, ayant ressenti ses flèches, tombaient inanimés les uns sur les autres. Il y eut un sage devin qui dit que l'ire d'Apollon nous avait sucité cette contagion. Je fus le premier qui conseillai et persuadai d'apaiser le courroux d'Apollon ; ce qui mit Agamemnon en telle rage contre moi qu'il me menaça de paroles altières, et depuis a effectué ses menaces. Car Chryséis n'a pas plutôt été renvoyée à son père qu'il envoya vers moi ses hérauts pour m'enlever Briséis, et de fait, il me l'a ôtée. C'est pourquoi je te prie, ma mère, si tu as quelque pouvoir, de secourir ton fils ; va dans l'Olympe, supplie Zeus, il connaît ton zèle. Tu me disais dans le palais de mon père que, seule des immortels, tu avais épargné un grand malheur au fils de Cronos quand les Dieux, de concert avec Héra, Poséidon et Athéna, voulurent l'enchaîner. Tu le dégageas de ses liens et appelas dans l'Olympe Briarée aux cent bras, que les mortels nomment Égéon, lequel est plus brave que son père. Briarée, fier de cet honneur, s'assit près de Zeus, et il inspira aux dieux une telle frayeur qu'ils renoncèrent à leur entreprise. Après lui avoir rappelé ton courage, assieds-toi près de lui, embrasse ses genoux, prie-le de protéger les Troyens et de refouler les Grecs jusque sur leurs vaisseaux. C'est ainsi qu'ils expieront l'iniquité de leur roi, et que le fils d'Atrée, le puissant Agamemnon, reconnaîtra la faute qu'il a commise en humiliant le plus vaillant des Grecs.

Thétis lui répond en pleurant :

– Hélas ! mon fils, fallait-il te donner le jour et te voir croître, pour que tu sois en butte à tant d'afflictions ? Je voudrais bien que tu pusses, sans disgrâces et sans traverses, passer le peu de temps que tu dois vivre : car encore que ta vie soit courte, tu es destiné à une mort très cruelle. Néanmoins, je ferai ce que tu désires. J'irai dans l'Olympe couvert de neige, pour parler à Zeus, et je tâcherai de le persuader. Et toi, assis près de tes vaisseaux, garde ton ressentiment contre les Achéens, mais abstiens-toi de combattre. Zeus, suivi de tous les dieux, est descendu vers l'océan. Il prendra part à un festin chez les Éthiopiens aux mœurs irréprochables. Dans douze jours il reviendra dans l'Olympe. Alors j'irai pour toi dans son palais aux bases d'airain, j'embrasserai ses genoux, et j'espère qu'il prendra ta défense.

Thétis disparaît, et laisse Achille pleurant toujours Briséis à la belle ceinture qui lui avait été ravie par force et bien malgré elle.

Ulysse voguait vers Chrysè, conduisant l'hécatombe sacrée. Arrivé au port, il fait rouler les voiles, que l'on place sur le tillac. On aborde à rames, on jette les ancres, on attache les amarres, et chef et matelots mettent pied à terre, suivis par l'hécatombe destinée à Apollon ; enfin Chryséis descend du vaisseau. Le sage Ulysse la conduit vers l'autel et, la remettant entre les bras de son père chéri :

– Chrysès, dit-il, Agamemnon, le roi des hommes, m'a envoyé ici pour te ramener ta fille. J'immolerai à Phœbus cette hécatombe sacrée en faveur des fils de Danaos, afin d'apaiser le dieu qui a fait périr un grand nombre de nos guerriers.

En disant ces mots, il remet Chryséis entre les bras de son père qui la reçoit avec joie. On range l'hécatombe autour de l'autel à la belle sculpture. Ulysse et ses rameurs font leurs ablutions et prennent l'orge sacrée. Chrysès, ayant élevé les mains, prie pour eux à haute voix :

– Écoute-moi, dieu à l'arc d'argent, qui protèges Chrysè et Cilla la divine et qui règnes sur Ténédos, tu as écouté ma prière, tu as vengé mon honneur en châtiant cruellement le peuple des Achéens ; exauce encore ce vœu, détourne des fils de Danaos les maux qui les accablent.

Apollon l'entendit. Ulysse et ses compagnons finissent leur prière et répandent l'orge sacrée. La tête des taureaux levée, ils les égorgent et les découpent. Les cuisses, réservées aux dieux, sont couvertes d'une double couche de graisse et posées sur un bûcher. Au-dessus, le prêtre répand un vin noir, et près de lui se tiennent des jeunes gens avec des broches à cinq pointes. Les cuisses étant consumées, et après avoir goûté les entrailles, on découpe le reste, on l'embroche, on le fait cuire avec soin, et on le retire du feu. Après ces préparatifs commence le festin, où règnent la joie et l'abondance. Quand l'appétit est satisfait, ces jeunes gens prennent des coupes, les couronnent de fleurs et, en les présentant à chaque convive, ils lui en offrent les prémices. Tout le jour les jeunes fils des Achéens essayent d'apaiser Apollon par leurs accords ; ils chantent un péan mélodieux à celui qui frappe au loin ; et ce dieu, les écoutant, était charmé dans son âme.

Après que le jour eut fait place à la nuit, Ulysse et ses compagnons se retirèrent en leur vaisseau. Mais quand parut la fille du matin, l'aurore aux doigts de rose, le vent favorable que leur envoie Apollon doit les porter vers l'armée des Grecs. Ils redressent le mât, déploient les voiles blanches qui s'enflent au souffle du vent, et le flot pourpré murmure autour du vaisseau. Dès qu'ils furent arrivés, ils attirèrent le vaisseau près du rivage et l'y assujettirent avec de longues traverses de bois, puis chacun regagna sa tente ou son vaisseau.

Pendant l'absence d'Ulysse et de ses compagnons, le généreux fils de Pélée, assis près de ses vaisseaux, n'avait pas paru à l'assemblée où se rendent les hommes illustres, ni aux escarmouches ; il consumait son cœur de tristesse, et regrettait de ne pas répondre au cri du combat.

Or, le douzième jour après, Zeus et les autres dieux étaient de retour des festins éthiopiens. Thétis, se ressouvenant de la promesse qu'elle avait faite à son fils, sortit des ondes de la mer et monta au ciel un matin, pour trouver Zeus assis au plus haut de l'Olympe, hors la présence des dieux. Elle s'assit près de lui et commença par lui prendre les genoux de la main gauche et, de la droite, le menton, et, en le suppliant :

– Zeus, père des dieux, dit-elle, si jamais mes paroles ou mes actions ont pu t'être agréables, exauce ma prière, rends l'honneur à mon fils, destiné à une vie si courte. Il a été outragé par le roi des hommes Agamemnon, qui lui a enlevé sa captive. Dieu de l'Olympe, puissant Zeus, venge mon fils ! Que les Troyens soient victorieux jusqu'à ce que les Grecs l'aient honoré et glorifié.

Jupiter garde le silence, Thétis lui pressant les genoux plus étroitement :

– Fais ce que je te demande, dit-elle ; la crainte ne peut te retenir, et comme marque de ta volonté, fais un signe d'assentiment ou de refus ; ainsi je saurai si de toutes les déesses je suis la moins honorée.

Zeus, avec un grand soupir :

– Ô Thétis, quelle dure condition m'imposes-tu maintenant ! Tu veux que j'encoure la haine de Héra mon épouse, qui ne cesse de me reprocher que je suis favorable aux Troyens. Il faut toutefois que tu partes d'ici, afin qu'elle ne soit pas avertie de ta venue. J'aurai soin de faire ce que tu désires et, pour que tu aies confiance, je te ferai un signe de ma tête. C'est de ma part le plus grand témoignage parmi les immortels, car il est toujours suivi d'exécution.

A ces mots, le fils de Cronos abaisse ses sourcils d'azur, sa tête immortelle soulève, en s'inclinant, ses cheveux parfumés d'ambroisie ; l'Olympe est ébranlé.

Thétis descend de l'Olympe resplendissant dans la mer profonde, et Zeus rentre dans son palais. Tous les dieux se lèvent en présence de leur père, ils vont au-devant de lui et restent debout.

Zeus s'assied sur son trône. Héra, qui l'avait épié, n'ignorait pas que Thétis aux pieds d'argent, la fille du vieillard marin, avait machiné quelque chose avec lui. Aussitôt elle interpelle en termes amers le fils de Cronos.

— Qui des dieux, trompeur, vient encore de s'entendre avec toi ? Tu aimes le mystère, et, quoique bienveillant pour moi, tu m'as toujours caché ta pensée.

— Ne crois pas, Héra, dit Zeus, que parce que tu es mon épouse tu dois savoir mes desseins. Ce qu'il convient que je te fasse connaître, je te le dirai ; tu en seras instruite avant les dieux et les hommes ; mais ce que je veux tenir secret, ne me le demande jamais et ne cherche pas à le savoir.

— Fils redoutable de Cronos, répond Héra, que dis-tu ? Moi t'interroger ? moi connaître tes desseins ? Tranquille, ne penses-tu pas à ce que tu veux faire ? Je crains cependant que Thétis, la fille du vieux Nérée, ne t'ait mis de son parti, car ce matin elle s'est assise près de toi, t'a pris par les genoux, et je pense que par ton signe tu lui as promis de venger Achille et de faire un grand carnage près des vaisseaux des Grecs.

— Malheureuse, lui répond Zeus, toujours des soup-çons, toujours tes yeux sont ouverts sur moi ! Mais tes efforts sont vains, car par là tu ne fais que t'éloigner de mon cœur et t'exposer au repentir. Si j'ai résolu ce que tu penses, rien ne pourra m'empêcher de l'accomplir. Assieds-toi, garde le silence si tu ne veux ressentir le pouvoir de mon bras, et si furieusement que tous les dieux de l'Olympe s'uniraient en vain pour te défendre.

Héra, effrayée des menaces de Zeus, rabaissa son audace ; les dieux étaient contristés de ces disputes, et Héphaïstos, le boiteux, ayant compassion de sa mère, lui tint cet humble langage :

– Ma mère, je crains que ta dissension avec Zeus, notre père, ne soit de longue durée. Quel malheur de vous disputer ainsi et de semer la discorde de l'Olympe pour des mortels ! Plus de fêtes, la tristesse sera notre partage. Ma mère, tu es sensée, parle avec bonté à Zeus, exhorte-le à ne plus nous chercher de querelle et à ne pas troubler nos festins. Car si le dieu de l'Olympe voulait nous chasser de nos sièges..., il est le plus puissant. Apaise-le par de douces paroles, et aussitôt il nous sera propice.

En achevant de parler ainsi, Héphaïstos prit une coupe pleine, et, la présentant à Héra (cette coupe était artistement élaborée) :

– Souffre avec patience, ma mère, dit-il, car je ne voudrais pas voir frapper à mes yeux une mère chérie ; malgré ma colère, je ne te serais d'aucun secours, nul ne peut résister au dieu de l'Olympe. Naguère, quand je voulus te défendre, il me saisit par un pied et me lança hors du seuil divin. Je roulai tout un jour à travers les airs et tombai dans Lemnos au coucher du soleil ; je respirais à peine lorsque les Sintiens me relevèrent.

Héra sourit et prend la coupe de la main de son fils. Celui-ci puise le doux nectar dans un cratère et, commençant par la droite, verse du vin aux autres dieux.

Depuis le jour il y eut festin jusqu'au soleil couchant ; l'abondance émoussait le désir, Apollon faisait résonner sa lyre, et les Muses alternaient leur voix mélodieuse.

Le soleil a disparu, les dieux vont se coucher chacun dans cet endroit de leur demeure où Héphaïstos leur a créé une retraite délicieuse.

De son côté, Zeus, dieu de l'Olympe, retourne au lit qu'il vient de quitter lorsqu'il goûtait le doux sommeil ; il s'endort, et auprès de lui Héra au trône d'or.

Résumé des chants II à VIII

Chant II : *Zeus envoie à Agamemnon un Songe trompeur qui, sous les traits de Nestor, vieillard plein de sagesse, le persuade de la victoire prochaine. Cependant, pour éprouver ses soldats, il leur propose de rentrer chez eux, en Grèce. Mais Ulysse, inspiré par Athéna, rallie les combattants et leur insuffle un nouveau courage. Le roi range ses guerriers en ordre de bataille. Homère énumère alors les forces en présence et les héros qui vont combattre.*

Chant III : *Les deux partis s'engagent alors avec solennité à mettre fin à la guerre par un combat singulier. Pâris défendra les couleurs de Troie, puisque la responsabilité de cette guerre lui incombe ; il affrontera Ménélas, l'époux bafoué. Le combat commence sous les yeux d'Hélène qui les observe du haut des murailles de la ville. Pâris est en passe d'être vaincu lorsque Aphrodite intervient pour le sauver et le transporter dans son palais, où il s'endort dans les bras d'Hélène.*

Chant IV : *Athéna, envoyée par Zeus, inspire au jeune Pandare, fils de Lycaon, le désir de se couvrir de gloire en abattant Ménélas d'une flèche bien ajustée. Mais celui-ci n'est que légèrement blessé. Le pacte est rompu : la bataille s'engage.*

Chant V : *Athéna protège les Grecs, et en particulier le vaillant Diomède. Arès et Apollon prêtent main-forte aux Troyens. Diomède, inspiré par la déesse, parvient à* repousser *les dieux protecteurs de Troie et le combat tourne en faveur des Achéens.*

Chant VI : *Hector rentre dans Troie et demande à Hécube, sa mère, d'offrir un sacrifice à Athéna pour qu'elle prenne en pitié le peuple d'Ilion. Pressentant sa mort prochaine, il fait des adieux pathétiques à sa femme Andromaque. Puis il recommande aux dieux Astyanax, son jeune fils. Enfin, réconcilié avec son frère Pâris, il rejoint l'armée.*

Chant VII : *Un autre combat singulier va se dérouler : celui d'Ajax et d'Hector, interrompu par la nuit. Une trève est décidée pour enterrer les morts. Durant cette trève, pour protéger leur flotte, les Grecs creusent des tranchées sur la plage où ils ont placé leurs vaisseaux. Puis, dans les deux camps, de grands festins sont préparés pour restaurer les forces des guerriers, car chacun sait que la guerre va bientôt reprendre.*

Chant VIII : *Cette fois, les Troyens dominent l'armée ennemie, et seule la nuit sauve les Grecs d'une humiliante défaite.*

Chant IX

Phénix, Ajax et Ulysse auprès d'Achille

Ainsi les Troyens faisaient eux-mêmes sentinelle, mais la Fuite, l'envoyée des dieux, compagne de la Crainte froide, saisissait les Achéens ; les plus braves d'entre eux avaient été frappés d'un deuil intolérable. Lorsque Borée et Zéphyr, qui soufflent de Thrace, survenant tout à coup, soulèvent la mer remplie de poissons, et qu'en même temps s'accumule un flot noir, ces deux vents rejettent hors de la mer des algues nombreuses : ainsi était déchiré dans leur poitrine le cœur des Achéens.

Le fils d'Atrée, atteint au cœur d'une grande douleur, allait çà et là, ordonnant aux hérauts à la voix éclatante d'appeler en particulier chaque homme à l'assemblée et de ne pas faire un appel général ; lui-même s'employait à réunir les chefs autour de lui. Affligés, ils s'assirent dans l'assemblée ; Agamemnon se leva versant des larmes, comme une source à l'eau sombre verse son eau au bas d'une roche escarpée, et en gémissant :

– Amis, dit-il, chefs et princes des Argiens, Zeus m'a dompté par une lourde fatalité ; le cruel ! il m'avait d'abord promis, puis accordé, que je ne retournerais pas sans avoir détruit Ilion ; et maintenant il ourdit une trame perfide en m'ordonnant de me retirer sans gloire à Argos, après avoir perdu un grand nombre de guerriers. Tel est le bon plaisir de Zeus tout-puissant qui a renversé les faîtes de bien des villes et en détruira même encore, car sa force est sans borne. Mais vous, laissez-vous persuader par mes paroles : fuyons sur nos vaisseaux vers la terre chérie de la patrie, car nous ne prendrons pas Troie aux larges rues.

A ces paroles, les fils des Achéens furent longtemps muets ; et longtemps après Diomède :

– Fils d'Atrée, dit-il, je contredirai tes paroles imprudentes comme il est permis de le faire dans une assemblée, et ne t'en irrite pas. Naguère tu as méconnu ma vaillance parmi les Grecs, en disant que je n'étais pas belliqueux et que j'étais sans courage ; or, les vieux et les jeunes savent le contraire. Le fils de Cronos aux pensées tortueuses t'a donné le sceptre afin que tu sois honoré au-dessus de tous, mais il t'a refusé la force pour repousser l'ennemi, laquelle est le plus grand pouvoir. Homme simple, crois-tu donc que les Grecs soient aussi peu belliqueux que tu le dis ? Si ton cœur te pousse à retourner dans ta patrie, pars ; le chemin est ouvert devant toi, et tes nombreux vaisseaux qui t'ont suivi de Mycènes stationnent près de la mer. Mais les autres Achéens resteront jusqu'à ce que nous ayons détruit Ilion. Si cependant ils voulaient te suivre, qu'ils fuient sur leurs vaisseaux vers la terre chérie de la patrie, et Sthénélus et moi nous combattrons jusqu'à ce que nous ayons ruiné la ville de Troie, car nous y sommes venus avec un dieu favorable.

Les Achéens applaudirent au discours de Diomède. Nestor se lève :

– Fils de Tydée, dit-il, tu es puissant dans le combat et le meilleur au conseil parmi ceux de ton âge ; personne ne trouvera à reprendre dans ton discours et n'y contredira, quoique tu aies omis ce qu'il serait expédient de faire. Tu es jeune et tu pourrais être le dernier de mes enfants ; pourtant tu as dit des choses sensées aux rois des Argiens, et tu as parlé comme il convenait de le faire. Mais moi qui suis plus âgé que toi je passerai tout en revue, et personne ne blâmera mon discours, pas même le puissant

Agamemnon. Celui-là est sans famille, sans loi, sans foyer, qui aime la guerre civile épouvantable. Quant à présent cédons à la nuit et préparons le repas ; que des gardes, chacun de leur côté, veillent le long du fossé creusé en dehors du mur. Je recommande ce soin aux jeunes gens. Maintenant, fils d'Atrée, commande, puisque tu es le plus puissant des rois. Il convient que tu dises aux chefs qui font partie du conseil de prendre part à un festin. Tes tentes sont pleines de vin que les vaisseaux des Achéens, qui arrivent chaque jour, t'apportent de la Thrace fertile. Il ne te manque rien pour les recevoir, et tu commandes à beaucoup de peuples. Quand les chefs seront rassemblés, tu écouteras celui qui aura conçu le meilleur dessein ; les Achéens ont grand besoin d'un conseil bon et sensé ; les ennemis allument un grand nombre de feux près des vaisseaux : qui pourrait les voir avec joie ? Cette nuit, ou l'armée sera sauvée, ou complètement perdue.

Les chefs, qui l'écoutaient avec une grande attention, sont persuadés par ses paroles. Les gardes sortent du camp revêtus de leurs armes. Ils sont commandés par Thrasymède, fils de Nestor, pasteur des peuples ; par Ascalaphe et Jalménus, fils d'Arès ; par Mérion, Apharée Déipyre et Créon, fils de Lycomède. Ils ont sept chefs à leur tête, et chacun de ces chefs commande cent jeunes guerriers armés d'un long javelot : ils se postent entre le fossé et le mur ; là ils allument un feu et chacun apprête le repas du soir.

Le fils d'Atrée conduit dans sa tente les chefs des Achéens, et fait servir devant eux un festin qui réjouit le cœur. Ils tendent les mains vers les mets placés devant eux. Lorsqu'ils eurent chassé le désir du boire et du manger, Nestor, dont le conseil paraissait tout à l'heure le plus sensé, commence le premier à leur tisser un avis prudent :

– Fils d'Atrée, dit-il, je commencerai et finirai par toi, parce que tu es le chef d'un grand nombre de peuples, et que Zeus t'a mis en main le sceptre et les lois pour veiller sur eux. Il faut émettre ton avis, écouter celui d'un autre et accomplir ce qu'il a proposé ; ce dont il aura pris l'initiative te sera rapporté. Quant à moi, je dirai ce qui me paraît le mieux à faire. Personne ne donnera un meilleur avis que le mien. C'est un dessein que j'ai formé depuis longtemps, depuis le jour où, fils de Zeus, tu allas ravir dans la tente d'Achille la jeune Briséis ; et tu fis cela malgré nous. Je tâchai de t'en dissuader par de fortes raisons ; mais tu cédas à ta colère superbe, tu outrageas un héros que les immortels honorent, en prenant sa récompense. Délibérons maintenant comment nous pourrons l'apaiser par de riches présents et des paroles de miel.

– Vieillard, répond Agamemnon, tu as énuméré mes fautes selon la vérité ; oui, j'en ai commis et ne le nie pas. L'homme que Zeus chérit dans son cœur tient lieu de troupes nombreuses, et il l'honore aujourd'hui en domptant le peuple des Achéens. Puisque j'ai failli, cédant à un esprit pernicieux, je veux apaiser Achille en lui offrant une compensation du plus grand prix. Devant vous je vais faire connaître ces présents les plus riches : sept trépieds qui ne sont point destinés au feu, dix talents d'or, vingt bassins brillants, douze chevaux de course qui ont remporté des prix. Il ne serait pas sans terre de rapport ni sans or celui qui posséderait autant de biens que ces chevaux m'ont gagné de prix. Je lui donnerai encore sept femmes habiles dans les ouvrages de mains ; elles sont Lesbiennes ; je les ai choisies pour moi lorsqu'il prit Lesbos ; elles surpassent en beauté les races des femmes ; je les lui donnerai, et parmi elles sera celle que je lui ai ravie, la jeune fille de Brisès ; je jurerai que je ne suis jamais monté sur son lit et que je ne me suis jamais uni à elle comme il est permis de le faire entre homme et femme. Voilà ce que je lui offre quant à présent. Mais si les dieux me donnent de détruire la grande ville de Priam, qu'il y entre et qu'il remplisse un vaisseau d'or et d'airain, pendant que nous autres Achéens nous nous partagerons le butin. Qu'il choisisse lui-même vingt femmes troyennes les plus belles après Hélène l'Argienne. Si nous pouvons revenir à Argos, ville achéenne, mamelle de la terre, qu'il soit mon gendre, je le tiendrai à l'égal d'Oreste, mon dernier-né, que j'élève dans une grande opulence. J'ai trois filles dans mon palais bien bâti, Chrysothémis, Laodice et Iphianasse ; qu'il emmène sans prix d'achat à la maison de Pélée celle qu'il voudra pour sienne, je lui donnerai, en outre, plus de présents qu'aucun père n'en a jamais donné à sa fille. Je lui donnerai sept villes bien habitées, Cardamylé, Enopée, Iré verdoyante, Phères aimée des dieux, Anthéa aux profondes prairies, Epéa la belle, et Pédase pleine de vignes. Toutes sont situées près de la mer, à l'extrémité de Pylos la sablonneuse. Des hommes riches en agneaux et en bœufs les habitent, lesquels par leurs offrandes l'honoreront comme un dieu et paieront sous son sceptre de riches tributs. Je lui donnerai tout cela s'il veut faire cesser sa colère. Qu'il se laisse donc dompter : Hadès seul est implacable et indomptable ; c'est pour cela qu'il est aux mortels le plus odieux des dieux. Qu'il me cède, puisque je suis le roi le plus puissant et que je suis plus âgé que lui.

– Fils d'Atrée, dit Ulysse, tu offres à Achille de très riches présents. Eh bien, choisissons des hommes qui aillent le plus tôt possible dans la tente d'Achille fils de Pélée. Va ! je vais les choisir, et qu'ils m'obéissent. Phénix cher à Zeus les conduira ; ensuite le grand Ajax et Ulysse semblable à un dieu ; deux hérauts, Odios et Eurybate, les suivront. Qu'on apporte de l'eau, et qu'on

fasse silence afin que nous suppliions Zeus, fils de Cronos, d'avoir pitié de nous.

Aussitôt les hérauts versent de l'eau sur les mains, et
des jeunes gens emplissent de vin les cratères jusqu'aux
bords ; ils prennent les prémices des coupes avant de les
présenter aux convives. Dès qu'on eut fait les libations, et
chacun ayant bu selon le désir de son cœur, les envoyés
sortent de la tente d'Agamemnon. Nestor les regarde
alternativement, leur fait bien des recommandations, et
surtout à Ulysse ; il les exhorte tous à faire tous leurs
efforts pour fléchir le fils de Pélée.

Ils s'en allèrent le long du rivage de la mer retentissante, priant beaucoup le dieu qui ébranle et entoure la
terre de persuader facilement l'âme grande du descendant d'Éaque. Ils arrivent aux tentes et aux vaisseaux des
Myrmidons et trouvent Achille charmant son esprit avec
une lyre harmonieuse, belle, artistement travaillée ; la
traverse qui en réunissait les deux bras était d'argent ; il
l'avait retirée des dépouilles lorsqu'il eut détruit la ville
d'Éétion ; ainsi charmait-il son cœur en chantant la gloire
des héros. Patrocle seul était assis en silence en face de
lui ; il attendait que le descendant d'Éaque eût fini de
chanter. Ceux-ci, conduits par Ulysse, s'en vont plus
avant dans la tente et s'arrêtent devant Achille. Celui-ci,
surpris, s'élança de son siège avec sa lyre. Patrocle, les
ayant vus, se leva de même. Achille leur tend la main :

– Salut, amis, dit-il, c'est sans doute une grande nécessité qui vous fait venir, vous qui m'êtes les plus chers des
Achéens, malgré ma colère.

Puis il les fait asseoir sur des sièges et sur des tapis de
pourpre et, s'adressant aussitôt à Patrocle qui se tenait
près de lui :

– Sers-nous un cratère plus grand, fils de Ménœtios ;
verse un vin tout pur et prépare une coupe pour chacun
d'eux, car les hommes que j'aime le plus sont sous mon
toit.

Patrocle obéit à son cher compagnon. Achille approche du feu qui pétille une grande table pour recevoir les viandes ; il y met le dos d'une brebis, celui d'une chèvre grasse, et l'échinée d'un porc florissant de graisse. Automédon tendait les viandes et Achille, après les avoir découpées, les embrochait. Le fils de Ménœtios allumait un grand feu. Après que le feu fut consumé et que la flamme ne fit plus que languir, il épand le charbon, place les broches au-dessus, les saupoudre de sel divin et les appuie sur des pierres. Les viandes sont cuites, elles sont posées sur des tables à ces destinées ; Patrocle prend le pain et le distribue aux convives dans de belles corbeilles ; Achille partage les viandes. Il était assis en face d'Ulysse, qui était de l'autre côté de la tente. Il ordonne à Patrocle de sacrifier aux dieux ; celui-ci lui obéit en jetant les prémices des coupes dans le feu. Les envoyés tendaient les mains vers les mets tout préparés qui étaient servis devant eux. Lorsqu'ils eurent chassé le désir du boire et du manger, Ajax fit un signe à Phénix. Ulysse comprit ; ayant rempli sa coupe de vin, il salue Achille :

– Salut, Achille. Nous ne manquons pas de festins, et dans la tente du fils d'Atrée, et dans la tienne : nous pouvons nous partager à table un grand nombre de mets qui réjouissent le cœur ; mais ce qui concerne un repas agréable ne nous occupe pas, nourrisson de Zeus ; nous craignons un grand désastre : nous ne savons si notre flotte sera sauvée ou perdue, à moins que tu ne te revêtes de tes armes. Les Troyens et leurs auxiliaires, qu'ils ont appelés de loin, ont placé leur camp près des vaisseaux et du mur ; ils ont allumé un grand nombre de feux dans leur armée et disent que nous ne pouvons plus résister et que nous périrons sur nos vaisseaux. Zeus leur donne un heureux présage en faisant luire l'éclair à leur droite ; Hector, terrible par sa force, roule des yeux menaçants ; confiant dans l'appui de Zeus, il méprise les dieux et les hommes ; c'est une rage indomptable qui s'est emparée de lui. Il prie l'aurore divine de paraître au plus tôt ; car il menace de couper l'extrémité des poupes des vaisseaux, de les brûler, et de tuer près d'eux les Achéens pressés par la fumée. Je crains terriblement dans mon esprit que les dieux n'accomplissent ses menaces et qu'il ne nous soit réservé de périr à Troie, loin d'Argos qui nourrit beaucoup de chevaux. Lève-toi, si tu veux du moins, quoique déjà tard, délivrer les Achéens accablés par les Troyens. Si tu refuses, ce te sera une douleur à toi-même dans la suite ; il n'y a aucun moyen de trouver un remède au mal une fois fait ; mais auparavant pense en toi-même à écarter ce jour fatal aux Danaëns. Ami, le jour que Pélée ton père t'envoya de Phthie à Agamemnon, il te dit : « Mon enfant, Athéna et Héra te donneront toujours assez de force si elles le veulent, mais toi, tâche de contenir ton cœur superbe dans ta poitrine ; la douceur est préférable ; abstiens-toi de toute querelle pernicieuse et, parmi les Argiens, jeunes et vieux t'honoreront davantage. » Voilà ce que te disait ton père, et tu l'as mis en oubli. Même à ce moment mets un terme à ta fureur et laisse aller ta colère triste au cœur. Agamemnon te donne des présents dignes de toi, si tu veux apaiser ton courroux. Eh bien ! écoute-moi, je vais te les énumérer : sept trépieds qui ne sont pas destinés au feu, dix talents d'or, vingt urnes éclatantes, douze chevaux de course qui ont remporté des prix ; celui qui aurait les trésors qu'ils lui ont fait gagner ne se pourrait dire pauvre. Il y ajoute sept femmes lesbiennes d'une grande beauté, habiles dans les ouvrages de mains. Elles surpassent en beauté toutes celles de leur sexe. Parmi ces captives sera celle qu'il t'a enlevée, la fille de Brisès. Il jure par serment qu'il n'a jamais monté sur son lit et qu'il ne s'est jamais uni avec elle, comme il est permis de le faire entre homme et femme ; c'est seulement ce qu'il te donne en ce moment. Mais si les dieux nous donnent de renverser la grande ville de Priam, il veut qu'au partage des dépouilles tu emplisses un de tes vaisseaux d'or et de cuivre, que tu choisisses vingt Troyennes les plus belles après l'épouse de Ménélas ; et, de retour à la fertile Argos, tu seras son gendre, et honoré à l'égal d'Oreste son fils unique, nourri dans l'opulence. Il a trois filles dans son palais : Chrysothémis, Laodice et Iphianasse ; tu pourras prendre sans prix d'achat celle que tu aimeras pour l'emmener au foyer de ton père. C'est lui qui fera les présents nuptiaux, et jamais père n'en aura donné d'aussi riches à sa fille. Il t'offre sept villes riches, Cardamylé, Enopé, la verte Iré, Phères très divine, Anthéa aux vallées sinueuses, Epéa la belle, et Pédase pleine de vignes ; elles sont toutes situées à l'extrémité de Pylos la sablonneuse. Les hommes qui les habitent ont de nombreux troupeaux ; ils t'honoreront comme un dieu et sous ton sceptre te paieront de riches tributs ; voilà ce qu'il te présente encore pour te faire oublier l'offense que tu as reçue et pour te réconcilier avec tous. Mais si le fils d'Atrée et ses présents te sont odieux, au moins aie compassion de tous les autres Achéens qui périssent ; ils t'honoreront comme un dieu, et près d'eux tu remporterais une bien grande gloire. Car tu pourrais saisir Hector qui ne manquerait pas de venir à toi pour assouvir sa rage ; il dit qu'aucun des Grecs ne peut s'égaler à lui, du moins de ceux que les vaisseaux ont amenés ici.

– Fils de Laërte, fertile en expédients, répond Achille, il faut que je vous dise sans ménagement ce que je veux faire, afin que chacun de votre côté vous ne bourdonniez pas ainsi près de moi. Et d'abord je hais à l'égal des portes d'Hadès celui qui pense une chose et en dit une autre. Je vais vous parler comme je crois devoir le faire. Ni le fils d'Atrée, ni les Grecs n'apaiseront ma colère, parce qu'on ne m'a pas su gré d'avoir combattu les ennemis sans relâche. Une même part de butin attend celui qui reste en repos et celui qui combat vaillamment ; le lâche est aussi bien en honneur que le brave, et l'homme qui ne fait rien comme celui qui fait beaucoup meurent également. Qu'ai-je retiré de tant de soins, de tant de douleurs, exposant toujours ma vie pour combattre ? Comme l'oiseau porte à ses petits encore sans plumes la nourriture qu'il a saisie, que de nuits j'ai passées sans sommeil ! que de journées sanglantes j'ai combattu et guerroyé à cause de vos femmes ! J'ai pillé douze villes avec mes vaisseaux, j'en ai ravagé onze sur le sol de la fertile Troie. Tous les trésors que j'ai enlevés, je les apportai au fils d'Atrée, Agamemnon. Mais lui, loin du combat, près de ses vaisseaux rapides, recevait ces trésors, en distribuait peu, en gardait beaucoup. Il a donné les autres récompenses aux plus vaillants et aux rois, et elles leur sont assurées ; je suis le seul des Grecs dont il ait retenu la part et dont il ait pris l'épouse toujours douce à mon cœur ; qu'il se réjouisse maintenant près d'elle. Et pourquoi faut-il que les Argiens fassent la guerre aux Troyens, Pourquoi le fils d'Atrée a-t-il rassemblé une armée pour la conduire ici ? N'est-ce pas pour recouvrer Hélène à la belle chevelure ? Est-ce que, seuls des hommes à la voix articulée, les Atrides aiment leurs épouses ? Tout homme bon et de sens n'aime-t-il et ne soigne-t-il pas son épouse, comme moi j'aime de tout mon cœur la mienne, quoique étant acquise par la lance ? Mais maintenant, puisqu'il m'a pris des mains ma récompense et qu'il m'a trompé, qu'il ne tente pas de me persuader, sachant bien que je le connais. Qu'il délibère avec toi, Ulysse, et avec les autres rois au moyen d'écarter des vaisseaux le feu ennemi. Sans moi il a fait de grands travaux : il a bâti un mur, il a creusé un fossé large, profond, il y a enfoncé des pieux, et il ne peut pas même ainsi contenir la fureur d'Hector ? Mais moi, quand je guerroyais parmi vous, Hector ne voulait pas se risquer au combat loin de ses murs ; à peine osait-il s'avancer jusqu'aux portes Scées et jusque près du hêtre ; il m'y attendit seul un jour, il fut heureux d'échapper au jet de ma lance. Et puisque je ne veux pas combattre contre lui, demain après avoir fait des sacrifices à Zeus et à tous les dieux, et que j'aurai tiré à la mer mes vaisseaux bien chargés, tu les verras si tu veux naviguer de grand matin sur l'Hellespont ; et sur eux, des hommes occupés à ramer avec ardeur ; et si le dieu glorieux qui ébranle la terre nous donne une heureuse traversée, je serai à Phthie le troisième jour. Là je possède de grands biens que je laissai venant ici pour mon malheur, et j'y porterai encore de l'or, du cuivre, des femmes à la belle ceinture et du fer brillant, tout ce qui m'est échu au partage ; mais la récompense que le fils d'Atrée, Agamemnon, m'avait donnée, il me l'a ravie indignement ; ce que je vous dis, vous pouvez le lui rapporter ouvertement comme je vous le recommande, afin que les Achéens s'indignent, s'il espère encore, lui toujours revêtu d'impudence, tromper quelqu'un des vôtres. Quelque cynique qu'il soit, il n'oserait me regarder en face ; je ne me concerterai plus avec lui pour le conseil ni pour l'action ; il m'a trompé, il m'a offensé, et il ne me persuadera plus par ses paroles ; c'en est assez pour lui, que tranquille il coure à sa perte ! car le prudent Zeus lui a enlevé le jugement. Ses présents me sont odieux, et je ne fais pas plus de cas de lui que d'un cheveu... Quand il me donnerait dix et vingt fois autant de biens qu'il en a et qu'il en aura, autant de richesses qu'il en arrive à Orchomène et à Thèbes l'Égyptienne, ville aux cent portes, qui voit sortir par chacune d'elles deux cents guerriers avec leurs chevaux et leurs chars ; quand il ajouterait à tout cela autant d'or que le sable et la poussière comptent de grains, Agamemnon ne désarmera pas ma colère avant qu'il n'ait expié l'injure cruelle qui déchire mon cœur. Je n'épouserai aucune de ses filles, quand bien même elle rivaliserait de beauté avec la blonde Aphrodite et qu'elle égalerait Athéna pour le travail des mains. Qu'il cherche parmi les rois des Achéens un gendre qui lui convienne et soit plus puissant que moi. Si les dieux veillent sur moi et m'accordent le retour dans ma patrie, Pélée saura bien me choisir une femme. Il y a dans la Grèce et à Phthie plusieurs jeunes filles de nos vaillants rois qui gouvernent les villes ; de celle qui me plaira j'en ferai mon épouse. Comme mon cœur viril me pousse à prendre une épouse légitime, je jouirai avec une compagne convenable des richesses que le vieillard Pélée a acquises. La vie est pour moi d'un prix incomparable, c'est pourquoi je la préfère aux trésors que renfermait Ilion pendant la paix, et à ceux consacrés à Phœbus Apollon, à Pytho. Les bœufs, les brebis grasses, sont susceptibles d'être conquis dans des invasions ; les trépieds et les têtes blondes des chevaux peuvent être achetés, mais l'âme de l'homme ne peut être conquise ou achetée dès qu'elle a franchi le rempart de ses dents. La déesse Thétis, ma mère, m'a dit que les Moires m'avaient filé deux destinées qui devaient me porter au terme de la mort. Si je reste ici pour combattre autour de la ville des Troyens, le retour est perdu pour moi, mais ma gloire est impérissable ; si je retourne dans la terre chérie de la patrie, je ne puis prétendre à la gloire, et je jouirai d'une longue vie. Et moi aussi je conseillerai aux autres Grecs de retourner chez eux, car ils ne verront pas le dernier jour d'Ilion, puisque Zeus dont la voix porte au loin a étendu sa main sur elle et que les peuples se sont rassurés. Allez maintenant rapporter mes paroles aux vaillants chefs des Achéens ; et comme c'est le privilège de ceux d'entre eux qui font partie du conseil de concevoir des pensées salutaires, qu'ils trouvent pour sauver les Argiens, eux et leurs vaisseaux, un meilleur moyen que celui qu'ils ont imaginé aujourd'hui, puisque je persévère dans mon ressentiment. Que Phénix couche ici près de nous, demain, s'il le veut, il me suivra vers la terre chérie de la patrie ; cependant je ne l'emmènerai pas malgré lui.

Les députés gardent le silence à ce discours, ils sont étonnés d'un refus aussi dur. Le vieillard Phénix, versant de chaudes larmes et craignant beaucoup pour les vaisseaux des Achéens :

– Achille, dit-il, si tu te mets dans l'esprit de partir, et que tu ne veuilles pas écarter des vaisseaux le feu dévastateur, parce que la colère est tombée dans ton cœur, comment serais-je laissé seul ici, loin de toi, mon enfant chéri ? Pélée te confia à moi le jour qu'il te fit partir de Phthie pour aller près du roi Agamemnon. Tu étais encore enfant et étranger à ce qui concerne la guerre et les délibérations publiques où les hommes se distinguent. Il voulait que je t'apprisse à devenir à la fois orateur éloquent et grand guerrier. Je ne voudrais donc pas être séparé de toi, enfant chéri, quand même un dieu m'ayant enlevé ma vieillesse me rendrait jeune et plein de vigueur, tel que j'étais lorsque je quittai pour la première fois la Grèce aux belles femmes pour me soustraire aux reproches de mon père Amyntor, fils d'Orménos ; il s'était irrité contre moi pour une concubine aux beaux cheveux. Ma mère, outragée, me suppliait à genoux de m'unir à la concubine avant lui. Je lui obéis, et mon père, s'en étant aperçu, me maudit ; puis, invoquant les Furies odieuses, il les conjura d'empêcher qu'un fils engendré par moi s'assît jamais sur ses genoux ; les dieux, le Zeus des Enfers et la terrible Perséphone accomplirent ses imprécations. Je conçus le dessein de le tuer, mais un dieu apaisa ma colère ; en mettant devant mes yeux de quelle indignation les hommes poursuivaient un parricide, il me fit renoncer à un si abominable forfait. Je voulus alors abandonner la maison paternelle, quoique mes amis, mes alliés et mes parents fissent tous leurs efforts pour m'en empêcher. A cet effet, ils sacrifiaient aux dieux, immolant des brebis, des bœufs et des porcs gras, et buvaient le vin du vieillard dans des cruches de terre. Outre cela, ils firent sentinelle à la porte de la maison neuf jours et neuf nuits, afin que je ne pusse sortir ; mais enfin je trompai leur vigilance et leur guet, car je m'évadai la dixième nuit, ayant brisé les portes qui se trouvaient sur mon passage et sauté au-dessus du mur de la cour, à l'insu des gardiens et des servantes. M'enfuyant à travers la Grèce, j'arrivai à Phthie, chez Pélée. Ce prince, plein de bienveillance, m'accueillit ; il m'aima comme un père aimerait un enfant unique qui lui serait né dans sa vieillesse et posséderait un jour de grands biens. Il me fit riche, me mit à la tête d'un peuple nombreux : j'habitais l'extrémité de la Phthiotide et commandais aux Dolopes. Et je t'ai fait aussi grand, Achille égal aux dieux, en t'aimant de tout mon cœur. Tu ne voulais jamais te mettre à table sans moi, ma main te présentait la nourriture et portait la coupe à tes lèvres ; quelquefois tu rejetais le vin de ta bouche sur mes vêtements ; j'ai tout souffert, pensant que je retrouvais en toi le fils que les dieux m'avaient refusé, et qu'un jour tu serais l'appui de ma vieillesse. Je ne raconte ceci que pour te supplier d'apaiser ton ire : les dieux eux-mêmes, qui nous sont supérieurs par la vertu, l'honneur et la puissance, se laissent bien fléchir. Quand les hommes les ont offensés, ils en apaisent le courroux par des prières, des libations et des sacrifices.

« Aussi les prières, comme tu sais, mon fils, sont filles de Zeus : louches, boiteuses et ridées, elles suivent l'injure, laquelle, plus robuste et plus prompte, les devance toujours au détriment des hommes. Les prières la suivent donc pas à pas pour guérir les maux qu'elle répand sur la terre ; et si elles arrivent au même lieu qu'est l'injure et qu'elles soient bien reçues de celui à qui elles s'adressent, elles supplient pour lui Zeus et le rendent placable. Au rebours, si on les écoute ainsi qu'elles le méritent, elles en font rapport à Zeus, disant que, puisqu'on fait plus de compte de l'injure que d'elles et qu'elles ont été contraintes de s'en retourner après avoir été rebutées, Zeus fasse suivre le coupable par l'injure et le punisse.

« Mon fils, rends donc aussi à ces filles de Zeus, à cause de leur pouvoir et des riches présents dont elles sont accompagnées, rends-leur un hommage que ne leur ont pas dénié les plus grands héros. Si notre chef suprême était toujours irrité contre toi, je n'oserais te conseiller d'assister les Grecs, quelque nécessité qu'ils en eussent ; mais le voyant ainsi s'humilier à toi, et considérant la grandeur des offres qu'il te fait, et même qu'il te rend celle pour laquelle votre querelle a éclaté, ne persiste pas dans ton refus. Et quand bien même ces raisons n'auraient pas de pouvoir sur toi, au moins ne devrais-tu pas dédaigner la démarche et les prières de ces deux chefs qui sont des plus illustres des nôtres et tes amis, de crainte que ton ressentiment, excusable à présent, ne soit blâmé à l'avenir. Au temps passé, quand les héros avaient quelque différend entre eux, ils se laissaient persuader par des paroles de conciliation et par des présents. A ce sujet, je vais vous raconter, mes amis, un fait qui n'est pas nouveau, mais qui n'est pas hors de mon propos.

« Les Curètes et les Étoliens combattaient sous les murs de Calydon ; les premiers brûlaient de ravager la ville défendue par les Étoliens ; tous s'entretuaient. Artémis avait suscité cette guerre, parce qu'Œnée ne lui avait point offert de sacrifices dans ses champs fertiles, tandis qu'il avait immolé des hécatombes aux autres dieux ; il avait été assez ingrat pour oublier l'unique fille du grand Zeus. La déesse au brillant carquois envoya, dans son dépit, un sanglier aux blanches défenses qui exerça les plus grands ravages dans les champs d'Œnée, déracinant les plus beaux arbres, alors couverts de fleurs. Le fils d'Œnée, Méléagre, ayant appelé à lui chiens et chasseurs, tua ce sanglier, cause de la perte d'un grand nombre d'hommes ; il ne fut sitôt occis, qu'Artémis mit les Curètes et les Étoliens en différend au sujet de la hure de ce sanglier.

« Tant que Méléagre tint pour les Étoliens, les Curètes, souvent défaits, ne purent approcher des murailles. Mais la colère, qui enfle souvent le cœur du plus sage, s'empara du héros. Froissé des malédictions d'Althée, sa mère, il se retire auprès de son épouse légitime, la belle Cléopâtre, fille de Marpessa et d'Idas, le plus vaillant des hommes, lequel avait osé disputer à Apollon cette nymphe aux beaux pieds. Cléopâtre était appelée par ses parents Alcyoné parce que, subissant le même sort qu'Alcyon, sa mère cria tout en pleurs lorsqu'elle fut enlevée par Apollon.

« Méléagre dévorait près de Cléopâtre le profond chagrin que lui causait sa mère, affligée de la mort de son fils cadet qu'il avait tué par mégarde. A genoux, le sein mouillé de pleurs, elle frappait de ses mains la terre nourricière, elle priait Pluton et la vénérable Perséphone de donner la mort à Méléagre en punition de son crime. Érinnys, qui habite dans les ténèbres et dont le cœur est implacable, l'entendit du fond de l'Érèbe : soudain un grand tumulte s'élève, les Curètes escaladent les tours ; les principaux des Étoliens commencent par implorer le secours de Méléagre, puis envoient les prêtres des dieux le prier de les défendre et lui promettre qu'il choisirait dans le terrain le plus fertile de Calydon une portion de cinquante arpents, moitié vignes, moitié plaine. Œnée son père, habile écuyer, ayant enfoncé la porte d'une chambre au toit élevé, se tient debout sur le seuil, prie son fils avec instances et s'agenouille devant lui ; sa mère

52

vénérable, ses sœurs, le supplient pourtant beaucoup : aucun d'eux n'en peut rien obtenir ; ses compagnons, ceux qui lui étaient les plus chers et les plus fidèles, ne peuvent le fléchir que l'ennemi déjà devant sa porte ne franchisse les tours et ne mette le feu à la ville. C'est alors que son épouse à la belle ceinture vient à lui tout en pleurs ; elle lui expose tous les maux qui fondent sur les habitants d'une ville prise par l'ennemi : les hommes tués, la ville réduite en cendres, les femmes et les enfants enlevés. Cette image émeut Méléagre ; il se revêt de ses armes brillantes, et marche au combat. Il sauve ainsi les Étoliens tout en persistant dans sa colère, mais il perdit par là toutes les récompenses qui lui avaient été offertes.

« N'aie jamais une pareille pensée, et qu'un dieu ne tourne pas ton esprit vers une telle vengeance, ami ; qu'y aurait-il de plus funeste si, pour nous porter secours, tu attendais que nos vaisseaux fussent brûlés ? Accepte donc ces présents, et viens ; les Achéens t'honoreront à l'égal d'un dieu. Mais si tu les refuses et qu'après tu paraisses au combat, repousserais-tu les ennemis, on ne te rendra pas le même honneur.

– Phénix, répond Achille, je n'ai nul besoin de cet honneur, puisque le fils de Cronos prend soin de ma gloire et qu'il me protégera tant que le souffle de la vie animera ma poitrine et que mes genoux pourront porter mon corps. Pour toi, tu n'as pas sujet, ce me semble, de me prier avec tant de larmes pour celui qui a voulu se rendre mon ennemi ; tu ne dois pas l'aimer, si tu ne veux pas encourir la colère de celui qui t'aime, mais haïr celui que je hais. Règne avec moi et partage ma gloire, ils iront porter mes paroles au fils d'Atrée. Couche ici dans un lit moelleux, et puis, au point du jour, nous délibérerons de notre départ ou de notre séjour.

Il finissait de parler que, voulant hâter le départ des autres envoyés, il ordonna par un signe des yeux à Patrocle d'étendre pour Phénix un lit bien garni.

Ajax, le courageux fils de Télamon, reconnut bien aux paroles d'Achille qu'on ne gagnait rien de le prier, aussi dit-il à Ulysse :

– Retournons, fils de Laërte, avertir les rois de l'effet de notre légation, tout autre qu'ils n'espèrent : c'est assez, cet homme n'a pas de raison ni de honte ; sa superbe lui fait mésestimer ses amis et n'a d'autre résolution que de suivre sa fantaisie. Autrefois, plusieurs grands personnages ont reçu des injures en la personne de leurs fils et de leurs frères assassinés, et néanmoins ont pardonné l'offense, se laissant aller aux prières de leurs amis ou à la satisfaction qu'on leur en faisait, et avec le temps ont vécu familiers avec les assassins. Mais je vois bien, Achille, que les dieux ne t'ont pas voulu donner de cette humanité, puisque tu n'as fait d'autre perte que celle d'une femme, laquelle on veut te rendre accompagnée de sept autres et de plusieurs dons. Rends-toi exorable, respecte ta maison ; ne sommes-nous pas tes compagnons venus sous ton toit, de l'armée des Grecs, et qui désirent autant qu'ils sont, être chéris et aimés par toi au-dessus des autres Achéens ?

– Ajax, répond Achille, je prends ton discours en bonne part car tu as parlé selon ton cœur. Mais quand il me souvient de l'offense que j'ai reçue, mon courroux se ravive en songeant qu'Agamemnon m'a déshonoré parmi les Argiens, comme si je n'étais qu'un vagabond. Allez porter ma réponse : je ne paraîtrai pas au combat avant qu'Hector ne soit près des tentes et des vaisseaux des Myrmidons, qu'il n'ait fait périr les Argiens, et qu'il n'ait consumé leurs vaisseaux. Mais je pense qu'Hector, malgré sa fureur, ne combattra pas autour de ma tente ni près de mon vaisseau.

Ces paroles dites, les députés prennent une coupe, font des libations, et retournent vers les vaisseaux avec Ulysse qui les précède. Patrocle ordonne à ses compagnons de faire le lit de Phénix. Aussitôt ils étendent des toisons qu'ils couvrent de fin lin ; et le vieillard se couche en attendant l'aurore. Achille repose au fond de sa tente, et Diomédé, fille de Phorbas, auprès de lui ; de l'autre côté, Patrocle avec Iphis à la belle ceinture, qu'Achille lui donna après avoir pris Scyros, ville d'Enyée.

Les envoyés ne tardent guère d'arriver aux tentes du fils d'Atrée ; les fils des Achéens se lèvent par respect tour à tour et se passent des coupes d'or ; ils veulent les questionner, mais, le premier, Agamemnon :

– Dis-moi, sage Ulysse, veut-il repousser loin de nos vaisseaux le feu ennemi, ou la colère fermente-t-elle encore dans son cœur ?

– Sa colère, répond Ulysse, n'est en rien apaisée ; il est encore plus furieux et il ne fait aucun cas ni de toi, ni de tes présents. Il t'ordonne de songer toi-même au moyen de sauver tes vaisseaux et l'armée ; il nous a menacés de tirer à la mer, dès l'aurore, ses vaisseaux aux bons rameurs, et engage les autres à suivre son exemple, puisque les dieux prennent les Troyens en leur sauvegarde et que nous ne pourrons mettre fin à cette guerre. Ajax et les hérauts seront témoins de mon dire. Achille a retenu Phénix à coucher, afin de s'en aller avec lui si bon lui semble.

Tous les princes Grecs sont troublés de cette réponse, et restent longtemps sans parler. Enfin, Diomède dit à Agamemnon :

– Tu n'as pas bien fait de députer à Achille et de lui offrir des présents ; tes prières et tes offres ont augmenté son orgueil. Qu'il fasse ce qu'il voudra, laissons-le là : qu'il parte ou qu'il s'en aille, cela doit nous être indifférent ; il reviendra combattre quand son cœur ou un dieu l'y excitera. Pour nous, après avoir réparé nos forces avec du vin et de la nourriture, nous irons nous coucher. Dès que nous verrons poindre l'aurore, qu'Agamemnon range l'armée en bataille devant les vaisseaux, et qu'il excite tout le monde par son exemple.

Les rois applaudissent aux paroles de Diomède ; et après avoir fait des libations, ils se retirèrent dans leurs tentes pour jouir du don du sommeil.

Chant X

Dolon - Rhésos

Les chefs des Achéens dormaient près de leurs vaisseaux, mais le sommeil agréable fuyait Agamemnon : il
roulait une foule de pensées dans son esprit. Lorsque
Zeus fait briller son éclair, amassant une pluie sans fin,
ou de la grêle, ou de la neige pour en saupoudrer les
champs, ou qu'il entrouvre quelque part la gueule béante
de la guerre, de même Agamemnon gémissait sourde-
ment dans sa poitrine, et ses entrailles tremblaient au-
dedans de lui. Quand il jetait sa vue sur la plaine
troyenne, il admirait les feux nombreux qui brûlaient
devant Ilion, le son des flûtes et des chalumeaux et le
tumulte des hommes. Ensuite, tournant ses yeux vers les
vaisseaux et le peuple des Achéens, il arrachait ses cheveux, les tendant à Zeus qui siège en haut, et lui disant
par ce fait : « Voilà la désolation dans laquelle tu m'as
jeté, toi qui m'avais promis la victoire. » Son cœur généreux exhalait de profonds soupirs. Le parti qui lui semble
le meilleur à prendre est d'aller vers Nestor afin d'aviser
au moyen d'écarter des Danaëns les maux qui les
menacent. Il se lève, revêt sa tunique, attache ses belles
sandales à ses pieds brillants de force ; couvre ses épaules
d'une peau de lion qui allait depuis la tête jusqu'aux
pieds ; puis il prend sa lance.

De son côté, Ménélas n'était pas en moindre souci ; il
craignait qu'il n'arrivât un grand malheur à tous ces
Grecs qui pour sa cause étaient venus porter la guerre sur

le champ de Troie. Il se lève, prend ses armes, se revêt de la peau bigarrée d'une panthère et, son casque sur sa tête et sa lance en sa main, s'en va résolu de faire lever Agamemnon, chef suprême de l'armée et que les peuples honoraient comme un dieu. Il le trouva qui s'armait près de son vaisseau ; il en est bien accueilli et lui dit :

– Mon frère, pour quel sujet prends-tu les armes pendant cette nuit ? Est-ce pour obliger quelqu'un à aller épier la contenance des ennemis ? J'ai peur qu'en cela ton commandement ne soit sans effet ou, si quelqu'un t'obéit, il aura bien de la hardiesse.

– Mon frère, répond Agamemnon, et toi et moi avons besoin d'un bon conseil pour prévenir la perte de nos guerriers et de nos vaisseaux, vu que Zeus nous tourne le dos pour favoriser les armes des Troyens. Je n'ai jamais ouï parler qu'un homme seul ait pu faire autant d'exploits qu'Hector en a fait aujourd'hui sur les nôtres ; s'il était fils d'un dieu ou d'une déesse, je ne trouverais si étrange notre déroute : mais bien qu'il ne soit ni l'un ni l'autre, il ne nous a pas moins réduits à une telle extrémité, que les Grecs se souviendront à jamais de l'effroi qu'ils ont eu de ses armes.

« Je suis d'avis que tu ailles en la tente d'Ajax et en celle d'Idoménée, leur dire de venir au conseil. Et je tâcherai de mener le vieux Nestor à l'endroit où son fils et Mérion font le guet, afin de résoudre ce que nous jugerons expédient. Il a tant de créance parmi eux que pas un ne différera d'effectuer son avis.

Ménélas lui demande :

– Qu'est-il nécessaire que je fasse après les avoir éveillés. Demeurerai-je avec eux pour les accompagner ou retournerai-je près de toi ?

Agamemnon répond :

– Reste avec eux de crainte que nous ne venions à nous perdre l'un autre, car le camp est traversé par beaucoup de chemins. Crie partout où tu passeras, ordonne aux Grecs de veiller, appelle chaque homme par son nom, par celui de son père et de ses ancêtres ; expose à tous leurs titres de gloire et ne te gonfle pas d'orgueil. Oublions nous-mêmes notre rang, puisque dès notre naissance Zeus a fait peser sur nous une lourde fatalité.

Agamemnon ayant instruit Ménélas de ce qu'il devait faire, s'en alla dans la tente de Nestor et s'approcha de son lit, auprès duquel étaient sa cuirasse, son casque, son bouclier, deux dards et la ceinture avec laquelle il mène les Grecs au combat avec autant d'ardeur et de courage qu'un plus jeune.

Nestor ayant marché à l'entour de son lit et appuyant sa tête sur son coude, demande :

– Qui es-tu qui rôdes ainsi par le camp ? Que cherches-tu dans ces vaisseaux pendant que tout le monde repose ? Es-tu en quête d'un des gardes ou de quelqu'un de tes compagnons ? Parle, ne t'approche pas davantage avant de parler ; que te faut-il ?

– Illustre roi, la gloire de tous les Grecs, reconnais Agamemnon, fils d'Atrée, à qui Zeus a suscité de rudes labeurs tant que le souffle animera sa poitrine et que ses genoux pourront se mouvoir. J'erre ainsi, puisque le sommeil ne se pose pas sur mes yeux et que la guerre occupe mon esprit, ainsi que les maux des Achéens. Je tremble pour eux et je suis tourmenté ; mon cœur bondit hors de ma poitrine et mes membres brillants de force fléchissent sous le poids de mon corps. Mais toi, si tu peux faire quelque chose, puisque tu ne jouis pas du sommeil, allons vers les gardes pour reconnaître si, accablés par la fatigue, ils sont tourmentés par le sommeil, et s'ils oublient de faire le guet. Nos ennemis sont campés non loin de nous et nous ignorons s'ils n'ont pas pris la résolution de combattre même pendant cette nuit.

Nestor lui répond :

– T'imagines-tu qu'Hector ait des dieux si favorables qu'il effectue ce qu'il s'est proposé ? Non, non, je pense qu'il a peur lui-même qu'Achille ne se réconcilie avec toi et apaise sa colère. Je ne dis pas ceci pour ne pas te suivre, je suis à toi ; aussitôt que je serai prêt, nous irons ensemble éveiller Ulysse, Diomède, Mégès et Ajax, fils d'Oïlée : et selon ma volonté que quelqu'un aille appeler le grand Ajax et Idoménée ; leurs tentes sont assez éloignées d'ici. Mais je veux blâmer Ménélas malgré mon amitié et mon estime pour lui ; et quand bien même tu t'irriterais contre moi, je ne lui cacherai pas qu'il dort et qu'il te laisse toute la peine. Ne devrait-il pas être à l'oreille des chefs pour les supplier, car la nécessité qui nous presse n'est plus supportable.

– Vieillard, répond Agamemnon, je t'ai prié autrefois de le tancer, quand de lui-même il se relâchait et ne voulait prendre aucune part aux travaux de la guerre ; chez lui ce n'était pas alors par paresse ni même par ignorance, c'est parce qu'il avait les yeux toujours fixés sur moi, et qu'avant d'entreprendre ce qu'il s'était proposé, il épiait mon premier mouvement. Il s'est éveillé avant moi et m'est venu trouver, tout prêt à obéir à mes ordres. Je l'ai envoyé vers Ajax et les autres princes nos amis : allons-nous-en, ils seront au guet aussi ou plus tôt que nous, car je leur ai recommandé de s'assembler là.

Nestor lui réplique :

– Que ton frère soit toujours aussi zélé, et aucun des Grecs ne s'irritera contre lui et ne refusera d'obéir à ses ordres.

Ce disant, il se revêt de sa tunique, attache ses brodequins à ses pieds brillants, et agrafe son manteau de pourpre, double, ample, sur lequel poussait un duvet crépu. Il prend une lance et va vers les vaisseaux pour réveiller d'abord Ulysse. Celui-ci l'ayant entendu sortit de sa tente, lui dit :

– Pourquoi rôdez-vous ainsi seuls parmi l'armée, en un temps que les ténèbres retiennent les hommes plongés dans le sommeil ? En quelle plus grande extrémité sommes-nous donc tombés ?

– Ne t'étonne pas, Ulysse, répond Nestor, si nous venons interrompre ton sommeil ; la nécessité nous y oblige. Suis-nous, et allons éveiller un autre chef pour délibérer s'il nous faut fuir ou combattre.

Ulysse retourne dans son vaisseau, prend son bouclier et les suit. Ils marchent vers Diomède ; ils le trouvent hors de sa tente avec ses armes. Ses compagnons dormaient autour de lui, la tête appuyée sur leurs boucliers ; les lances sont fichées le manche en terre ; l'airain brillait au loin comme l'éclair de Zeus. Diomède dormait sur une peau de bœuf sauvage, reposant sa tête sur un riche tapis. Nestor, cavalier de Gérénie, s'étant approché de lui, le toucha du pied et le réveilla, lui faisant ce reproche :

– Lève-toi, fils de Tydée ; pourquoi dors-tu toute la nuit ? N'entends-tu pas les Troyens ? Ils se sont établis sur le tertre de la plaine près des vaisseaux, à une petite distance de nous.

Diomède s'éveille à la parole de Nestor et lui dit :

– Certes, vieillard, tu ne prends jamais de relâche. Pourquoi ne fais-tu pas appeler les chefs par de plus jeunes que toi ? Ne pourras-tu jamais prendre de repos ?

– C'est ce que je devrais faire, fils de Tydée, répond Nestor ; oui, j'ai des enfants courageux, un grand nombre de troupes, et je pourrais bien envoyer quelqu'un d'entre eux pour faire venir nos guerriers ; mais le péril évident où je vois notre armée ne me peut dispenser de me trouver partout. Nous sommes sur un glaive tranchant, un instant peut décider de notre salut ou de notre perte. Puis donc que tu as égard à mon grand âge, cours appeler Ajax et le fils de Phylée.

Diomède se vêt de la peau d'un lion, prend sa lance forte et longue et va trouver ces deux chefs. Il les fait lever, et tous s'empressent de rejoindre Nestor.

Ils se rendent au guet en peu de temps, et trouvent leurs gardes qui ne dormaient point ; tous étaient assis éveillés leurs armes à la main. Lorsque des chiens faisant une garde pénible dans une cour autour des troupeaux entendent une bête féroce qui vient de la forêt, hommes et chiens se ruent à sa rencontre et le sommeil est perdu pour eux : de même il est perdu pour ces gardes qui se tiennent éveillés pendant cette nuit redoutable ; ils se tournaient toujours vers la plaine pour regarder si les Troyens ne viendraient pas les surprendre.

Nestor, joyeux de les trouver à leur devoir, leur dit avec allégresse :

— Mes enfants, veillez, et que l'envie de dormir ne vous surmonte, de peur que nous ne devenions un sujet de joie pour nos ennemis.

Achevant de dire ces paroles il passe le fossé, suivi de tous les rois qui avaient été appelés au conseil. Mérion et le fils de Nestor étaient de leur bande ; ils avaient été appelés pour donner leur avis. Ils s'établissent dans un lieu qui n'est pas souillé de sang et que venait de quitter Hector à la nuit, après avoir fait un grand massacre d'Argiens. Ils se consultent et Nestor leur parle ainsi :

— Amis, qui de vous est assez sûr de lui pour aller près des Troyens ? Il s'emparerait de l'un d'eux, et lui ferait dire ce que les Troyens se proposent d'exécuter ; s'ils veulent rester à distance non loin de nos vaisseaux, ou se retirer vers la ville après avoir dompté les Achéens. Et quand il se serait assuré de tout cela, il reviendrait vers nous sain et sauf ; une grande gloire sous le ciel lui serait acquise auprès de tous les hommes, et un présent du plus grand prix lui serait offert. Tous les chefs qui commandent les vaisseaux lui donneront une brebis allaitant son agneau ; présent auquel aucun bien ne peut être comparé, et lui-même serait toujours appelé dans les festins et aux banquets.

Telle fut la proposition de Nestor ; personne ne songe à rompre le silence, lorsque Diomède :

– Nestor, dit-il, mon cœur et mon courage me poussent à pénétrer à travers l'armée des Troyens, et si quelqu'un venait avec moi, je me sentirais plus d'ardeur et de hardiesse. Étant deux, l'un peut apercevoir avant l'autre ce qu'il faut faire, et quand bien même celui qui est seul verrait le parti à prendre, il a plus de lenteur dans l'esprit et moins de résolution.

Presque tous veulent suivre Diomède : les deux Ajax, Mérion, surtout le fils de Nestor et Ménélas ; mais le courageux Ulysse s'offrait pour pénétrer jusqu'au milieu de l'armée des Troyens, car son cœur était toujours plein d'audace dans sa poitrine.

Agamemnon, voyant que l'entreprise était en terme de s'effectuer, dit à Diomède :

– Cher ami que j'estime à l'égal de moi-même, puisque tous ces chefs sont décidés à te suivre, choisis celui que tu voudras ; que la crainte de déplaire à quelqu'un ne déçoive ton jugement ; ne prends point garde à la naissance ni au rang, ce serait une déférence hors de saison de choisir le moindre pour laisser le meilleur.

Agamemnon disait ces paroles de peur qu'il ne prît Ménélas.

– Puisque vous m'ordonnez, répond Diomède à tous ses compagnons, de prendre celui que je voudrai, certes je ne puis oublier Ulysse égal à un dieu, lequel garde dans les dangers une âme forte et un cœur bienveillant ; il est aimé de Pallas Athéna. Avec lui nous passerons même à travers un feu ardent, tant il est bien avisé.

– Ne me donne pas de vanité, dit Ulysse, en publiant mes louanges devant ces rois, lesquels ont tous une entière connaissance de ce que je sais et de ce que je suis. Allons-nous-en, la nuit est déjà fort avancée, les astres ont fait un grand espace de leur chemin, l'aube paraîtra bientôt : car la troisième partie de la nuit est écoulée.

Ces deux chefs se revêtent de leurs armes terribles. Thrasymède donne sa grande épée à deux tranchants à Diomède, lequel avait laissé la sienne dans sa tente, tant il avait été pressé de venir ; il lui met en tête son casque sans crête et sans panache, fait d'un cuir de taureau ; c'était le casque bas d'un jeune homme.

Mérion donne son épée, son arc et son carquois à Ulysse et lui couvre la tête d'un casque de peau, lequel, au-dedans d'un fort cuir bien étendu et au-dehors hérissé d'une quantité de défenses de plusieurs sangliers, rangées avec une telle industrie que le fer n'y pouvait mordre ; outre cela on pouvait l'adapter à une coiffure de laine très étroitement tissée.

Antolycus avait autrefois enlevé ce casque en détruisant la maison d'un nommé Amyntor, fils d'Orménus, située dans Éléon, il en fit présent à Amphidamas, de Cythère ; Amphidamas l'offrit à Molos comme présent d'hospitalité, et Molos le donna à son fils Mérion : enfin Ulysse en couvre sa tête.

Ainsi armés, ils s'éloignent, et Athéna, voulant favoriser leur dessein, leur en donne connaissance par le cri d'un héron, qui les côtoyait. L'obscurité de la nuit leur en dérobe la vue ; toutefois ils se réjouissent de cet augure, et Ulysse fait sa prière à Athéna :

– Écoute-moi, fille de Zeus qui tient l'égide, toi qui m'assistes toujours dans tous mes travaux, et dont le moindre de mes pas n'est pas ignoré ; maintenant, surtout, Athéna, soutiens-moi plus que jamais ; fais que je revienne vers les vaisseaux aux belles rames, après avoir fait une grande action qui puisse inquiéter les Troyens.

Diomède lui fit cette prière :

– Sers-moi de guide, déesse, et me sois favorable ainsi que tu le fus à mon père Tydée, alors qu'il fut envoyé en ambassade à Thèbes pour mettre bien les Grecs et les réconcilier avec les Thébains. Il laissa les Achéens sur l'Asopos pour porter des paroles mielleuses aux Cadméens et, de retour, il fit avec son aide de grandes choses. Assiste-moi de même et je t'offrirai une génisse qui n'aura jamais été mis sous le joug de la charrue ; je lui ferai dorer ses cornes et la sacrifierai sur ton autel.

Telles furent leurs prières, et Athéna les exauça. Ils passent outre, ainsi que deux lions, marchant dans l'obscurité de la nuit sur des cadavres, les armes, le sang et le carnage.

Hector n'était pas endormi de son côté. Il fait venir dans sa tente les plus intrépides des Troyens.

– Qui de vous, dit-il, exécutera ce que je vais lui proposer ? Il sera satisfait de la récompense, sans parler de la gloire qui l'attend. Je lui donnerai le plus beau char et les deux coursiers les plus fiers de l'armée des Grecs, pourvu qu'il ose s'approcher des vaisseaux à la course rapide, savoir s'ils sont gardés comme auparavant, si les Grecs y font sentinelle, si, se voyant domptés par nos mains, ils se préparent à fuir, ou bien si, épuisés par la fatigue, ils négligent de se garder pendant la nuit.

Tous gardent un long silence. Dans ce conseil assistait Dolon, fils du héraut Eumède, homme riche en or et en airain. Il était dispos, quoiqu'il fût contrefait, et chéri de son père comme son fils unique parmi cinq sœurs ; mais, incité par l'offre d'Hector, il lui dit :

– Mon courage me porte à entreprendre ce que tu désires, je m'approcherai des vaisseaux et reconnaîtrai les ennemis. Mais lève ton sceptre, et jure-moi de me donner le char étincelant et les chevaux du divin fils de Pélée. Tiens pour certain que j'irai dans les vaisseaux des Grecs apprendre leur dessein ; que je pénétrerai dans le camp jusque dans la tente d'Agamemnon, où peut-être les chefs délibèrent s'ils doivent fuir ou combattre.

Hector, haussant son sceptre en l'air :

– Je jure par Zeus qu'aucun autre ne sera traîné par ces coursiers que toi.

Ce serment, qui ne devait pas s'effectuer, enflamme le fils d'Eumède.

A l'instant il suspend son arc à son dos, se couvre d'une peau de loup, met son casque, prend sa lance et s'éloigne des Troyens. Il s'abuse s'il espère revoir Hector et lui donner une réponse ; il fait telle diligence qu'il parvient bientôt au grand chemin de la plaine.

Ulysse aperçoit de loin venir Dolon et dit à Diomède :

– Voici un homme qui vient de l'armée des Troyens : veut-il leur servir d'espion ou vient-il dépouiller quelque corps de ceux qui ont été tués à la bataille. Il sera bon de le laisser passer outre et approcher de nos vaisseaux, alors nous le suivrons par-derrière et le prendrons facilement si par hasard il s'efforce de talonner une fuite ; il le faut contraindre de s'éloigner du camp des Troyens et lui faire prendre la voie du nôtre en s'élançant sur lui.

Ulysse et Diomède se couchent à côté de la route, parmi les cadavres : ils écoutent et voient cet homme passer avec rapidité. En le voyant éloigné d'eux de la longueur d'un sillon de mulets – je dis de mulets, car ils tirent mieux la charrue que les bœufs – ils sortent de leur embûche et le poursuivent à la course.

Dolon, entendant le bruit, croit que ses compagnons viennent le rappeler par l'ordre d'Hector. Ulysse et Diomède, s'aidant de cette méprise, l'ont vite approché du jet d'un dard, et Dolon, les reconnaissant à leurs armes, commence à prendre la fuite et à les devancer. Les deux Grecs le talonnent de près. Ainsi qu'on voit deux chiens bourrer un lièvre ou chasser une biche bêlant devant eux, de même ces deux courageux chefs le poursuivaient après l'avoir coupé de l'armée troyenne. N'ayant aucun moyen d'échapper de leurs mains, tant ils le serraient de près, il allait se jeter dans le fossé où les Grecs faisaient sentinelle. Alors la déesse Athéna augmenta la force et la vitesse de Diomède, afin qu'aucun Grec ne se vantât de l'avoir frappé avant lui. Il l'approcha lui disant :

– Garde-toi de passer outre, ou je te frapperai de ma lance et tu n'échapperas pas loin de ma main à une mort terrible.

Ainsi qu'il lui parlait encore, il lui darde son javelot et à dessein le fait passer au-dessus de l'épaule droite. Dolon s'arrête tremblant et pâle de frayeur ; il claque des dents. Ulysse et Diomède, hors d'haleine, viennent à lui et lui prennent la main. Dolon, arrosant son visage de ses larmes, leur dit :

– Sauvez-moi la vie et je me rachèterai. Mon père est riche, il a de l'or, de l'airain, du fer et force autres richesses qu'il vous donnera librement pour ma rançon, quand il saura que je suis en vie, sur les vaisseaux des Grecs.

Ulysse fertile en ruses lui dit :

– Rassure ton esprit, bannis la crainte que tu as de mourir, et dis-moi la vérité de ce que je désire de toi. Quel dessein avais-tu de venir ainsi la nuit, seul et sans bruit, visiter notre armée, sachant même que c'est l'heure où tout repose, et que l'on est assoupi d'un profond sommeil ? Venais-tu dépouiller quelque mort ? Hector t'envoie-t-il épier ce que font les Grecs, ou bien es-tu venu ici de ton propre mouvement ?

Dolon tremble :

– Hector, dit-il, s'est trompé pour mon malheur, en me promettant les chevaux et le char du fils de Pélée. Il m'ordonna d'aller pendant la nuit m'assurer si vos vaisseaux étaient gardés comme auparavant, si, domptés par nos mains, vous méditiez de fuir, ou si, vaincus par la fatigue, vous ne vous gardiez pas la nuit.

Ulysse, feignant de sourire, lui dit :

– Je connais bien à ta parole que tu avais désiré une chose excédant ton pouvoir. Ces coursiers sont de telle nature, qu'il est impossible à un autre mortel qu'à leur maître de les conduire, lequel est né d'une mère immortelle. Mais raconte-moi sans feinte où était Hector quand il t'a fait commandement de partir ? Où met-il ses armes et en quel endroit sont établis ses chevaux ? Où sont postés les gardes et quelle est la disposition des tentes ? Dis-moi si ses troupes veulent recommencer la mêlée ou retourner à Troie après avoir vaincu les Grecs.

Dolon répondit :

– Je vous dirai franchement comme tout se passe : Hector délibérait avec ses conseillers auprès du tombeau d'Ilus, à l'écart, loin du bruit, avant que je partisse. Il n'y a pas de gardes postés pour avertir contre une surprise ; quelques guerriers veillent autour des feux ; les alliés dorment et leur abandonnent la garde du camp ; leurs femmes et leurs enfants ne sont point auprès d'eux.

– Mais, reprend l'adroit Ulysse, ces alliés endormis dorment-ils à part ou pêle-mêle avec les Troyens.

Le fils d'Eumède lui répond :

– Je te dirai comment les choses se passent sans te tromper. Les Cariens, les Péoniens aux arcs recourbés, les Lélègues, les Caucons et les vaillants Pélasges sont campés au bord de la mer ; de l'autre côté, tirant vers le Tymbrée, les Lyciens, les fiers Mysiens et les cavaliers de Phrygie et de la Méonie. Mais pourquoi tant de questions si vous désirez pénétrer dans notre camp ; voilà le côté où se trouvent les Thraces venus nouvellement ; Rhésos, fils d'Eionée, leur roi, est avec eux ; ses chevaux sont les plus beaux qu'on puisse avoir ; plus blancs que la neige, ils vont plus vite que le vent. Son char est fait d'or et d'argent, et ses armes forgées d'or avec tant d'industrie, qu'un mortel est indigne de les endosser ; elles conviendraient mieux à Zeus ou à quelque autre Dieu. Menez-moi maintenant dans vos vaisseaux ou me liez ici étroitement jusqu'à votre retour, vous verrez la vérité de mon dire.

Diomède le regardant de travers :

– Dolon, dit-il, ne pense pas à échapper de nos mains, quoique tu nous aies donné des renseignements utiles depuis que tu es en notre pouvoir ; si nous te laissions aller, tu ne manquerais pas de venir sur nos vaisseaux ou comme espion ou comme combattant, tandis que, tombé mort sous nos coups, tu ne seras plus d'aucun dommage pour les Argiens.

Dolon s'approche de Diomède pour le gagner par ses prières en lui touchant le menton ; mais Diomède élève son fer et lui fait voler la tête de dessus les épaules comme elle murmurait encore quelque parole. Ils prennent son casque de peau de belette, sa peau de loup, sa lance et son arc. Ulysse, tendant les mains au ciel et tenant ces dépouilles, fait cette prière :

– Agrée cette offrande, déesse, car nous ne cessons pas de t'invoquer avant tous les dieux de l'Olympe. Sois toujours notre guide et conduis-nous vers les chevaux et les tentes des Thraces.

Quand Ulysse eut achevé sa prière, il pendit ces dépouilles à un tamaris et, pour le reconnaître à leur retour, il en coupe quelques branches, dont il forme un faisceau. Ils continuent leur chemin au milieu des armes et des flots de sang noir. Ils arrivent près des Thraces. Ceux-ci, fatigués d'un long voyage, dormaient profondément. Ils étaient couchés sur trois lignes, chacun ayant près de soi ses armes et ses chevaux accouplés, et Rhésos au milieu d'eux, ses chevaux assez près de lui, attachés à son char avec de riches licols.

Ulysse le montre à Diomède, lui disant : – Voici l'homme et les chevaux desquels Dolon que nous avons occis, nous parlait. Il est temps mieux que jamais de montrer ta force et ton courage ; ce n'est pas ici le lieu où il faille porter inutilement l'épée à la main ni le casque en tête. Choisis lequel tu voudras des deux, ou délie ces coursiers pendant que je mettrai à mort ces Thraces endormis, ou tue-les, et je délierai les chevaux.

Il lui parla de la sorte, et la déesse Pallas lui augmenta le courage tellement, qu'en peu de temps il les occit. Un horrible gémissement s'éleva de ceux qui étaient ainsi frappés, et la place rougit de leur sang. Et tout ainsi qu'un lion trouvant les moutons sans berger se rue sur eux, abattant celui-ci puis celui-là, et les déchire avec ses ongles, de même Diomède envoie douze guerriers thraces aux sombres bords. Ulysse, qui le suit, les traîne à l'écart, laissant ainsi un passage aux chevaux aux beaux crins, qui auraient tremblé en marchant pour la première fois sur des morts. Diomède arrive enfin au roi des Thraces et le perce de son épée ; Rhésos rend le doux souffle de la vie en poussant un profond soupir. Le petit-fils d'Énée, qui lui était apparu cette nuit même, par ordre d'Athéna, fut un songe fatal.

Ulysse détache les chevaux et les tire promptement de la mêlée ; il les frappe avec son arc, ne s'étant pas souvenu de prendre le fouet pendu au char, tant il se hâtait, dans la crainte de trop séjourner. Par un signal il engage Diomède à la retraite. Mais celui-ci ruminait en lui-même s'il devait emmener par le timon le char chargé d'armes, ou l'emporter sur ses épaules ou se retirer. Comme il était agité de ces trois diverses pensées, Pallas lui dit :

– Fils de Tydée, retourne, car tu serais peut-être contraint de fuir vers tes vaisseaux : ce que tu ne pourrais éviter si quelque dieu éveille l'armée des Troyens.

Diomède, obéissant au conseil de la déesse, se rendit promptement auprès d'Ulysse. L'un monte sur un coursier, l'autre sur l'autre ; Ulysse les presse avec son arc vers les vaisseaux.

Mais le dieu du jour Apollon ne fut pas aveugle en voyant Athéna parler à Diomède et l'assister. Il va diligemment éveiller Hippocoon, l'un des chefs des Thraces et fidèle parent du roi Rhésos. Hippocoon se réveille à l'instant, voit que les coursiers ont disparu et ses compagnons encore palpitants dans un carnage affreux ; alors il gémit et appelle Rhésos, son compagnon chéri. Les Troyens accourent en foule et contemplent les œuvres terribles des deux guerriers qui se sont déjà enfuis vers les vaisseaux.

Diomède et Ulysse étaient arrivés au tamaris où ils avaient abattu Dolon ; Ulysse arrête les chevaux, Diomède met pied à terre et lui donne les dépouilles ensanglantées, puis remonte à cheval, et en peu de temps ils se rendent à leurs vaisseaux, où il leur était agréable d'arriver.

Nestor entendit du bruit avant tous les autres, et s'écria :

– Ô mes amis, dit-il, gouverneurs et chefs des Grecs, dis-je vérité ou non, vous racontant ce que je pense en moi-même. Il me semble avoir ouï un bruit de chevaux qui galopent. Plaise aux dieux que ce soit Ulysse et Diomède qui ramènent du camp ennemi ces chevaux fougueux ! Mais je crains que les plus hardis des Grecs n'aient eu à souffrir de l'armée des Troyens.

Il n'avait fini ces mots qu'Ulysse et Diomède étaient arrivés. Ils mettent pied à terre, un chacun les fête et leur dit quelques paroles de réjouissance. Nestor, s'adressant à Ulysse, lui dit :

– Ô gloire de toute la Grèce, dis-moi comment vous avez gagné sur les Troyens ces chevaux que vous conduisez. Est-ce en fendant la foule, ou quelque dieu vous en a-t-il fait présent ? Ils sont aussi brillants que les rayons du soleil. Il y a longtemps que je ne me suis trouvé aux combats contre les Troyens, où j'ai donné des preuves de mon courage, sans que je m'en dispense pour ma vieillesse, et je n'y ai point vu ceux-ci ou d'autres de leur taille ; ce qui me fait croire que quelque dieu soucieux de votre salut, vous a fait ce présent ; vous êtes tous deux chéris de Pallas et de Zeus assis au milieu des nuées.

– Fils de Nélée, Nestor, gloire des Achéens, répond Ulysse, les dieux, s'ils le voulaient pourraient nous gratifier de chevaux encore mieux choisis, puisque leur puissance est sans borne ; ceux-ci sont venus de Thrace, depuis peu de jours. Le brave Diomède a tué leur maître, le roi Rhésos, et près de lui douze de ses illustres compagnons. Nous avons tué près de nos vaisseaux le treizième qui était un espion envoyé par Hector et les autres illustres chefs des Troyens, pour pénétrer dans notre camp.

Bondissant de joie, il fait franchir le fossé à ses chevaux, et les rois le suivent avec allégresse. Étant parvenus à la tente de Diomède, ils attachent les chevaux à la crèche où ceux de Diomède mangeaient le froment doux comme le miel. Jusqu'à ce qu'Ulysse eût préparé un sacrifice à Athéna, il pend à la poupe de son navire la dépouille sanglante de Dolon.

Cela fait, les deux guerriers se plongent dans la mer pour se laver et enlever la sueur dont leurs corps étaient couverts. L'eau ayant ranimé leurs forces, ils entrent dans des bains préparés dans des baignoires d'un airain brillant, et réparent leurs forces. Ils frictionnent leurs membres avec de l'huile, s'asseyent au festin, et font des libations à Athéna avec un vin doux comme le miel, qu'ils avaient puisé dans un cratère rempli jusqu'au bord.

Chant XI

Agamemnon

L'aurore se levait du lit de Tithon pour porter la lumière aux dieux et aux hommes, lorsque Zeus envoya vers les vaisseaux des Achéens la Discorde funeste ayant entre les mains la guerre prête à éclater. Elle se place au milieu de la flotte, sur le grand vaisseau d'Ulysse, afin de se faire entendre jusqu'aux tentes d'Ajax, fils de Télamon, et jusqu'à celles d'Achille. Ces deux guerriers, confiants dans leur vigueur et la force de leurs mains, avaient tiré leurs vaisseaux jusqu'aux extrémités du camp. La déesse cria avec une telle force qu'elle inspira dans le cœur des Achéens un ardent désir de guerroyer et de combattre sans relâche. Aussitôt la guerre leur devint plus douce que de retourner dans la terre chérie de leur patrie.

Agamemnon commanda qu'on prît les armes, et lui-même endossa les siennes. Il entoura ses jambes de belles cnémides bien ajustées par des agrafes d'argent ; puis il se revêtit de sa cuirasse que lui offrit jadis Cinyras comme don d'hospitalité, lorsqu'il eut appris jusqu'en Chypre que les Achéens naviguaient vers Troie. Cette cuirasse était enrichie de dix bandes d'acier noir étendues en son travers, et de douze d'or et de vingt d'étain ; trois dragons azurés s'allongeaient de chaque côté du cou ; ils ressemblaient à des iris (arcs-en-ciel) que le fils de Cronos fixe dans la nue pour présager aux hommes quelque grand événement. Agamemnon jette autour de ses épaules une épée marquetée de clous d'or, et le fourreau, qui est d'argent, est bien adapté au baudrier d'or. Il prend un bouclier fort et beau, qui peut couvrir un homme tout entier, admirablement travaillé et entouré de dix cercles d'airain ; à la surface surgissent vingt bosses blanches d'étain, et entre elles en paraît une d'acier noir. Sur le bord, la Gorgone aux yeux farouches lance des regards terribles ; à ses côtés, sont l'Effroi et la Fuite. Un dragon couleur azur, dont les trois têtes entrelacées sortent d'un même cou, s'enroule autour de la courroie d'argent attachée au bouclier. Agamemnon met sur sa tête un casque armé de deux cimiers et de quatre bossettes, garni d'une queue de cheval, et d'un panache qui s'agitait d'en haut, inspirant la terreur. Puis il prit deux lances fortes, armées d'airain et bien acérées, dont l'éclat montait jusqu'au ciel. Héra et Athéna firent briller l'éclair pour honorer le roi de Mycènes, riche en or.

Chacun recommande à son écuyer de tenir ses chevaux près du fossé et, de cavalier devenu fantassin, il s'avance en se faisant une cuirasse de ses armes ; un cri prolongé se fait entendre avant l'aurore. Tous ces fantassins s'étendent le long du fossé ; derrière eux se placent les autres hommes à cheval qui les suivaient. Le fils de Cronos suscite un tumulte funeste, il fait tomber des nues des gouttes de rosée mêlées de sang, pour faire voir qu'il ferait descendre chez Hadès beaucoup de têtes courageuses.

Les Troyens, de l'autre côté, se rangent sur la hauteur de la plaine, sous la conduite du grand Hector, de Plydamas et d'Énée, honoré par le peuple comme un dieu, de Polybe, d'Agénor divin et d'Acamas, encore adolescent. Hector marchant à la tête de son armée avec son grand écu, paraissait tantôt commander entre les premiers rangs et tantôt entre les derniers : comme la Chienne céleste, laquelle éclaire hors de la nue et en même temps se cache sous une autre nue obscure ; ses armes rendaient une splendeur égale à celle de la foudre de Zeus.

Comme des moissonneurs, placés vis-à-vis les uns des autres, suivent un sillon en abattant blé ou orge dans le champ d'un homme heureux ; de nombreuses poignées d'épis tombent de leurs mains : ainsi se tuaient Troyens et Argiens, se ruant les uns sur les autres sans songer à la fuite ; les rangs restaient bien alignés ; les hommes s'élançaient comme des loups. La Discorde, qui sème les gémissements, se réjouissait en les voyant ; elle seule se tenait près des combattants ; les autres dieux n'étaient pas présents : assis tranquilles dans leurs demeures de l'Olympe, ils accusaient le fils de Cronos de vouloir donner de la gloire aux Troyens. Mais il ne s'inquiétait guère de leurs plaintes : se tenant à l'écart et fier de sa puissance, il regardait la ville des Troyens, les vaisseaux des Achéens, l'éclat des armes, ceux qui tuaient et ceux qui étaient tués.

Tant que l'aurore n'était pas disparue et que s'avançait le jour sacré, les traits se croisaient drus entre les deux peuples, et bon nombre de guerriers couvraient la plaine de leurs corps ; lorsqu'au moment où l'homme qui coupe du bois se prépare à dîner dans les halliers de la montagne, qu'il a rassasié ses mains de travail en coupant de gros arbres, qu'il est mal à son aise et que le désir d'une bonne nourriture a saisi son cœur, les fils de Danaos, s'animant les uns les autres, mirent en déroute les phalanges troyennes.

Agamemnon fendit la presse le premier et tua Bianor, pasteur des peuples, et son écuyer Oïlée : lequel, voyant son maître mort, descend sans s'étonner pour s'opposer à la fougue d'Agamemnon qui, d'un coup de lance entre les sourcils, lui perce le cerveau et le renverse mort à ses pieds. Il les désarme, donne leurs dépouilles aux siens, puis passe outre. Deux fils de Priam, Isos et Antiphos s'offrirent à sa rencontre : ils étaient sur leur char, le premier tenait les rênes, et le second combattait ; étant bergers sur les hauteurs de l'Ida, ils avaient été surpris par Achille, qui les attacha avec de l'osier flexible, puis les mit en liberté pour une rançon. Agamemnon, de deux coups différents, les couche tous deux à terre : Isos est percé à la mamelle et Antiphos au-dessus de l'oreille ; en les dépouillant de leurs belles armes, il se souvient de les avoir vus amenés du mont Ida par Achille. Telle une biche légère voit un lion pénétrer dans sa retraite, saisir ses jeunes faons et leur enlever le souffle tendre : un tremblement terrible la pénètre et, ne pouvant les secourir, elle s'élance à travers l'épaisse forêt de chênes pour échapper à l'impétuosité du meurtrier de ses petits : ainsi les Troyens, ne pouvant éloigner des fils de Priam la Moire noire, fuyaient eux-mêmes devant les Grecs.

Agamemnon prend Pisandre et Hippolochoste, fils du belliqueux Antimachos, lequel, gagné par l'or de Pâris, avait dissuadé les Troyens de rendre Hélène à Ménélas. Ces deux guerriers, montés sur un même char, sont troublés au moment où le fils d'Atrée fond sur eux comme un lion ; les rênes glissent de leurs mains et, suppliants :

– Fils d'Atrée, s'écrient-ils, prends-nous vivants et reçois de dignes rançons. Antimachos a de nombreux trésors, de l'airain, de l'or, du fer dur à travailler, il te donnera le prix que tu fixeras s'il apprend que nous sommes vivants sur les vaisseaux des Grecs.

Ainsi parlaient en pleurant ces deux malheureux frères, mais ils entendirent une voix terrible :

– Si vous êtes, dit-elle, les fils d'Antimachos qui conseilla aux Troyens assemblés de tuer Ménélas, venu comme député avec Ulysse, et de ne pas le renvoyer chez les Grecs, vous allez payer cette injure indigne de votre père.

Alors Agamemnon frappe Pisandre à l'estomac et le précipite de son char ; pour Hippolochos, il lui fait voler

la tête du dessus des épaules et lui coupe les mains d'un seul coup d'épée : son corps roule comme un mortier à travers la foule. Agamemnon se mêle au plus épais des bataillons, suivi des autres Achéens. Les hommes de pied tuaient les hommes de pied forcés de prendre la fuite, les écuyers tuaient les écuyers ; la poussière soulevée par les pieds des chevaux s'élevait dans la plaine. Agamemnon poursuit toujours l'ennemi, en fait un grand carnage et anime les siens. Lorsque le feu dévorant tombe sur une forêt non encore coupée, et que le vent le porte partout en le faisant tourbillonner, les arbres tombent arrachés avec leurs racines, poussés par la violence du feu : de même tombaient les têtes des Troyens mis en fuite par Agamemnon, fils d'Atrée ; grand nombre de chevaux au cou élevé faisaient rouler avec fracas les chars vides à travers les sentiers du combat : ils regrettaient leurs conducteurs intrépides ; ceux-ci, couchés sur la poussière, étaient plus agréables à la vue des vautours qu'à celle de leurs épouses.

Zeus éloigne Hector des traits, de la poussière, du carnage, du sang et du tumulte ; Agamemnon poursuivait toujours, stimulant les fils de Danaos. Les Troyens, dans l'espoir de rentrer dans la ville, fuyaient à travers la plaine vers le figuier qui se trouvait près du tombeau d'Ilos, fils de Dardanos, et Agamemnon, ses mains terribles couvertes de sang, et jetant de grands cris, ne leur donne aucun répit. Ils parviennent enfin aux portes Scées et au hêtre ; ils s'arrêtent là et s'attendent les uns les autres. Qui vit jamais un troupeau de génisses effrayées à l'approche d'un lion au milieu d'une nuit : l'une ne peut échapper à sa rage, l'autre a le cou brisé sous sa dent cruelle, voit les Troyens poursuivis par l'indomptable chef des Grecs lui laisser pour victime le premier qui tombe sous sa main. Bientôt Atride touchait les hautes murailles d'Ilion, lorsque le père des dieux et des hommes descend du ciel, s'assied sur les sommets de l'Ida aux nombreuses sources ; il tient la foudre dans ses mains :

– Va, dit-il, Iris aux ailes rapides, porter cette parole à Hector : Tant qu'il verra Agamemnon combattre au premier rang et détruire des files de guerriers, qu'il ne se porte pas à sa rencontre, qu'il se contente d'exciter son armée à la résistance ; mais lorsque, frappé par la lance ou blessé par un trait, le fils d'Atrée sautera sur son char, alors c'est au fils de Priam, Hector, que je donnerai la force pour répandre le carnage, jusqu'à ce qu'il parvienne aux vaisseaux et que le soleil soit couché.

Iris part aussitôt que Zeus eut achevé de parler ; elle descend des sommets de l'Ida vers Ilion. Elle trouve Hector près de ses chevaux.

– Fils de Priam, Zeus me députe vers toi. Tant que le roi Agamemnon combattra au premier rang, évite sa rencontre : encourage seulement les tiens à soutenir son attaque ; mais aussitôt que, frappé par la lame, il montera sur son char, Zeus te donnera la victoire. Répands le carnage jusqu'à ce que tu parviennes aux vaisseaux, que le soleil soit couché et que l'obscurité sacrée soit survenue.

A ces mots, Iris s'envole. Hector saute de son char et, brandissant deux lames, il va partout ranimer les siens ; ils tiennent tête aux Argiens ; ceux-ci renforcent leurs phalanges, et le combat recommence. Agamemnon rompt le premier les rangs pour attaquer les Troyens.

Muses qui habitez l'Olympe, dites-moi quel fut le premier des Troyens qui s'opposa à l'élan du fils d'Atrée.

Ce fut Iphidamas, fils d'Anténor, brave et haut de taille, nourri dans la Thrace fertile : Cissée, son aïeul maternel, qui enfanta la belle Théano, l'éleva depuis son enfance et lui donna sa fille. A peine l'avait-il épousée qu'au bruit de l'expédition des Grecs il partit sur douze vaisseaux qu'il laissa devant Percotte, et se rendit à pied à Ilion : c'est lui qui se trouve en face d'Agamemnon. Les deux héros s'approchent, la lance du fils d'Atrée dévie. Iphidamas le frappe à la ceinture, mais il ne peut percer le baudrier, car la pointe de sa lance se recourbe. Agamemnon, furieux comme un lion, arrache la lance des mains d'Iphidamas et lui traverse le cou de son épée. Il tombe bien digne de compassion : il était venu porter secours à des alliés, et il dort maintenant du sommeil de la mort, loin de sa jeune épouse qu'il avait comblée de présents ; il avait donné cent bœufs et promis mille chèvres et mille agneaux à celle qui ne lui laissera pas d'héritier. Le fils d'Atrée le dépouille de ses armes et le porte au milieu des Grecs.

A la vue du corps de son frère, Coon est saisi d'une violente douleur. Sans être vu d'Agamemnon, il le frappe obliquement au bras, au-dessus du coude, la pointe de la lame l'avait traversé de part en part. Agamemnon frémit : loin de cesser le combat, il se précipite sur Coon qui tirait par le pied son frère Iphidamas et appelait à lui les plus braves des Troyens ; Agamemnon le frappe de sa lance au-dessous de son bouclier, puis lui coupe la tête sur le corps d'Iphidamas. Là, les deux fils d'Anténor, ayant rempli leur destinée sous les mains du fils d'Atrée, descendirent dans la demeure d'Hadès.

Agamemnon, tant que le sang coula de sa plaie, courut çà et là, rompant les Troyens, jetant ses dards aux uns, abattant les autres avec de grosses pierres ; mais aussitôt que sa blessure eut perdu sa chaleur et que le sang n'en ruissela plus, il ressentit des douleurs aussi poignantes que celles qu'envoient les filles d'Héra, les Ilithyes, aux femmes dans l'enfantement. En proie à la douleur, il s'élance sur son char et commande à son écuyer de le conduire en sa tente, après qu'il en eut averti les Grecs, leur criant hautement :

– Mes amis, vous, chefs et soldats, résistez désormais, écartez de vos vaisseaux la mêlée horrible, puisque Zeus ne m'a pas permis de combattre un jour entier contre les Troyens.

Son écuyer fouette ses chevaux à la belle crinière et les dirige vers les vaisseaux ; ils y volent volontiers : leurs poitrails étaient blanchis par l'écume, et sous le ventre ils étaient inondés de poussière, en emportant loin du combat le roi épuisé.

Hector, voyant Agamemnon quitter le combat, exhorte les Troyens et les Lyciens :

– Troyens, Lyciens et Dardaniens qui combattez de près, soyez guerriers et souvenez-vous de votre force impétueuse, le meilleur guerrier n'est plus là, et Zeus, fils de Cronos, me promet une grande gloire. Poussez droit vos chevaux à l'ongle solide sur les Danaëns valeureux et vous remporterez une plus grande gloire.

Ces paroles augmentent la force et le courage de chacun. Tel un chasseur encourage ses chiens aux dents blanches contre un sanglier ou un lion : tel Hector, fils de Priam, égal à Arès, fléau des hommes, excitait contre les Achéens les Troyens magnanimes. Lui-même marchait fièrement parmi les premiers, semblable à la tempête qui s'abat sur la mer bleuâtre et en soulève les flots.

Quel fut le premier et le dernier que tua le fils de Priam, Hector, lorsque Zeus lui donna la gloire ?

D'abord Aésos, Autonoos, Opitès, Dolops, fils de Clytis, Opheltios, Angélaos, Esymnos, Oros et le belliqueux Hipponoos, tous chef des Danaëns, ensuite des guerriers. Comme le zéphyr impétueux dissipe les nuages amoncelés par le notus, de même Hector dissipe les rangs compacts des Grecs et les éclaircit par la mort.

Et il y avait apparence que les Grecs eussent été refoulés jusque dans leurs vaisseaux, si Ulysse, exhortant Diomède, ne lui eût tenu ce propos :

– Fils de Tydée, oublions-nous notre force impétueuse ? Viens, ami, reste près de moi ; ce serait une honte si nous laissions Hector s'emparer de nos vaisseaux.

Le puissant Diomède lui répond :

– Je suis content de demeurer avec toi et d'affronter les dangers qui se présenteront ; mais nous n'en tirerons guère de profit, puisque Zeus veut donner la victoire aux Troyens plutôt qu'à nous.

Après avoir fait cette réponse, il renverse Thymbrée de son char, l'ayant frappé à la mamelle gauche ; Ulysse occit Molion, serviteur de Thymbrée ; ensuite Diomède et Ulysse se retirent après avoir mis ces deux guerriers hors de combat. Ils vont mettre le désordre dans les rangs des Troyens, comme deux sangliers vigoureux tombent sur des chiens de chasse : ainsi, revenant sur leurs pas, font-il périr les Troyens, tandis que les Achéens qui fuyaient devant Hector respiraient avec joie.

Diomède et Ulysse prennent un char et deux hommes, les meilleurs du peuple, les deux fils de Mérops Percosien, lequel était très versé dans l'art divinatoire. Il n'avait pas permis à ses enfants d'aller à la guerre qui détruit les hommes, mais ils n'obéirent pas à leur père, et les Moires de la mort noire les conduisaient. Diomède, après les avoir privés de l'âme et de la vie, les dépouille de leurs armes. Ulysse tua Hippodamos et Hypérochos.

Comme on s'entretuait ainsi de toutes parts, Zeus, abaissant ses regards de l'Ida, voulut rétablir le combat sur un pied égal. Le fils de Tydée blesse à la hanche Agastrophos, fils de Péon : il n'avait pas ses chevaux sous sa main pour s'enfuir, son écuyer les tenant à l'écart ; il combattait aux premiers rangs jusqu'à ce qu'il perdît son cœur. Hector eut bientôt aperçu Diomède et Ulysse : il s'élance sur eux en poussant de grands cris et suivi des phalanges troyennes. Diomède frémit en le voyant et dit à Ulysse :

– Ce fléau d'Hector se roule contre nous, attendons le choc et tenons ferme.

Le jet de sa lance suivit de près sa parole : il le visait à la tête et l'atteignit au bord du casque ; mais l'airain fut repoussé par l'airain : la pointe ne pénétra pas jusqu'à la peau ; le casque à trois lames et à haute aigrette que lui donna Phœbus Apollon l'avait fait rebondir. Hector recula soudain, il s'arrêta et, tombant à genoux, il s'appuya sur la terre de sa main robuste, et une nuit noire couvrit ses yeux. Tandis que le fils de Tydée allait à travers les combattants à l'endroit où sa lance était fichée en terre, Hector respira et, monté sur son char, il le poussa dans la foule pour éviter la Parque. Diomède s'élançant après lui :

— Tu viens encore d'échapper à la mort, mâtin, et certes elle est venue près de toi ; Apollon, à qui tu adresseras des prières, ira encore au bruit des javelots t'arracher au péril. Je t'achèverai à la prochaine rencontre si quelqu'un des dieux veut m'assister. Maintenant je poursuivrai tous ceux que je pourrai saisir.

Ce disant il dépouille le fils de Péon, illustre par la lance. Cependant Pâris, l'époux d'Hélène à la belle chevelure, tendait son arc contre le fils de Tydée. Il était adossé contre une colonne auprès du tombeau d'Ilos, fils de Dardanos, ancien vieillard honoré. Diomède enlevait de la poitrine du brave Agastrophos sa cuirasse aux couleurs variées, et de ses épaules son bouclier, puis son casque pesant, lorsque Pâris, ayant tendu son arc, lance un trait qui n'est pas vain : il frappe la plante du pied droit, le trait traverse et se fiche en terre. Quand Pâris eut fait ce coup, il sortit de sa cachette, souriant et faisant le vain :

— Tu es blessé, dit-il à Diomède, et mon trait n'a pas été lancé sans porter coup ; j'aurais bien dû t'ôter la vie en te frappant au bas-ventre ! Les Troyens, saisis d'horreur à ton approche comme des chèvres bêlantes devant un lion, feraient trêve à leur disgrâce.

— Archer criminel, repart Diomède, fier de ton arc, qui épie les jeunes femmes, si tu essayais de te mesurer en face avec moi, ton arc et tes flèches ne te serviraient guère ; tu te glorifies en vain de m'avoir effleuré la plante du pied. Je ne m'en inquiète pas plus que si une femme ou un enfant sans expérience m'avait frappé ; le trait d'un homme sans vigueur et lâche est vain. Mais celui qui part de ma main, ne toucherait-il que légèrement, donne la mort ; les joues de la femme de celui que j'ai atteint sont toutes meurtries, ses enfants sont orphelins, et lui pourrit dans la terre qu'il rougit de son sang ; les oiseaux l'entourent en plus grand nombre que les femmes.

Il finissait de parler qu'Ulysse s'approche de lui. Diomède s'assied derrière Ulysse et retire de son pied le trait rapide ; il ressent une vive douleur par tout le corps. Il s'élance sur son char et, bien affligé, il commande à son écuyer de le conduire aux vaisseaux.

Ulysse reste seul, aucun des Argiens ne demeure auprès de lui, car la crainte les avait tous saisis.

– Malheur à moi, dit-il en gémissant ; que va-t-il m'arriver ? Un grand malheur à la vérité si je viens à fuir par crainte devant cette multitude ; et un plus grand encore si, seul, je viens à être pris ; le fils de Cronos a épouvanté tous les nôtres. Mais pourquoi ces pensées s'offrent-elles à mon esprit ? Ne sais-je pas que les lâches sauvent leur vie par la fuite, et que celui qui est courageux dans le combat doit tenir ferme, soit qu'il ait été frappé, soit qu'il ait frappé quelqu'autre ?

Durant qu'Ulysse s'entretenait ainsi avec lui-même, surviennent des rangs de Troyens couverts de boucliers ; ils environnent celui qui devait être la cause de leur ruine. Lorsque des chiens et des jeunes gens vigoureux poursuivent un sanglier, celui-ci, sortant du fourré, aiguise ses dents blanches dans ses mâchoires recourbées ; on s'élance autour de lui ; ses dents craquent en dessous ; on soutient son choc terrible ; de même les Troyens se précipitaient sur Ulysse cher à Zeus. Il s'élance sur Déiopitès et le blesse à l'épaule ; ensuite il tue Thoon et Eunomos ; il frappe à la taille, sous le bouclier relevé en bosse, Chersidamas qui sautait de son char : Chersidamas tombe sur la poussière serrant la terre de la paume de la main. Il les laisse et blesse Charops, fils d'Hippasos, frère germain de Socos de sang noble. Socos, pour secourir Charops, s'avance près d'Ulysse et lui dit :

– Ulysse renommé parmi les Grecs, insatiable de ruses et des travaux de la guerre, tu te glorifieras aujourd'hui d'avoir tué deux hommes tels que les deux fils d'Hippasos ou tu perdras toi-même la vie, frappé par ma lance.

Le coup suit la parole, il frappe Ulysse à son bouclier : la lance impétueuse le traverse et s'enfonce dans la cuirasse artistement travaillée, elle entame les côtes, dont elle enlève toute la peau ; cependant Pallas Athéna ne permet pas qu'elle pénètre jusqu'aux entrailles. Ulysse, ayant reconnu que le trait n'avait pas touché un endroit mortel, recule :

– Ah ! malheureux, dit-il à Socos, tu tiens ta ruine entre tes mains. Tu as fait que je vais cesser de combattre contre les Troyens, mais je dis que le meurtre et la Moire noire sont pour toi dans ce jour ; dompté par ma lance, tu me donneras de la gloire, et ton âme à Hadès aux beaux coursiers.

Socos, effrayé de ces menaces, était sur le point de talonner une fuite, lorsque Ulysse lui enfonça sa lance dans le dos, au milieu des épaules, comme il se retournait, et lui traversa la poitrine. Il tombe avec bruit ; Ulysse, se glorifiant :

– Socos, fils d'Hippasos le belliqueux, tu as devancé le moment de ta mort et tu ne l'as pas échappé. Ah ! malheureux, ton père et ta mère vénérables ne te fermeront pas les yeux, et les oiseaux agitant autour de ton corps leurs ailes épaisses le déchireront. Mais lorsque je serai mort, les Grecs magnanimes me rendront les derniers honneurs.

Il retire la lance de Socos de sa peau et de son bouclier : le sang jaillit et son cœur se trouble. Dès que les Troyens virent le sang d'Ulysse, s'exhortant les uns les autres ils vont à lui. Il se retire en arrière, appelant en criant ses compagnons ; trois fois il les appela en criant à pleine tête, trois fois Ménélas, cher à Arès, l'entendit ; aussitôt il dit à Ajax :

– Ajax, issu de Zeus, fils de Télamon, chef des peuples, la voix d'Ulysse au cœur audacieux est venue jusqu'à moi, elle semble me dire que, séparé des siens et resté seul au milieu de la mêlée terrible, les Troyens lui font violence. Allons dans la foule, il est préférable de le défendre. Je crains que, laissé seul au milieu des Troyens, il n'y périsse et que les Grecs n'éprouvent un grand regret de sa perte.

En disant ces mots il s'avance ; Ajax, homme égal à un dieu, le suit en même temps ; ils vont trouver Ulysse ; les Troyens allaient autour de lui comme des chacals fauves vont sur les montagnes autour d'un cerf cornu qui a été blessé ; un homme l'a frappé d'une flèche partie de sa corde ; le cerf a évité l'homme en fuyant tant que son sang était tiède et que ses genoux remuaient ; mais lorsqu'il est dompté par le trait, les chacals carnivores le déchirent sur les montagnes dans une forêt ombragée ; et le sort amène-t-il un lion dévastateur, les chacals effrayés fuient d'un côté et d'autre, et le lion dévore le cerf : ainsi les Troyens nombreux et hardis entouraient Ulysse au grand courage et fertile en inventions ; ce héros se ruant sur eux avec sa lance écartait le jour fatal. Ajax, portant un boulier comme une tour, s'avance, et se tient près de lui ; les Troyens, effrayés, s'enfuient de tous côtés. Ménélas tire Ulysse de la foule en le tenant par la main jusqu'à ce que son écuyer lui ait avancé son char.

Ajax s'étant précipité sur les Troyens tua Doryclos, fils illégitime de Priam ; ensuite il blessa Pandocos,

Lysandre, Pyrasos et Pylartès. Lorsqu'un fleuve se gonfle et qu'il descend comme un torrent des montagnes dans la plaine, grossi par la pluie de Zeus il entraîne avec lui chênes desséchés et sapins, et jette dans la mer beaucoup de débris : ainsi l'illustre Ajax chassant tout devant soi poursuivait les Troyens à travers la plaine, taillant en pièces hommes et chevaux. Hector ne le savait pas encore puisqu'il combattait à la gauche de l'armée troyenne, près des rives du fleuve Scamandre ; là surtout tombaient des têtes d'homme, et un cri incessant s'était élevé autour du grand Nestor et du belliqueux Idoménée. Hector se trouvait au milieu d'eux et, tantôt à pied, tantôt sur son char, il ravageait des phalanges de jeunes gens. Et les Achéens n'auraient pas encore lâché pied si Pâris, l'époux d'Hélène, n'eût mis hors de combat Machaon, pasteur des peuples, qui combattait courageusement, en le frappant à l'épaule droite d'un trait à trois pointes. Les Achéens, qui ne respirent que la force, craignent que, le combat ayant incliné de l'autre côté, il ne soit pris par les Troyens. Aussitôt Idoménée dit à Nestor :

– Monte sur ton char avec Machaon et conduis-le promptement vers les vaisseaux. Un médecin vaut à lui seul plusieurs autres hommes : il sait extraire les traits et saupoudrer des remèdes doux.

Nestor fait à l'instant monter sur son char Machaon, fils d'Asclépios ; il fouette ses chevaux : ceux-ci volent volontiers vers les vaisseaux, car le retour leur était cher au cœur.

Cébrion, assis près d'Hector, aperçut les Troyens en désordre :

– Hector, dit-il, nous sommes à l'extrémité du combat, mais les autres Troyens et leurs chevaux sont rompus. Ajax, fils de Télamon, les a mis en déroute, je le reconnais à son large bouclier. Dirigeons nos chevaux et notre char à cet endroit où les cavaliers, étant aux prises avec les fantassins, se tuent les uns les autres, et d'où l'on entend un bruit continu.

Les chevaux, au coup de fouet de Cébrion, emportent le char vers les Troyens et les Achéens, passant sur les corps morts et les boucliers ; l'essieu tout entier et le cercle du char où l'on attache les rênes étaient couverts de sang, lequel jaillissait des sabots des chevaux et du bandage des roues. Hector brûle de pénétrer à travers la mêlée et de rompre les phalanges en les assaillant ; il porte un tumulte funeste parmi les Grecs et ne cesse de frapper de la lance. Il parcourt les rangs, blessant les uns à coups de lance, les autres avec l'épée, quelques-uns à coups de grosses pierres, mais il évitait de se mesurer avec Ajax.

Zeus, assis sur un trône élevé, inspire de la crainte à Ajax ; celui-ci s'arrête frappé d'étonnement et rejette derrière son dos son bouclier couvert de sept peaux de bœuf ; ayant porté ses regards sur la foule, il fuit effrayé semblable à une bête féroce : il se retourne souvent échangeant lentement un genou contre un genou. Lorsque des chiens et des paysans repoussent un lion fauve de l'étable de leurs troupeaux, veillant pendant toute une nuit ils l'empêchent de se repaître de la graisse de leurs bœufs ; le lion avide de chair s'élance droit sur eux, mais c'est en vain car, malgré son impétuosité, il craint les traits nombreux et les torches enflammées lancés par des mains audacieuses ; dès l'aurore il s'éloigne le cœur triste : tel Ajax se retirait des Troyens bien malgré lui ; il craignait beaucoup pour les vaisseaux des Achéens. Quand un âne au pas lent côtoie un champ, bien des bâtons ont été brisés sur son dos par des enfants quand il y est entré malgré eux et qu'il y tond une riche moisson ; les enfants l'ont bien frappé : mais leur force est délicate, et ils ne le chassent avec peine que lorsqu'il s'est soûlé de blé, sans se soucier de leurs coups : ainsi les Troyens et leurs alliés venus de loin frappaient de leurs lances le grand bouclier d'Ajax qu'ils poursuivaient toujours. Tantôt Ajax se souvenait de sa force impétueuse et, se retournant, il arrêtait les phalanges des Troyens ; tantôt il faisait volte-face pour fuir. Mais il s'opposait à ce que les Troyens pussent tomber sur les vaisseaux ; furieux, il se tenait debout entre les Troyens et les Argiens, faisant rempart de son corps ; des traits lancés par des mains hardies, les uns se fichaient dans son grand bouclier, les autres, ayant soif de se rassasier de son corps, tombaient sur la terre au milieu de leur trajet avant d'avoir touché son corps d'une blancheur éclatante.

Eurypyle, fils d'Évémon, s'étant aperçu qu'il était accablé sous cette multitude de traits, s'approche de lui : il lance son dard contre Apisaon, fils de Phausias, pasteur de peuples, et, lui ayant percé le foie, il lui délie les membres et le dépouille de ses armes.

Pâris l'ayant vu enlevant les armes d'Apisaon, lui décocha une flèche, laquelle lui perça la cuisse et, la canne s'étant rompue, la pointe y demeura. Eurypyle, ressentant une douleur violente du coup qu'il avait reçu, se retirait en arrière au milieu de ses compagnons pour éviter la Moire, et, s'écriant d'une voix perçante :

– Amis, chefs et gouverneurs des Argiens, disait-il, arrêtez-vous et, montrant visage, écartez le jour fatal qui menace Ajax accablé sous les traits ; je ne pense pas qu'il échappe de la guerre au bruit terrible. Faites face à l'ennemi et entourez le grand Ajax, fils de Télamon.

Au cri d'Eurypyle, les Argiens s'avancent près d'Ajax, le bouclier incliné sur l'épaule et la lance levée ; Ajax vient au-devant d'eux ; quand il les eut rejoints, il s'arrête et fait face aux Troyens. Comme un feu dévorant, les Achéens s'acharnent au combat.

Les cavales de Nélée baignées de sueur emportaient Nestor loin de la mêlée, et avec lui Machaon. Achille, assis sur la poupe d'un de ses vaisseaux, regardait les disgrâces et la fuite désastreuse des Grecs, et crut reconnaître Machaon. Il appela Patrocle ; celui-ci l'ayant entendu de sa tente en sortit : telle fut la cause de sa perte.

– Pourquoi m'appelles-tu, Achille ? dit Patrocle. Quel besoin as-tu de moi ?

– Fils de Ménoetios, répond Achille, ami cher à mon cœur, je pense que les Achéens vont venir en suppliant se jeter à mes genoux, car ils sont réduits à une extrémité qui n'est plus supportable. Va maintenant demander à Nestor quel est l'homme qu'il vient de ramener blessé du combat. Par derrière il ressemble en tout à Machaon, fils d'Asclépios ; mais je n'ai pas vu son visage, car les cavales ont passé vite devant moi.

Patrocle, obéissant à son cher compagnon, se rend près des tentes et des vaisseaux des Achéens.

Lorsque Nestor, accompagné de Machaon, fut arrivé à sa tente, tous deux descendirent sur la terre nourricière ; Eurymédon, serviteur du vieillard, détela les cavales, et eux-mêmes firent sécher leurs tuniques trempées de sueur, puis se tinrent sur le rivage, au souffle du vent ; étant entrés dans la tente, ils s'assirent sur des sièges de repos. Hécamède à la belle chevelure leur apprêtait une boisson mélangée. Hécamède était fille d'Arsinoos au grand cœur ; elle avait été amenée de Ténédos par le vieillard, lorsque Achille ravagea cette île, et choisie pour Nestor parce qu'il l'emportait sur tous par sa prudence. Elle poussa devant eux une belle table aux pieds bleus et bien polie ; elle mit dessus un panier d'airain, et dans ce panier de l'oignon, assaisonnement de la boisson, et du miel vert ; à côté, des brisures de l'orge sacrée ; auprès, elle posa une coupe très belle, percée de clous d'or, que le vieillard avait apportée de sa maison ; elle avait quatre anses : deux colombes d'or paissaient autour de chacune d'elles ; elle était assise sur deux pieds. Tout autre que Nestor ne l'aurait pas prise sans peine sur la table, mais le vieillard la levait sans effort. Hécamède, semblable à une déesse, y fit donc un mélange avec du vin de Pramné, du fromage de chèvre râpé avec une râpe d'airain, et saupoudra dessus de la farine blanche ; elle les engage à boire de ce mélange qu'elle vient de préparer.

Après avoir chassé la soif aride, ils se charmaient l'un l'autre par leurs propos.

Patrocle, mortel égal à un dieu, s'arrête à la porte de la tente. Le vieillard l'aperçoit, se lève, le prend par la main, le fait entrer et l'engage à s'asseoir. Patrocle refuse en lui disant :

– Ce n'est pas le temps de s'asseoir, vieillard nourrisson de Zeus, et n'insiste pas. Il est respectable et redoutable tout à la fois celui qui m'envoie te demander quel est l'homme blessé que tu as conduit avec toi. Mais je reconnais moi-même que c'est Machaon, et je vais le dire à Achille. Tu n'ignores pas, vieillard, comme il est terrible, il accuserait bientôt un innocent.

– Pourquoi donc, repart Nestor, Achille ne s'occupe-t-il que des Achéens qui ont été blessés ? Ne sait-il pas quel est le deuil qui pèse sur toute notre armée ? Les plus braves ont été atteints et blessés et gisent dans leurs vaisseaux. Le fils de Tydée, le puissant Diomède, Ulysse, Agamemnon, ont été frappés ; Eurypyle a la cuisse percée d'une flèche, et je viens de ramener blessé celui que tu vois là. Achille est brave, mais il ne s'inquiète guère des Grecs et ne les prend pas en pitié. Attend-il que, malgré nos efforts, nos vaisseaux soient brûlés et que nous soyons tués les uns sur les autres ? Ma force n'est pas telle qu'elle était dans mes membres lorsqu'ils étaient souples. Que ne suis-je aussi jeune et dans toute ma force comme autrefois, lorsqu'une dispute s'éleva entre les Épéens et nous au sujet de nos bœufs qu'ils nous avaient enlevés !

Je tuai Itymonès, fils du brave Hypérochos, lequel habitait l'Élide, et de ses troupeaux j'emportai des bœufs pour gage. Défendant ses troupeaux, il fut frappé des premiers d'un javelot parti de ma main ; il tomba, et les paysans s'enfuirent effrayés. Nous recueillîmes dans la plaine cinquante troupeaux de bétail, tant bœufs, brebis, chèvres, que porcs, et cent cinquante cavales blondes ayant leurs poulains après elles. Nous les emmenâmes pendant la nuit à Pylos, la ville de Nélée ; Nélée fut bien aise que tant de richesses fussent tombées sous ma main, étant allé si jeune à la guerre. Dès l'aurore les hérauts proclamèrent avec une voix sonore que ceux-là devaient se présenter, auxquels il était dû quelque chose dans l'Élide divine ; les chefs des Pyliens se rassemblèrent pour partager le butin. Les Épéens avaient à payer une dette à beaucoup d'entre nous ; car nous restions en petit nombre par suite de leurs hostilités contre Pylos. Hercule, étant venu les années précédentes, nous maltraita, et nos meilleurs guerriers furent tués. Des douze fils de Nélée je restai seul, et tous les autres périrent. Ces disgrâces enflèrent le cœur des Épéens ; ils résolurent notre ruine et nous insultèrent. Le vieillard prit pour lui un troupeau de bœufs et un troupeau de brebis, après en avoir choisi trois cents et les bergers. C'était une compensation de ce qui lui était dû dans l'Élide, savoir : quatre chevaux de course avec leurs chars, qui étaient venus pour disputer un prix. Ils devaient courir pour un trépied ; mais le roi Augéas les retint et renvoya l'écuyer, affligé de se séparer de ses chevaux. Mon père, irrité des paroles et du dol d'Augéas, saisit un riche butin, en distribua une partie au peuple, afin que personne ne fût frustré de la part qui lui était assignée pour le dédommager de ce qu'il avait perdu. Nous faisions ce partage et nous offrions des sacrifices aux dieux, lorsqu'au bout de trois jours surviennent les Épéens en grand nombre sur leurs chars ; les deux

Molions, encore enfants et peu exercés à faire preuve de leur valeur impétueuse, s'étaient armés avec eux. Sur la rive de l'Alphée, à l'extrémité de Pylos la sablonneuse, au sommet d'une colline élevée, est la ville de Thryon ; ils la cernèrent dans le but de la détruire. Comme ils traversaient la plaine, Athéna descendit de l'Olympe pendant la nuit pour nous faire prendre les armes, et elle ne rassembla pas dans Pylos un peuple mal disposé, mais des hommes animés du désir de combattre. Nélée ne voulait pas que j'obéisse au désir de la déesse et, pensant que j'étais encore tout à fait étranger aux travaux de la guerre, il cacha mon char. Bien que je fusse à pied, je me distinguai parmi ceux qui étaient sur leurs chars : Athéna m'avait ainsi conduit au combat. Non loin d'Arène coule un fleuve, le Minyos, qui se jette dans la mer ; là nous attendîmes l'aurore divine, et les hommes de pied vinrent se grouper près de nous. Lorsque nous nous fûmes armés en toute hâte, nous partîmes, et à midi nous campions sur le bord sacré de l'Alphée. Nous offrions à Zeus des victimes choisies, à l'Alphée, un taureau, à Poséidon, un taureau, à Athéna, une génisse ; nous prenons le repas en conservant nos rangs, et nous nous endormons tout armés le long du fleuve. Les Épéens entouraient déjà la ville, près de la ravager, quand se découvrirent devant eux les terribles machines du dieu Arès, et le soleil éclatant s'élevait au-dessus de la terre, comme nous nous portions au combat en priant Zeus et Athéna. A peine la lutte était-elle engagée que le premier je tuai Moulios, homme belliqueux : je lui pris ses chevaux au dur sabot ; Moulios était gendre d'Augéas : il avait épousé l'aînée de ses filles, Agamède la blonde, laquelle connaissait la vertu de tous les simples que nourrit la terre vaste. Moulios s'avança vers moi ; je le frappai de ma lance, il tomba dans la poussière ; je sautai sur son char et me tins parmi les combattants du premier rang. Les Épéens s'enfuirent effrayés de côté et d'autre, quand ils virent tomber le chef de leurs écuyers, lequel excellait à combattre. Semblable à la tempête noire, je m'élance et prends cinquante chars ; les deux hommes qui montent chacun d'eux sont domptés par ma lance et mordent la poussière. Et j'aurais anéanti les deux Molions, jeunes fils d'Actor, si Poséidon qui ébranle la terre au loin ne les eût sauvés de la guerre en les couvrant d'un nuage épais. Zeus donna donc aux Pyliens une grande victoire. Nous poursuivîmes les ennemis à travers la plaine, les tuant et les dépouillant de leurs armes, jusqu'à Buprase riche en froment, la roche Olènes et la colline d'Alisium, d'où Athéna fit revenir l'armée sur ses pas ; c'est là qu'ayant tué le dernier ennemi, je le laissai ; les Achéens revinrent à Pylos, et tous adressaient des vœux à Zeus parmi les dieux et à Nestor parmi les hommes.

« Voilà ce que j'étais quand je me trouvais parmi les guerriers. Achille jouira seul de son courage, mais je pense qu'il pleurera beaucoup lorsque l'armée sera détruite. Te souviens-tu des recommandations que t'adressait Ménoetios, ton père, lorsqu'il t'envoya de Phthie à Agamemnon ? Nous les avons entendues, Ulysse et moi, étant alors dans vos demeures. Nous étions venus dans le palais de Pélée pour lever des troupes dans l'Achaïe fertile. Nous y trouvâmes Ménoetios et toi et, auprès de vous, Achille. Le vieillard Pélée brûlait dans l'enceinte de sa cour des cuisses grasses de bœuf à Zeus qui aime à lancer la foudre, et avec une coupe d'or il versait un vin noir sur les victimes enflammées. Achille et toi prépariez les chairs de bœuf et nous, nous nous tenions dans le vestibule ; Achille tout étonné s'élance et, nous ayant pris par la main, nous fait entrer et nous sert les mets d'hospitalité qu'il est juste d'offrir aux étrangers. Après le repas je vous exhortais à nous suivre, et vous le vouliez fortement. Les deux vieillards vous firent beaucoup d'observations. Pélée recommandait à son fils d'exceller toujours et d'être supérieur aux autres ; Ménoetios, fils d'Actor, te disait : « Mon enfant, Achille est d'une plus haute naissance que toi, mais tu es plus âgé que lui ; il a plus de force que toi ; cependant il faut que tu lui dises une parole prudente, que tu le conseilles, que tu lui montres ce qu'il faut faire, et il se laissera persuader en vue du bien. » Tel était le langage du vieillard, ton père : et toi, tu l'oublies maintenant. Il en est temps encore, rappelle ces paroles à Achille pour voir s'il se laissera persuader. Qui sait si, l'exhortant ainsi, tu ne remueras pas son cœur avec l'aide d'un dieu ? La parole d'un ami est bonne. S'il craint quelque oracle des dieux, si sa mère vénérable lui a fait connaître un ordre de Zeus, qu'il t'envoie suivi des Myrmidons pour sauver les Grecs, qu'il te donne ses armes pour les porter au combat, afin que les Troyens, te prenant pour lui, s'abstiennent de combattre ; les Achéens accablés respireront, car on combat sans relâche. Encore frais, vous pourriez facilement repousser ces hommes fatigués loin des vaisseaux et des tentes.

Ces paroles touchèrent le cœur de Patrocle ; il s'en va vers Achille. Il passait devant les vaisseaux d'Ulysse, où se tenaient l'assemblée des juges et la justice, et où l'on avait élevé des autels aux dieux, lorsqu'il rencontra le fils d'Évémon, issu de Zeus, Eurypyle, frappé d'une flèche à la cuisse, qui revenait du combat en boitant ; une sueur humide dégouttait de sa tête et de ses épaules ; un sang noir coulait avec bruit de sa blessure ; son esprit du moins était resté ferme ; le courageux fils de Ménoetios, le voyant, eut pitié de lui, et dit en poussant un profond soupir :

– Oh ! malheureux chefs et gouverneurs des Grecs ! vous deviez donc ainsi, loin de vos amis et de la terre de votre patrie, rassasier dans Troie les chiens de votre graisse ! Allons, Eurypyle, nourrisson de Zeus, dis-moi si les Achéens pourront encore tenir contre Hector, ou s'il ne leur reste qu'à se voir domptés par sa lance.

– Patrocle, repart Eurypyle, les Achéens ne peuvent plus se défendre ; ils périront sur leurs vaisseaux. Les plus braves d'entre eux sont blessés par les mains des Troyens, dont l'audace croît de plus en plus. Conduis-moi vers mon vaisseau, et, après l'avoir coupée, retire la flèche, lave la plaie avec de l'eau tiède, et mets-y des remèdes doux, bons, que tu tiens d'Achille, lequel les a reçus de Chiron le plus juste des Centaures. Quant à nos médecins, je crois que Machaon est maintenant dans sa tente après avoir été blessé, et qu'il aurait lui-même besoin d'un médecin ; Podalire est dans la plaine ; il soutient un combat acharné contre les Troyens.

– Comment tout cela tournera-t-il, et que ferons-nous, héros Eurypyle ? Je vais reporter à Achille ce que m'a dit Nestor, mais je ne te quitterai pas dans un tel accablement.

Aussitôt il porte, l'ayant pris sur son sein, ce pasteur des peuples à sa tente ; un serviteur l'étend sur des peaux de bœuf qu'il vient d'apporter ; Patrocle coupe la flèche et la retire de la cuisse ; il lave la plaie avec de l'eau tiède. Ayant broyé une racine amère qui calme la douleur, il en saupoudre la blessure, laquelle se sécha bientôt, et le sang cessa de couler.

Résumé des chants XII à XIII

Chant XII : *Les Troyens franchissent la première ligne de retranchement des Grecs* (Chant XIII) *et jaillissent, malgré l'aide que Poséidon accorde à leurs ennemis, sur la plage où sont alignés les bateaux des Achéens.*

Chant XIV

Le sommeil

Bien que Nestor fût en train de boire, il entendit les cris des combattants, et dit à Machaon fils d'Asclépios :

– Réfléchis, Machaon, à ce qui résultera de ces événements ; les cris des jeunes guerriers s'augmentent auprès de nos vaisseaux. Reste assis et bois ce vin pendant qu'Hécamède préparera ton bain et lavera ta plaie, et je vais aller voir en quel état sont les nôtres.

Il prend le bouclier de Thrasymède son fils, qu'il avait laissé dans la tente pour porter celui de son père, et sa pique dont le fer était fraîchement aiguisé. A peine a-t-il franchi le seuil de sa tente qu'il voit un spectacle affreux :

les Grecs sont repoussés par les Troyens, et le mur est renversé.

Comme on voit la mer calme se pourprer avant la tempête, et retenir ses ondes mornes jusqu'à ce qu'elles soient agitées par le vent, ainsi ce vieillard hésitait entre ces deux pensées différentes : irait-il vers la foule des Grecs ou se rendrait-il vers Agamemnon ? Il jugea plus utile de prendre ce dernier parti. Cependant les Grecs et les Troyens s'entretuaient au combat, et leurs armes résonnaient aux coups qu'ils se portaient tant d'épées que de piques.

Les rois Agamemnon, Diomède et Ulysse, qui avaient été blessés, ayant quitté leurs vaisseaux, se rencontrèrent avec Nestor. Le combat avait lieu loin des vaisseaux, quoique ceux d'entre eux qui avaient été tirés les premiers sur le rivage l'avaient été jusque dans la plaine, et un mur avait été élevé en avant de leurs poupes. Le rivage était large, mais il ne l'était pas assez pour contenir tous les vaisseaux, et les troupes auraient été à l'étroit. C'est pourquoi ils placèrent leurs vaisseaux comme on fait des échelles les unes à la queue des autres, et ils en remplirent toute la bouche formée par le rivage et les deux promontoires. Ces chefs s'avançaient dans le même dessein que Nestor, appuyés sur leurs piques et serrés l'un contre l'autre ; ils voulaient voir le combat et le sujet des clameurs ; ils étaient affligés, et Nestor les effraya :

– Nestor, gloire de la Grèce, dit Agamemnon, pourquoi quittes-tu le combat ? Je crains qu'Hector n'effectue les menaces qu'il a faites quand il haranguait et animait les siens : qu'il ne retournerait pas à Troie qu'il n'eût mis le feu à nos vaisseaux, et qu'il ne nous eût tués. Il mettait ces choses en avant, et maintenant elles s'accomplissent. Ô grands dieux ! les Achéens ont ainsi qu'Achille une telle colère contre moi, qu'ils ne veulent pas combattre sur la poupe de leurs vaisseaux.

– Toutes ces choses, répond Nestor, que tu viens de dire sont évidentes, et Zeus même ne saurait les changer. Il est tombé ce mur que nous regardions comme un rempart indestructible et pour nous-mêmes et pour nos vaisseaux. Près d'eux les Troyens soutiennent sans relâche un combat acharné, et l'on ne saurait distinguer, même en examinant avec attention, de quel côté les Achéens mis en désordre sont refoulés, tant ils tombent pêle-mêle tués en grand nombre ; le bruit du tumulte monte jusqu'au ciel. Délibérons sur l'issue de ces événements ; voyons si la prudence y pourra servir à quelque chose. Je ne juge pas qu'il soit à propos pour nous de retourner dans la mêlée, il n'est pas possible qu'un homme blessé puisse combattre.

– Nestor, réplique Agamemnon, puisqu'ils combattent près des poupes de nos vaisseaux et que le mur bâti n'a pas plus servi que le fossé que les Grecs ont eu bien de la peine à faire, et qu'ils regardaient comme un rempart indestructible pour les vaisseaux et pour eux-mêmes, c'est que sans doute c'est le bon plaisir de Zeus que les Grecs périssent sans aucune gloire bien loin d'Argos. Je savais bien lorsque étant bienveillant il voulait protéger les Grecs, mais je sais maintenant qu'il illustre les Troyens à l'égal des dieux bien heureux, et qu'il a lié notre force et nos bras. Mais allons, faisons tous comme je vais vous le dire. Mettons en haute mer les vaisseaux qui sont les plus près de la mer, et les y tenons à l'ancre jusqu'à ce que la nuit divine soit venue, si toutefois pendant ce temps les Troyens s'abstiennent de combattre ; nous pourrions alors faire dériver le reste de nos vaisseaux. Ce n'est pas un déshonneur de fuir sa mauvaise fortune, même la nuit. Celui qui échappe au malheur en fuyant fait mieux que celui qui se laisse prendre.

Ulysse le regardant de travers :

– Quelle parole est sortie de ta bouche, Agamemnon ? Malheureux, que ne commandes-tu à des lâches et non à nous, à qui Zeus a donné de mener à fin de rudes combats, depuis la jeunesse jusqu'à la vieillesse, jusqu'à ce que chacun périsse ! Tu veux donc ainsi laisser la ville de Troie, pour laquelle nous avons enduré tant de fatigues ? Tais-toi, de peur que les autres Grecs n'entendent ce discours, lequel ne devrait pas amener sur ses lèvres un homme sensé qui porterait un sceptre et auquel obéiraient des peuples aussi nombreux que ceux auxquels tu commandes parmi les Argiens ; maintenant je condamne ta pensée telle que tu viens de l'exprimer ; tu ordonnes, le combat étant engagé et au plus fort de la mêlée, qu'on tire les vaisseaux au large pour que tout succède aux Troyens déjà vainqueurs plus heureusement qu'ils ne le désirent, et qu'une ruine épouvantable soit suspendue sur nos têtes. Car les Grecs, voyant les vaisseaux tirés à la mer, ne soutiendront plus l'effort des ennemis, ils prendront la fuite, abandonnant la bataille. Alors, souverain des peuples ton conseil sera dommageable.

– Ulysse, repart Agamemnon, ce dur reproche m'a fortement atteint au cœur ; je n'ordonne pas aux Achéens de tirer leurs vaisseaux à la mer malgré eux. Que quelqu'un jeune ou vieux donne un avis meilleur que le mien, et il me fera plaisir.

– Cet homme est près de vous, dit Diomède, nous ne le chercherons pas longtemps si vous voulez l'écouter ; ne me blâmez pas par haine parce que je suis plus jeune que vous ; cependant je me fais gloire d'être issu d'un père courageux, de Tydée, qui est couvert à Thèbes d'un monceau de terre. Porthée eut trois fils irréprochables, Agrios, Mélas et Œnée, mon grand-père, supérieur aux autres par son courage. Ils demeurèrent dans Pleurone et dans Calydon ; mais mon père vint habiter Argos après avoir été exilé ; telle fut la volonté de Zeus et des autres dieux. Il épousa une des filles du roi Adraste, et il avait une maison abondante en tous biens, des vergers, des arbres fruitiers, une pépinière et force brebis ; outre cela il surpassait tous les Grecs dans le maniement de la pique. Vous devez savoir que je dis vrai. Vous ne mépriserez pas mon avis salutaire, puisque je vous ai dit que je ne sortais pas d'un sang lâche et sans force. Allons, partons au combat, bien que nous soyons blessés, la nécessité nous y pousse ; et là, tenons-nous un peu à l'écart afin de ne pas recevoir blessure sur blessure. Nous animerons le courage de ceux qui, voulant prendre haleine, se sont retirés du combat, et nous les y ferons retourner.

Ils approuvent cet avis et continuent leur route.

Poséidon ne faisait pas une garde d'aveugle : il les aborda sous la ressemblance d'un vieillard, et, prenant Agamemnon par la main droite, il lui dit :

– Maintenant Achille voit le meurtre et la fuite des Achéens, il s'en réjouit dans son cœur parce qu'il n'a pas de jugement. Qu'il périsse donc, et qu'un dieu le perde ! Cependant les dieux ne sont pas tout à fait courroucés contre toi. Les chefs troyens pourront encore couvrir le camp de poussière, et tu les verras prendre la fuite vers la ville, loin des vaisseaux et des tentes.

Comme Poséidon achevait son dire, il fit un cri plus grand que celui de neuf ou dix mille hommes se précipitant au combat : ce qui inspira dans le cœur des Achéens une grande force pour combattre sans relâche.

Héra au trône d'or promenait ses regards çà et là du haut de l'Olympe ; elle reconnaît son beau-frère qui n'était pas oisif dans le combat qui illustre les hommes, et elle en était aise ; elle aperçoit Zeus sur le sommet de l'Ida : Zeus lui répugnait. Elle se demande par quel artifice elle pourrait le décevoir. Ce moyen lui paraît le meilleur : elle irait vers l'Ida après s'être bien parée elle-même, pour voir si Zeus désirerait par amour dormir auprès de son corps, et si elle pourrait verser sur ses paupières et sur son esprit prudent un sommeil innocent et doux. Elle va dans la chambre. Héphaïstos la lui avait disposée : des portes solides étaient adaptées à des piliers et se fermaient à l'aide d'un verrou secret : un dieu même ne l'aurait pas ouvert. Étant entrée, elle ferme derrière elle les portes éclatantes. D'abord elle lave avec l'ambroisie tout ce qui aurait pu ternir l'éclat de son corps charmant ; elle se frotte d'une huile divine, laquelle, dès qu'elle était agitée, répandait son parfum du palais de Zeus dans le ciel et sur la terre. Après avoir peigné ses cheveux, elle les tresse et en fait des boucles brillantes, belles, divines, tombant de sa tête immortelle. Elle passe une robe divine, ouvrage d'Athéna : elle la parsème de belles broderies, et la tient fermée sur sa poitrine avec des agrafes d'or. Elle met une ceinture garnie de cent franges, et passe à ses oreilles bien percées des anneaux à trois brillants étincelants. Une grande beauté rayonnait en elle. Héra, divine entre les déesses, jette sur sa tête un beau voile nouvellement tissé et blanc comme le soleil. Elle ajuste à ses pieds brillants de belles chaussures. Dès qu'elle se fut habillée, elle sortit de sa chambre, elle appela Aphrodite à l'écart et lui dit :

– Fille chérie, veux-tu m'être agréable, ou me refuseras-tu ce que je vais te demander parce que j'ai pris le parti des Grecs et toi celui des Troyens ?

Vénus, fille de Zeus, lui répond :

– Héra, fille de Cronos, dis-moi ce que tu désires, mon cœur me porte à l'accomplir, si je puis le faire et si cela est faisable.

Héra songeant à la ruse qu'elle allait employer :

– Donne-moi, dit-elle à Aphrodite, l'amour et le désir par lequel tu domptes les immortels et les hommes mortels. Je vais voir les confins de la terre nourricière, l'Océan, père des dieux, et Téthys leur mère, lesquels m'ont bien nourrie et élevée dans leur demeure. Ils m'avaient reçue de Rhéa lorsque Zeus précipita Cronos sous la terre et sous la mer stérile, je vais les voir pour terminer leurs différends. Depuis longtemps ils s'abstiennent de la couche commune et de l'amour parce que la colère est tombée dans leurs cœurs ; si mes paroles peuvent les persuader, je les remettrai dans la même couche afin qu'ils s'unissent par l'amour, et ils me tiendront pour chère et vénérable.

Aphrodite qui aime le rire :

– Il ne convient pas que je te refuse ce que tu me demandes, tu dors dans les bras de Zeus.

A l'instant elle détache de sa poitrine sa ceinture brodée, aux couleurs variées, dans laquelle se trouvent tous les enchantements : l'amour, le désir, le parler séducteur, lequel a dérobé l'esprit à ceux qui pensent en sages, et la lui donnant :

– Tiens, dit-elle, mets cette ceinture dans ton sein ; elle renferme tout ce qui comble les désirs, et je ne pense pas que tu reviennes sans avoir accompli ce que tu te proposes.

Héra, ayant souri, la met dans son sein.

Aphrodite se retire ; Héra quitte le sommet de l'Olympe et, ayant franchi la Piérie et l'Émathie agréable, elle se porte sur les montagnes couvertes de neige des Thraces cavaliers ; elle ne touchait pas la terre de ses pieds ; elle alla vers la mer et arriva à Lemnos, ville de Thoas illustre. Là elle rencontra le Sommeil, frère de la Mort ; elle le prend par la main et lui dit :

– Sommeil, roi de tous les dieux et de tous les hommes, quelquefois tu as accédé à mes désirs ; obéismoi encore aujourd'hui, je t'en saurai gré tous les jours. Endors sous ses paupières les yeux éclatants de Zeus aussitôt que je reposerai près de lui dans l'amour. Je te donnerai un beau trône d'or incorruptible, que fabriquera mon fils boiteux, Héphaïstos, avec un petit banc que tu tiendras sous tes pieds en assistant aux festins.

– Héra, déesse vénérable, répond le Sommeil, j'endormirais facilement quelque autre des dieux éternels, même le fleuve Océan, père de tous les dieux, mais je n'irai pas près de Zeus, fils de Cronos, pour l'endormir, à moins qu'il ne me l'ordonne. Je suis devenu prudent depuis le désir que tu m'exprimas le jour où le fils de Zeus navigua d'Ilion, après avoir pillé la ville des Troyens. Je charmai les yeux de Zeus, me coulant doucement dans ses paupières ; et toi, tu méditais la perte d'Hercule, et lui suscitas des vents contraires ; peu après tu le fis aborder à Cos, loin de ses amis. Zeus, s'étant éveillé, s'indigna, maltraita les dieux jusque dans leurs demeures et me recherchait plus que les autres ; et il m'aurait précipité du ciel dans la mer si la Nuit, qui subjugue les dieux et les hommes, ne m'eût sauvé ; je m'enfuis chez elle, et lui, malgré sa colère, cessa de me chercher, car il craignait de déplaire à la Nuit. Maintenant tu veux que je fasse encore une chose aussi difficile.

– Sommeil, réplique Héra, pourquoi ces pensées renaissent-elles dans ton esprit ? Penses-tu que Zeus affectionne les Troyens autant qu'il aimait Hercule, son fils, pour lequel il fut irrité ? Va, fais ce que je te commande, et moi je te donnerai la plus jeune des Grâces pour que tu l'épouses, Pasithée, celle que tu désires tous les jours.

Le Sommeil, enchanté de cette promesse :

– Jure-moi, dit-il à Héra, par l'eau inviolable du Styx, et d'une main touche la terre, et de l'autre la mer, afin que tous les dieux d'en bas qui sont autour de Cronos soient témoins que tu me donnes une des Grâces les plus jeunes, Pasithée, celle que je désire tous les jours.

Héra jure comme il l'ordonne, et nomme tous les dieux qui sont sous le Tartare, lesquels sont appelés Titans. Alors ils quittent la ville de Lemnos et la ville d'Imbros, s'étant enveloppés d'un nuage, et font promptement la route. Ils parviennent à l'Ida, duquel on voit sourdre plusieurs sources et où maintes bêtes sauvages se nourrissent, puis à Lectos, où ils quittèrent la mer pour aller sur le continent ; le sommet des arbres s'agitait sous leurs pieds. Le Sommeil resta là pour ne pas être aperçu de Zeus ; il monta sur un sapin très haut, dont la cime touchait au ciel ; il s'y posa, caché par les branches, semblable à cet oiseau mélodieux que dans les montagnes les dieux nomment Chalcis, et les hommes Cymindis. Héra monta légèrement sur le Garare, sommet de l'Ida élevé ; Zeus la vit. Aussitôt il en est aussi épris que lorsque pour la première fois ils s'unirent par l'amour dans la même couche, à l'insu de leurs parents chéris :

– Héra, lui dit-il, ou vas-tu loin de l'Olympe ? Et tes chevaux et ton char sur lequel tu aurais pu monter, où sont-ils ?

Héra, qui ne pensait à autre chose qu'à le tromper, lui répond :

– Je vais voir les confins de la terre, et l'Océan, père des dieux, et Téthys, leur mère, qui m'ont bien nourrie et élevée dans leurs demeures ; je vais les voir pour terminer leurs différends. Depuis longtemps ils s'abstiennent de leur couche commune et de l'amour, parce que la colère est tombée dans leur cœur. Mes chevaux sont au pied de l'Ida, ils m'emporteront sur la terre et la mer. Je viens de l'Olympe ici pour toi, afin que tu ne t'irrites pas contre moi si j'allais en cachette vers le séjour de l'Océan au courant profond.

– Héra, dit Zeus, tu pourras y aller plus tard ; allons dormir dans notre lit, et réjouissons-nous dans l'amour. Jamais l'amour pour une déesse ni pour une femme ne m'a dompté comme en ce moment : ni quand j'aimai l'épouse d'Ixion, mère de Pirithoos, conseiller égal aux dieux ; Danaé, fille d'Acrise, laquelle enfanta Persée, le plus illustre de tous les hommes ; la fille célèbre de

Phénix, laquelle enfanta Minos et Rhadamante ; Sémélé et Alcmène dans Thèbes ; Alcmène enfanta Héraclès au cœur courageux, Sémélé enfanta Dionysos, joie pour les mortels ; Cérès, reine aux beaux cheveux ; Latone, très glorieuse ; toi-même, comme je t'aime maintenant et qu'un doux désir me saisit.

– Fils de Cronos, dit Héra, que viens-tu de dire ? Tu veux te coucher dans l'amour au sommet de l'Ida, où nous sommes exposés à tous les regards ! Qu'arriverait-il si quelque dieu nous voyait dormir ensemble et qu'il allât le dire aux autres immortels ? La honte me retiendrait ici sans que j'osasse jamais retourner en ta demeure, car je serais blâmée et non sans raisons. Mais si cela t'est cher au cœur, tu as une chambre que Héphaïstos, ton fils chéri, t'a bâtie ; il a fixé aux piliers des portes solides ; allons-y dormir, puisqu'il te plaît de reposer sur une couche.

– N'appréhende point, repart Zeus, d'être vue des dieux et des hommes ; j'épandrai autour de nous un nuage d'or ; le Soleil ne pourra nous voir au travers, quoique sa lumière soit très perçante.

Ce disant, le fils de Cronos prend son épouse dans ses bras, et la Terre divine fait pousser sous eux un gazon nouveau : le lotus humide de rosée, le safran et l'hyacinthe épaisse et tendre qui les soulevait de la terre en l'air. Ils se couchèrent sur ce gazon, répandirent au-dessus d'eux un beau nuage d'or ; il en tombait des brillantes gouttes de rosée.

Le père des dieux dormait ainsi tranquillement sur le sommet du Gargare, dompté par le sommeil et l'amour, et il avait son épouse dans ses bras. Le Sommeil agréable accourt aux vaisseaux des Achéens pour en donner la nouvelle au dieu qui ébranle la terre. Il s'approche de lui :

– Poséidon, dit-il, secours maintenant les Grecs, et donne-leur de la gloire au moins pendant un instant, tant que Zeus dort ; j'ai répandu sur lui un sommeil doux, et Héra l'a séduit pour le faire dormir dans l'amour.

Ayant ainsi parlé, il s'en va vers la race illustre des hommes, ayant vivement engagé Poséidon à porter aide aux Grecs. Aussitôt ce dieu s'étant élancé au milieu des premiers, les anime ainsi :

– Quoi, peuple grec, laisserons-nous encore la victoire à Hector, fils de Priam, et lui permettrons-nous de prendre nos vaisseaux et de nous ôter la gloire que nous avons acquise ? Il le croit ainsi et s'en vante, voyant qu'Achille, toujours en colère, reste dans ses tentes. Nous n'aurons pas besoin d'Achille pour repousser Hector si nous nous donnons courage les uns aux autres. Sus donc, faisons tous comme je vous aurai dit. Prenons dans l'armée les boucliers les meilleurs et les plus grands, couvrons nos têtes de casques resplendissants et prenons les lances les plus longues ; moi je vous conduirai, et je ne pense pas qu'Hector, malgré sa grande ardeur, soutienne notre choc. Que l'homme belliqueux qui a sur son épaule un petit bouclier le donne à un guerrier moins brave que lui, et qu'il prenne lui-même un bouclier plus grand.

Les Grecs l'entendirent et lui obéirent. Les rois eux-mêmes, le fils de Tydée, Ulysse, Agamemnon, rangeaient leurs soldats et faisaient échanger les armes. L'homme fort endossait les bonnes, et le faible prenait les mauvaises. Lorsqu'ils se furent armés, ils se mirent en marche ; Poséidon les conduisait, semblable à la foudre ; il tenait dans sa main robuste une épée terrible à longue pointe ; il jette une telle épouvante que personne n'ose aller à sa rencontre et que tous, frappés de terreur, prennent la fuite.

Hector, de son côté, mettait les siens en rangs. Alors Poséidon aux yeux d'azur, protégeant les Grecs, Hector, les Troyens, concentrent la lutte. La mer bouillonna jusqu'aux tentes et aux vaisseaux des Grecs, lesquels en

viennent aux mains en jetant de grands cris. Le flot de la mer soulevé par Borée ne mugit pas si fort contre la terre ; le feu ne pétille pas avec autant de fracas quand la forêt est en flamme, et le vent ne fait pas entendre de si horribles sifflements en ébranlant les chênes à la haute chevelure, qu'effroyables étaient les clameurs des Grecs et des Troyens se ruant les uns sur les autres.

Hector, le premier, jeta sa lance contre Ajax, qui était tourné droit vers lui, et il ne le manqua pas. Il l'atteignit à l'endroit de la poitrine où se trouvent superposés le baudrier du bouclier et celui de l'épée à clous d'argent ; ceux-ci protégèrent le corps tendre d'Ajax. Hector s'irrita de ce qu'un trait inutile venait de s'échapper de sa main, et il se retira vers la foule de ses compagnons pour éviter la Moire. Ajax ayant ramassé une pierre parmi celles qui se trouvaient çà et là aux pieds des combattants et servaient à caler les vaisseaux, la lance comme une toupie contre Hector qui s'en allait et le frappe près du cou, au-dessus du bouclier. Lorsqu'un chêne tombe, arraché de ses racines sous un coup du grand Zeus, une odeur affreuse de soufre s'en dégage et le courage abandonne celui qui l'a vu de près, car la foudre du grand Zeus est terrible : ainsi le robuste Hector tomba vite à terre. Il lâche sa lance, le bouclier et le casque la suivent, et ses armes firent du bruit à l'entour de lui.

Les Achéens accoururent en poussant de grands cris ; ils espéraient l'entraîner avec eux, et lançaient dru leurs traits ; mais ce fut en vain : aucun d'eux ne put frapper ni atteindre Hector ; les plus braves des Troyens, Polydamas et Énée, Agénor, Sarpédon, chef des Lyciens, et Glaucos, l'avaient entouré auparavant ; les autres veillaient sur lui et lui faisaient rempart de leurs boucliers. Ses compagnons l'ayant soulevé avec leurs mains, le portèrent hors du combat, jusqu'à ce qu'il soit arrivé près de ses chevaux rapides, lesquels se tenaient derrière le combat, avec le char aux ornements variés et le conducteur ; pendant que ses chevaux l'emportaient vers la ville, il gémissait profondément.

Arrivés au gué du Xante au beau cours, qu'engendra Zeus immortel, ses compagnons le descendirent du char et lui versèrent de l'eau sur la tête ; il reprit haleine et leva les yeux au ciel puis, se mettant à genoux, il vomit du sang noir ; puis il retomba en arrière et une nuit noire lui voila les yeux ; son cœur est encore abattu par la douleur que lui cause la blessure qu'il a reçue.

Les Grecs, voyant qu'Hector avait quitté le combat, se ruent plus furieusement sur les Troyens, n'ayant rien plus à cœur que de combattre. Ajax fils d'Oïlée, s'étant élancé, frappa, bien avant tous les autres, Satnios fils d'Enops, que Naïs nymphe pudique enfanta à Enops lorsqu'il faisait paître ses troupeaux près des rives du Satnioïs ; le fils d'Oïlée s'était approché de lui, l'avait percé au flanc d'un coup de lance, et il fut renversé ; Troyens et Grecs engagèrent autour de lui un combat violent. Polydamas fils de Panthoos, brandissant une lance, s'avance pour le venger ; il frappe à l'épaule droite Prothoénor, fils d'Aréilyce ; le fer impétueux traverse l'épaule. Prothoénor tombe sur la poussière, tenant la terre avec sa main. Polydamas, se glorifiant, crie à haute voix :

– Je ne pense pas qu'un trait inutile s'est échappé de la main robuste du fils de Panthoos, mais que l'un des Argiens l'a reçu dans le corps ; je pense que ce trait lui servira d'appui pour descendre au séjour d'Hadès.

Cette jactance attriste les Grecs, et surtout Ajax, fils de Télamon, qui se trouvait auprès de Prothoénor quand il tomba. Comme Polydamas se retirait, Ajax lui porta un coup de lance. Polydamas évita la Moire en se détournant, mais le fils d'Anténor, Archélochos, reçut le coup ; les dieux avaient décidé sa mort. Ajax l'avait frappé à la jointure de la tête et du cou, à l'extrémité de l'épine, et lui avait coupé les deux nerfs ; la tête, la bouche et les mains avaient touché la terre bien avant les genoux et les jambes quand il tomba.

Ajax à son tour :

– Vois Polydamas, et dis-moi la vérité : cet homme n'est-il pas digne d'être tué pour compenser la perte de Prothoénor ? Il ne paraît pas lâche et ne vient pas de parents lâches : il est le frère ou le fils d'Anténor, car il lui ressemble de très près.

Il dit ces mots à dessein, car il le connaissait bien. La douleur saisit les Troyens. Acamas, qui protégeait le corps de son frère, blessa de sa lance Promachos le Béotien, lequel tirait Archélochos par les pieds. Acamas, se glorifiant outre mesure, s'écrie :

– Argiens qui ne savez que lancer des flèches et qui êtes insatiables de menaces, nous ne serons pas seuls exposés au travail et à la souffrance, un jour vous serez aussi tués de même. Examinez comme Promachos, l'un des vôtres, dort dompté par ma lance, afin que la vengeance de la mort de mon frère ne soit pas longtemps impayée. Aussi chaque homme souhaiterait-il laisser dans sa demeure un frère pour le venger dans le combat.

Acamas, en se glorifiant, causa de la douleur aux Argiens et il remua surtout le cœur de Pénéléos, brave dans les combats. Pénéléos se précipite sur Acamas, lequel esquive n'osant soutenir le choc. Pénéléos blessa Ilionée, fils de Phorbas, riche en troupeaux. Phorbas était celui des Troyens qu'Hermès aimait le plus, et auquel il avait donné force richesses ; l'épouse de Phorbas ne lui avait enfanté qu'Ilionée. Pénéléos le blessa au-dessous du sourcil, à la racine de l'œil, et lui arracha la prunelle ; la lance traversa l'œil et l'occiput, et il s'assit étendant les mains. Pénéléos, ayant tiré son épée, le frappa au milieu du cou, et fit tomber la tête et le casque, la lance demeurant dans l'œil. Il prend la tête d'Ilionée comme une tête de pavot, il la montre aux Troyens, et dit en se vantant :

– Allez, Troyens, dire au père et à la mère de l'illustre Ilionée de gémir dans leurs demeures ; l'épouse de Promachos fils d'Alégénor ne se réjouira pas du retour de son époux chéri, lorsque nous, Achéens, nous reviendrons de Troie sur nos vaisseaux.

Ces paroles mettent l'épouvante parmi les Troyens : chacun d'eux regardait par où et comment il pourrait éviter la mort.

Maintenant dites-moi, Muses qui habitez l'Olympe, celui des Achéens qui s'empara le premier de dépouilles sanglantes, lorsque le dieu illustre qui ébranle la terre fit pencher la bataille de leur côté.

Ajax fils de Télamon, le premier, blessa Hyrtios fils de Gyrtios, chef des Mysiens au grand cœur ; Antilochos dépouilla Phalcès et Merméros ; Mérion tua Morys et Hippotion ; Teucer fit périr Prothoon et Périphétès ; Agamemnon blessa au flanc Hypérénor, pasteur des peuples : le fer traversa les intestins, les ayant déchirés ; son âme s'envola par l'ouverture de la blessure, et l'obscurité lui voila les yeux. Ajax, fils d'Oïlée, fit périr un grand nombre de Troyens ; il n'avait pas son égal pour poursuivre à pied ceux qui fuyaient, lorsque Zeus leur inspire la terreur.

Chant XV

Phœbus Apollon

Les Troyens en fuyant avaient franchi les pieux et le fossé, et beaucoup d'entre eux avaient été domptés par les mains des Grecs, lorsque encore frappés d'épouvante ils s'arrêtèrent auprès de leurs chars ; Zeus, qui se trouvait près de Héra au trône d'or, sur les sommets de l'Ida, se réveilla. S'étant levé, il voit les Troyens et les Achéens, les uns poursuivis et les autres (les Argiens) les poussant par-derrière et, au milieu d'eux, Poséidon souverain de la mer. Il aperçoit Hector étendu dans la plaine : ses compagnons étaient autour de lui ; sa respiration était difficile, il avait perdu connaissance et vomissait le sang, car il n'avait pas été frappé par le plus fluet des Achéens. Le père des dieux et des hommes eut pitié de lui et, l'ayant vu, il regarde Héra en dessous, et d'un air terrible lui dit :

– C'est ta ruse perfide qui a fait retirer Hector de la mêlée et semé l'épouvante parmi ses peuples. Je ne sais pas si je ne te ferai pas jouir du fruit de ton mauvais artifice et si je ne t'infligerai pas des coups. Ne te souviens-tu pas d'avoir été suspendue dans l'air, que je t'ai fait attacher une enclume à chaque pied, et que je te liai les mains avec une chaîne d'or indestructible ? Les dieux s'indignaient de ton châtiment dans l'Olympe élevé, mais, réunis autour de toi, ils ne pouvaient te délivrer. Celui qui l'aurait tenté, je l'aurais saisi et précipité du seuil de l'Olympe jusqu'à ce qu'il fût tombé à terre, respirant à peine. La douleur que je ressentais pour mon fils Hercule n'avait pas encore apaisé mon courroux. Machinant les labeurs que tu voulais lui imposer, tu fis soulever des tempêtes par le vent Borée, et l'exposas sur une mer immense, jusqu'à ce qu'il t'ait plu de le faire aborder à Cos, île bien peuplée ; il est vrai que je le tirai de là après plusieurs tourmentes. Je te fais souvenir de tout ceci, afin que tu renonces à tes ruses et que tu saches combien peu te profiteront et l'amour et la couche dans laquelle, pour me tromper, tu t'es unie à moi loin des autres dieux.

Junon frémit de crainte aux menaces de Zeus :

– J'atteste, dit-elle, la terre, le ciel, l'eau du Styx, ce qui est le serment le plus grand et le plus terrible pour les dieux bienheureux ; ta tête sacrée, notre lit nuptial par lequel je ne jurerais pas témérairement, que ce n'est pas par ma volonté que Poséidon a mis Hector et les Troyens en déroute, et qu'il secourt les Grecs : c'est de son propre mouvement qu'il a pris pitié des Achéens accablés près de leurs vaisseaux. Je lui conseillerai, dieu qui assembles les nuages, d'aller où tu lui commanderas.

Le père des dieux et des hommes se prit à sourire, et lui dit :

– Si tu pensais comme moi, Poséidon serait aussi de notre sentiment ; et quand bien même il aurait ailleurs sa volonté, il tournerait aussitôt son esprit vers ta pensée et la mienne. Si tu dis vrai, va maintenant auprès des dieux, et ordonne à Iris et à Apollon de venir ici. J'enverrai Iris au camp des Grecs, dire à Poséidon qu'il se retire dans sa demeure après avoir abandonné le champ du combat ; à Phœbus Apollon, de ranimer Hector pour le combat, de lui inspirer une nouvelle force, et d'apaiser les douleurs qui l'accablent ; Hector fera prendre derechef la fuite aux Grecs et les poursuivra, non sans perte des leurs, jusqu'aux vaisseaux d'Achille. Alors celui-ci laissera Patrocle son compagnon combattre avec les Grecs ; et lorsque Patrocle aura tué Sarpédon, mon fils divin, et un grand nombre de jeunes guerriers, il sera tué à son tour par Hector. Achille irrité de la perte de son ami percera Hector de sa pique. Dès ce moment les Achéens reviendront à la charge, et poursuivront sans relâche les Troyens jusqu'aux murs d'Ilion élevée, qu'ils prendront avec le conseil d'Athéna. Je n'apaiserai point mon courroux plus tôt, et ne permettrai à pas un des dieux de favoriser les Grecs que le désir d'Achille ne soit accompli : ainsi que je le jurai par mon chef, alors que Thétis me vint embrasser les genoux, me suppliant de remettre en honneur son fils Achille destructeur de villes.

Héra obéit ; elle s'en va des monts de l'Ida vers l'Olympe. Tel s'élance l'esprit d'un homme qui a beaucoup voyagé, quand il se dit en lui-même : j'étais ici, j'étais là, et qu'il repasse encore en idée beaucoup d'autres lieux ; telle s'envola Héra. Elle parvint au sommet de l'Olympe, et arriva au milieu des dieux immortels réunis dans la demeure de Zeus. Ceux-ci, l'ayant vue, se levèrent brusquement, et l'accueillirent avec des coupes à la main. Elle refuse les coupes que lui présentent les dieux, mais elle accepte celle de Thémis aux belles joues ; Thémis était venue la première en courant au-devant d'elle :

– Héra, dit-elle, pour quel sujet es-tu montée jusqu'ici ? Tu me sembles tout effarouchée ? Le fils de Cronos, ton mari, t'a donc bien effrayée ?

– Ne m'en parle pas, lui répondit Héra, tu sais toi-même combien il a le cœur orgueilleux et cruel. Précède les dieux qui vont prendre part au festin dans les demeures du ciel ; et là, parmi les immortels, tu apprendras les mauvais desseins de Zeus et ce qu'il mande par moi. Je ne pense pas qu'aucun des dieux et des hommes en doive être joyeux, et qu'il puisse, comme auparavant, s'égayer encore dans les festins.

Après que Héra eut parlé de la sorte, elle s'assit. Les dieux portèrent impatiemment ce qu'elle venait de dire ;

mais elle se prit à rire du bout des lèvres seulement ; le front au-dessus des sombres sourcils ne s'éclaircit pas, et, tout indignée, elle dit au milieu de tous :

– Insensés qui nous irritons contre Zeus ! Nous pensons, en allant près de lui, l'apaiser par la parole ou le dompter par nos mains ; mais il ne s'inquiète guère de nous, car il se vante de surpasser tous les autres dieux en force et en puissance : voilà pourquoi il faut supporter tout le mal qu'il enverra à chacun de nous. Je crois que déjà Arès n'est pas sans avoir éprouvé une grande perte : Ascalaphe, son fils, au moins l'avait-il avoué pour tel, le plus cher des hommes, est mort dans le combat.

Tel fut son discours. Et Arès, frappant sur sa cuisse, les mains abaissées, dit ces paroles en gémissant :

– Vous, habitants de l'Olympe, ne vous irritez pas contre moi si je vais aux vaisseaux des Achéens pour venger le meurtre de mon fils ; et ce, quand même ma destinée serait qu'étant frappé de la foudre de Zeus, je fusse étendu avec les morts dans le sang et la poussière.

Il finissait de parler qu'il donna ordre à Deimos (la terreur) et à Phobos (l'effroi), ses fils, d'atteler ses chevaux ; lui-même se revêtit de ses armes resplendissantes. Alors une autre colère et une autre indignation plus grande encore et plus terrible se fussent élevées dans l'âme de Zeus contre les dieux, si Athéna, craignant pour ces immortels, n'eût quitté son siège pour s'élancer après lui. Elle ôta le casque de sa tête et le bouclier de ses épaules, et de sa main robuste elle prit la lance qu'elle posa près du mur ; puis elle dit à Arès ces paroles injurieuses :

– Tu es perdu, furieux, insensé ! Que te servent tes oreilles pour entendre ? Tu n'as plus ni sens ni pudeur. N'entends-tu pas ce que dit la déesse Héra, laquelle vient à l'instant de quitter Zeus ? Veux-tu, après avoir souffert de nouvelles disgrâces, être contraint de revenir dans l'Olympe sous le poids de ta douleur, et attirer de grands maux sur les autres dieux ? Aussitôt Zeus, laissant les Troyens et les Achéens, arriverait dans l'Olympe pour y semer l'alarme, et saisirait tour à tour celui qui serait coupable et celui qui ne le serait pas. Maintenant je t'ordonne d'apaiser la colère que tu ressens de la mort de ton fils. Bien d'autres, meilleurs et plus forts que lui, ont déjà été tués et le seront dans la suite ; or, il est difficile de garantir les jours de tous les hommes mortels auxquels nous avons donné le jour.

Ayant tenu ce langage, elle fit asseoir Arès sur son siège. Héra appela hors du palais Apollon et Iris, messagère des dieux immortels, et leur dit :

. – Zeus vous a ordonné d'aller vers l'Ida le plus vite possible ; lorsque vous y serez arrivés et que vous aurez vu son visage, il faudra que vous fassiez ce qu'il vous commandera.

Héra se retire et va s'asseoir ; ceux-ci volent vers l'Ida d'où sortent plusieurs fontaines et où naissent maintes bêtes sauvages. Ils trouvèrent le fils de Cronos assis sur le sommet du Gargare : un nuage aux suaves odeurs le couronne tout entier. Dès qu'ils parurent devant lui, il ne s'irrita pas contre eux, parce qu'ils avaient obéi promptement aux paroles de son épouse chérie. Il dit d'abord à Iris :

– Va, messagère rapide, rapporter fidèlement à Poséidon ce que je vais te dire. Commande-lui de quitter la guerre et le combat, et d'aller vers la race des dieux ou dans la mer divine. Si, loin d'obéir à mes paroles, il les méprise, qu'il pèse bien en lui-même que tout fort qu'il est il ne soutiendra pas mon attaque, parce que je lui suis bien supérieur en force et le premier par la naissance : cependant il ose se dire l'égal de celui que les autres dieux redoutent.

Iris quitte les monts Idéens pour aller vers Ilion sacrée. Lorsque la neige ou la grêle froide vole des nues, chassée par le vent Borée né de l'éther, telle Iris vola près de l'illustre dieu qui ébranle la terre, et lui dit :

– Poséidon aux cheveux azurés, je t'apporte un message de Zeus qui tient l'égide. Il t'ordonne, dès que tu auras cessé le combat, d'aller vers la race des dieux ou dans la mer divine. Si, loin d'obéir à ses paroles, tu les méprises, il te menace de venir ici combattre en face contre toi ; il te dit d'éviter ses mains parce qu'il croit t'être bien supérieur en force et qu'il est le premier par la naissance ; cependant tu oses te dire l'égal de celui que les autres dieux redoutent.

– Grands dieux, dit Poséidon, malgré sa puissance, il a parlé avec trop d'orgueil s'il pense réduire par la force celui qui a reçu en partage le même honneur que lui. Nous sommes trois frères issus de Cronos, lesquels enfanta Rhéa : Zeus et moi ; Hadès, troisième, commande aux Enfers. Tout fut partagé en trois, et chacun tira sa part au sort. J'obtins ainsi la mer, et Hadès les ténèbres obscures ; Zeus eut le ciel vaste dans l'éther et dans les nuages, mais la terre et l'Olympe sont encore communs entre nous trois : c'est pour cela que je ne vivrai jamais selon le vouloir de Zeus ; qu'il reste tranquille avec toute sa puissance dans la troisième part, qui est la sienne. Qu'il ne vienne pas comme à un lâche me faire peur de ses mains ; il vaudrait mieux pour lui qu'il gourmandât ses filles et ses fils, lesquels lui obéiront par le besoin qu'ils ont de sa puissance.

– Ainsi donc, Poséidon, repart Iris, je porte à Zeus cette réponse dure et violente. Ou bien ne l'adouciras-tu pas ? Les plus sages changent de volonté. Tu sais que les Érinnyes sont avec les aînés comme des gardes.

– Iris, réplique Poséidon, tu as dit cette parole tout à fait selon la convenance ; il est bon qu'un envoyé porteur d'ordres puisse y ajouter un sage conseil. Mais une douleur terrible s'empare de mon âme quand Zeus veut réprimander avec menaces celui qui a été son égal au partage et comme lui destiné au même rang. Cependant, quoique j'aie lieu d'en être indigné, je céderai. Je vais te dire autre chose : si malgré moi, malgré Athéna, Héra, Hermès et Héphaïstos il épargne Ilion sacrée, s'il ne veut pas la renverser, ni donner une grande victoire aux Argiens, qu'il sache que notre colère ne s'apaisera jamais.

Ayant ainsi parlé, Poséidon laissa les Achéens, qui le regrettèrent, et pénétra dans la mer. Zeus dit à Apollon :

— Phœbus chéri, va vers Hector. Poséidon s'est retiré dans la mer divine, évitant notre colère terrible : car s'il ne l'eût pas fait, vous, les autres dieux et ceux qui sont autour de Cronos, vous eussiez entendu parler d'un combat. Il était bien préférable pour moi comme pour lui-même qu'après s'être irrité dès le début, il eût évité mes mains, autrement la chose ne se fût pas passée sans sueur. Prends mon égide garnie de franges, pour effrayer les héros achéens en l'agitant fortement. Aie soin d'Hector, toi qui lances au loin les traits ; inspire-lui une grande force jusqu'à ce que les Achéens mis en fuite soient arrivés aux vaisseaux et à l'Hellespont. Moi-même je méditerai ce que j'aurai à faire et à dire afin qu'à leur tour les Achéens reprennent courage.

Apollon obéit promptement à son père. Il descend des monts Idéens aussi rapide que l'épervier qui tue les colombes et a l'aile meilleure que tout autre oiseau. Apollon trouva le fils de Priam assis et non plus couché ; il était revenu à soi et remettait bien ses compagnons qui l'entouraient ; sa respiration n'était plus difficile et la sueur avait cessé : la pensée seule de Zeus l'avait animé. Apollon se tenant près de lui :

— Hector, dit-il, pourquoi donc es-tu assis à l'écart loin des combattants et n'ayant plus de force ? Quelle douleur s'est emparée de ton âme ?

— Qui donc es-tu, poursuit Hector, toi le meilleur des dieux, qui m'interroges en face ? Ne sais-tu pas qu'Ajax m'a frappé avec une pierre à la poitrine, près de la poupe des vaisseaux des Achéens, comme je faisais périr ses compagnons, et qu'il a fait cesser ma valeur impétueuse ? Je pensais voir en ce jour les morts et la demeure d'hadès, puisque j'exhalais mon âme.

– Apollon :

– Rassure-toi maintenant ; le fils de Cronos t'envoie un défenseur pour t'assister et te secourir, Phœbus Apollon au glaive d'or ; celui qui défendait auparavant et toi-même et ta ville aux hautes murailles. Exhorte maintenant tes nombreux écuyers à pousser leurs chars rapides vers les vaisseaux ; je marcherai à leur tête, j'aplanirai la voie aux chevaux et tournerai en fuite les héros achéens.

En parlant ainsi, il lui inspira une grande force. Comme un cheval longtemps tenu à l'étable où il s'est nourri d'orge à la crèche, ayant cassé son licol, court par la plaine, frappant la terre de ses pieds, vers le fleuve au beau cours dans lequel il a coutume de se baigner ; fier de lui, la tête haute, sa crinière s'éparpille sur ses épaules, et confiant dans sa beauté, ses genoux le portent aisément vers les lieux habituels et le pâturage des cavales : tel Hector faisait mouvoir avec rapidité ses pieds et ses genoux, donnant courage aux écuyers dès qu'il eut entendu la voix du dieu. Lorsque des chiens et des hommes des champs suivent un cerf cornu ou une chèvre sauvage, laquelle se dérobe en un fort, parce que son destin ne permet pas qu'elle soit encore prise : à leurs cris sort un lion barbu qui détourne hommes et chiens de leur poursuite, voire les met en fuite quelque emportés qu'ils soient : ainsi les Grecs attroupés mettaient les Troyens en fuite à coups d'épées et de piques ; mais lorsqu'ils virent Hector parcourant les rangs des Troyens, ils tremblèrent et leur cœur tomba à tous devant les pieds.

Thoas, fils d'Andrémon, le meilleur des Étoliens, habile à lancer le javelot et bon au combat de pied ferme, les harangua : peu d'Achéens le surpassaient dans le discours, lorsque les jeunes gens rivalisaient sur le bien dire ; il leur fit entendre ces paroles sensées :

– Grands dieux, je vois un grand prodige ; comment donc Hector a-t-il évité la Moire, et comment revient-il à notre rencontre ? Chacun de nous comptait bien qu'il était mort par les mains d'Ajax, fils de Télamon. C'est quelqu'un des dieux qui a protégé et sauvé Hector, lequel a déjà délié les genoux d'un grand nombre de Grecs, comme cela arrivera encore, je pense : car c'est dans cette intention qu'il se tient au premier rang, non sans être assisté de Zeus. Allons, obéissez tous à ce que je vous dirai. Ordonnons à la foule de retourner aux vaisseaux ; et nous qui nous vantons d'être les meilleurs dans l'armée, tenons ferme, afin que, nous portant à sa rencontre, nos lances levées, nous commencions par le repousser ; je pense que malgré sa fureur il craindra de pénétrer dans la foule des Grecs.

Ce discours fut écouté, et beaucoup obéirent à l'avis de Thoas. Les Ajax, Idoménée, Teucer, Mérion, Mégès ayant appelé les plus braves, condensaient les rangs pour marcher contre Hector et les Troyens : la foule se retira vers les vaisseaux.

Les Troyens, les rangs serrés, avancèrent : au-devant d'eux Hector marchait à grands pas, et devant lui allait Phœbus Apollon, les épaules couvertes d'un nuage, portant l'égide impétueuse, terrible, couverte de poils et d'une rare beauté, que donna Héphaïstos à Zeus pour porter l'épouvante aux hommes : Apollon, tenant cette égide dans ses mains, se mit à la tête des peuples.

Les Argiens soutinrent le choc : un cri aigu s'éleva des deux côtés ; les flèches s'élançaient des cordes des arcs ; des traits lancés par des mains audacieuses, les uns s'enfonçaient dans le corps de jeunes gens impétueux comme Arès, les autres, avant d'avoir atteint un corps

blanc, s'arrêtaient à terre, au milieu de leur portée, désirant se rassasier de chair. Tant qu'Apollon tint l'égide sans la mouvoir, la victoire demeura en balance, et les hommes tombaient ; mais dès qu'à la face des Grecs il l'eut agitée, poussant un cri épouvantable, il fascina leur courage et ils oublièrent leur valeur impétueuse. Lorsqu'à l'ombre de la nuit deux bêtes sauvages surviennent à l'improviste au milieu d'un troupeau de bœufs ou de brebis et y sèment le désordre en l'absence du gardien : ainsi furent effrayés les Achéens devenus sans force par le charme de l'égide ; Apollon leur avait jeté l'épouvante et donnait la gloire à Hector et aux Troyens.

Les deux fronts de bataille étant rompus, l'homme tuait l'homme. Hector tua Stichios et Arcésilaos, l'un chef des Béotiens, l'autre compagnon fidèle de Ménesthée. Énée dépouilla Médon et Iaos : Médon, frère d'Ajax, était fils illégitime d'Oïlée, il habitait dans Phylacé loin de la terre de sa patrie parce qu'il avait tué un homme, frère d'Ériopis, sa belle-mère, laquelle Oïlée avait épousée ; Iasos, fils de Sphélos, fils de Boucolis, était chef des Athéniens. Polydamas tua Mécistée, et Politès tua Échios au premier rang ; Agénor tua Clonios. Pâris frappa par-derrière, à l'extrémité de l'épaule, parmi les premiers combattants, Déiochos qui prenait la fuite, et il le perça de part en part.

Pendant que ceux-ci dépouillaient ceux qu'ils avaient terrassés, les Achéens, s'étant précipités dans le fossé creux et les pieux, fuyaient çà et là et se trouvaient forcés de repasser le mur. Hector criait aux Troyens de s'élancer sur les vaisseaux et de laisser là les dépouilles.

– Celui que je verrai se tenir éloigné des vaisseaux, je lui donnerai la mort, et ses frères et ses sœurs ne brûleront pas son corps, mais les chiens le déchireront devant notre ville.

Ce disant, il pousse ses chevaux en les fouettant sur l'épaule, et de rang en rang il donne courage aux

Troyens ; ceux-ci poussent des cris avec lui, et dirigent leurs chars vers les vaisseaux. Phœbus Apollon renversa facilement du pied les bords du fossé profond, et en le comblant il fraya un chemin long et large qui s'étendait aussi loin que la portée d'un trait que lance un homme qui essaye sa force. Les Troyens y passaient en phalanges, Apollon les précédait tenant l'égide et renversait le mur comme par enchantement. Comme un enfant agence quelque morceau de sable sur le bord de la mer pour s'en servir de jouet, puis, y ayant pris plaisir, le fait ébouler avec ses pieds et ses mains : tout de même, Phœbus, tu bouleversas les travaux que les Argiens avaient élevés avec tant de peine, et tu les mis en fuite.

Obligés d'arrêter leur fuite à leurs vaisseaux, ils y demeurent, s'exhortent les uns les autres et, levant leurs mains à tous les dieux, chacun prie à haute voix ; et plus qu'eux tous le sage conseiller des Achéens priait, tendant ses deux mains vers le ciel étoilé :

– Ô Zeus souverain, si jamais dans la Grèce les Achéens t'ont brûlé des cuisses grasses de bœuf ou de brebis, te priant de leur accorder le retour dans leur patrie, et si tu le leur as promis d'un signe de ta tête, aies-en souvenance à présent, détourne de nos têtes le jour funeste, Zeus Olympien, et ne laisse pas ainsi les Achéens être domptés par les Troyens.

Le prudent Zeus témoigna par un coup de tonnerre qu'il avait écouté la prière du vieillard.

Les Troyens, interprétant ce présage en leur faveur, se précipitèrent sur les Argiens avec plus d'impétuosité qu'auparavant. Comme le flot de la mer poussé par le vent passe au-dessus des flancs d'un vaisseau, ainsi les Troyens en jetant un grand cri passaient au-dessus du mur et, y ayant fait entrer leurs chars, ils combattaient auprès des poupes avec leurs épées à double tranchant ; ceux-ci du haut de leurs chars, ceux-là montés sur leurs vaisseaux, se défendant avec de longues perches fortement jointes et dont le bout était armé d'airain : elles étaient mises en réserve pour servir en cas d'attaque sur la mer.

Tant que les Achéens et les Troyens combattaient autour du mur, hors des vaisseaux, Patrocle restait assis dans la tente d'Eurypyle, l'entretenant d'agréables propos et saupoudrant sur sa blessure des remèdes simples pour adoucir ses douleurs terribles. Mais quand il vit les Troyens franchir le mur et qu'eut lieu cette grande clameur et la fuite des Grecs, il gémit et, frappant ses deux cuisses avec ses mains penchées, il dit en soupirant :

– Eurypyle, je ne puis demeurer ici davantage, quoique tu aies encore besoin de moi ; un grand combat vient de s'élever ; ton serviteur prendra soin de toi ; je vais vite près d'Achille pour l'exciter à combattre. Qui sait si je ne pourrai émouvoir son cœur avec l'aide d'un dieu ? Quelquefois on prend en bonne part l'exhortation d'un ami.

Et parlant encore, il s'en alla.

Les Achéens tenaient ferme, mais ils ne pouvaient repousser les Troyens des vaisseaux, bien que ceux-ci fussent moins nombreux qu'eux ; et les Troyens ne pouvaient rompre les phalanges des Grecs ni entrer dans les tentes et les vaisseaux. De même que dans les mains d'un ouvrier habile qui connaît bien son art par les conseils d'Athéna, l'équerre sert à redresser la poutre qui doit servir à la construction d'un vaisseau, ainsi se balançait le combat entre les deux partis. Tandis que les Troyens combattaient près de l'un ou de l'autre vaisseau, Hector s'avançait contre Ajax. Ces deux-là portaient tout le fort de la bataille autour d'un seul vaisseau : Hector ne pouvait repousser Ajax de force ni brûler les vaisseaux, Ajax ne pouvait faire reculer Hector, qu'un dieu avait poussé jusque-là. Ajax frappa de sa lance, à la poitrine, Calétor fils de Clytios, comme il portait le feu sur le vaisseau ; il fit du bruit en tombant, et la torche enflammée lui tomba de sa main. Quand Hector vit son cousin tombé dans la poussière devant le vaisseau noir, il anima les Troyens et les Lyciens en criant :

– Troyens, Lyciens et Dardaniens, ne vous retirez pas du combat engagé dans ce défilé ; sauvez le fils de Clytios tombé près des vaisseaux, de peur que les Achéens ne le dépouillent de ses armes.

Il n'avait pas achevé de dire qu'il jette sa lance contre Ajax : il le manque, mais il frappe Lycophron, fils de Mastor de Cythère, serviteur d'Ajax. Lycophron habitait chez Ajax lorsqu'il eut tué un homme dans Cythère. Hector frappa donc de sa lance Lycophron à la tête, au-dessus de l'oreille, comme il se tenait près d'Ajax ; Lycophron tomba à la renverse de la poupe du vaisseau dans la poussière : ses genoux furent déliés. Ajax frémit et dit à son frère :

– Cher Teucer, notre compagnon fidèle a été tué : le fils de Mastor, lequel, venu de Cythère, nous honorions dans notre maison à l'égal de nos parents chéris, Hector au grand cœur l'a tué. Où sont tes flèches qui portent rapidement la mort, et l'arc que Phœbus Apollon t'a donné ?

Teucer accourut à la parole de son frère, tenant en sa main son arc flexible et son carquois garni de flèches ; il décocha promptement contre les Troyens. Il atteignit Clitos, fils illustre de Pisénor, compagnon de Polydamas, noble fils de Panthoos, tenant les rênes dans ses mains ; Clitos était attentif à la conduite de ses chevaux, il les dirigeait où s'agitait le gros des phalanges pour faire plaisir à Hector et aux Troyens, lorsque lui survint un malheur que personne, même de ceux qui l'auraient voulu, ne put écarter : la flèche de Teucer le frappa derrière le cou ; il tomba de son char, ses chevaux reculèrent et traînèrent avec fracas le char vide. Polydamas s'en étant aperçu les vint arrêter. Il les donna à Astynoos, fils de Protiaon, et lui enjoignit de se tenir près d'eux et de ne pas les perdre de vue ; puis il retourna parmi les combattants du premier rang.

Teucer tira une autre flèche contre Hector, et il aurait fait cesser le combat près des vaisseaux des Achéens s'il avait atteint Hector comme il combattait vaillamment. Mais Teucer n'échappa pas à l'esprit prudent de Zeus, lequel sauva Hector et priva de gloire Teucer, fils de Télamon ; Zeus brisa la corde bien tordue de l'arc fait avec art, pendant que Teucer le tendait contre Hector : la flèche alourdie par l'airain dévia, et l'arc lui tomba de la main. Teucer frémit et dit à son frère :

– Hélas ! un dieu nous coupe tout à fait les ressources pour combattre ; c'est lui qui m'a fait tomber l'arc de la main et a brisé la corde nouvellement tordue que j'avais mise à mon arc ce matin afin qu'il portât bien les flèches que je devais décocher fréquemment.

– Ami, répond Ajax, laisse ton arc et tes flèches, puisqu'un dieu jaloux des Grecs a détruit ces armes. Prends une lance à la main, et mets un bouclier sur ton épaule, combats contre les Troyens et donne courage aux autres peuples ; quoique les Troyens nous aient domptés, qu'ils ne prennent pas sans peine du moins nos vaisseaux bien garnis de rameurs, et nous, ne pensons qu'à combattre.

Ces paroles dites, il va porter son arc dans sa tente, pend à ses épaules un bouclier recouvert de quatre cuirs, met sur sa tête son casque bien travaillé, au sommet duquel un panache s'agitait inspirant la terreur ; il prend une lance forte dont la pointe était fraîchement aiguisée, et en courant vient se présenter à Ajax.

Dès qu'Hector eut vu que Teucer ne lançait plus de flèches, il s'écria :

– Troyens, Lyciens et Dardaniens, soyez hommes, amis, et ne relâchez rien de votre valeur impétueuse auprès des vaisseaux, car j'ai vu de mes yeux les traits d'un guerrier illustre rendus vains par Zeus. Les hommes peuvent facilement reconnaître la puissance de Zeus, soit qu'il leur donne la gloire ou qu'il les affaiblisse en ne voulant pas les défendre, comme en ce moment il ôte le courage aux Argiens et nous porte secours. Combattez donc en vous tenant serrés les uns contre les autres près des vaisseaux ; qu'il mesure celui d'entre vous qui, frappé ou blessé, aura touché la mort et la destinée ! Il ne sera pas indigne de lui de mourir en combattant pour la patrie ; son épouse sera sauvée ainsi que ses enfants à venir, sa maison et son patrimoine seront intacts, si les Achéens retournent sur leurs vaisseaux dans la terre chérie de leur patrie.

Ces paroles accrurent la force et le courage de chacun. De son côté, Ajax exhorta ses compagnons :

– Honte à vous, Argiens ! Maintenant il faut périr ou nous sauver et écarter de nos vaisseaux la ruine qui les menace. Pensez-vous que si Hector vient à prendre nos vaisseaux, nous retournions chacun dans notre patrie ? N'entendez-vous pas Hector animer ses troupes impatientes de brûler nos vaisseaux ? Il ne leur commande pas de danser, mais de jouer des mains. Nous ne saurions prendre un meilleur parti que d'essayer corps à corps notre force et nos bras. Il vaut mieux mourir une fois ou conserver sa vie que de se consumer en vain près des vaisseaux dans une mêlée terrible contre des hommes moins braves que nous.

Ces paroles inspirent à chacun force et courage. Hector tua Schédios fils de Périmède chef des Phocéens ; Ajax tua Laodamas, chef des fantassins : il était fils d'Anténor ; Polydamas dépouilla Otos le Cyllénien, compagnon du fils de Phylée et chef des Épéens au grand courage. Mégès ayant vu Polydamas, s'élança sur lui : Polydamas s'esquiva de côté et Mégès le manqua ; Apollon ne permit pas que le fils de Panthoos fût dompté parmi les premiers combattants : le coup porta contre la poitrine de Croismos, lequel fit du bruit en tombant, et Mégès le dépouilla de ses armes. Pendant ce temps, Dolops, habile à combattre avec la lance, s'élança sur Mégès ; Dolops était fils de Lampos et Lampos l'était de Laomédon ; il frappa Mégès au milieu du bouclier, mais sa cuirasse épaisse, formée de lames bombées, le protégea. Phylée l'avait jadis apportée d'Éphyre, près du fleuve Selléis. Euphète, son hôte, roi des hommes, la lui donna pour la porter dans le combat et le protéger contre les ennemis ; cette cuirasse repoussa la mort loin du corps de son fils. Mégès porta un coup de lance à Dolops au sommet du casque d'airain à l'épaisse crinière de cheval, il brisa l'aigrette, laquelle, brillante de pourpre, tomba dans la poussière. Tandis que Mégès persistait à combattre contre Dolops et qu'il espérait la victoire, Ménélas vint encore pour le défendre. S'étant caché, il se tint de côté avec sa lance et en frappa Dolops derrière l'épaule ; la pointe impétueuse traversa la poitrine : Dolops tomba sur la poussière, le front en avant. Les Grecs accoururent pour lui enlever ses armes des épaules : Hector appela tous ses parents, et d'abord il interpella vivement le courageux Ménalippos, fils d'Hicétaon ; jusque-là Ménalippos avait fait paître dans Percote ses bœufs aux pieds traînants avant l'arrivée des Grecs devant Troie ; mais lorsque leurs vaisseaux parurent, il s'en alla dans Ilion et se distingua parmi les Troyens ; il habitait près de Priam, et celui-ci le chérissait à l'égal de ses enfants ; Hector l'interpellant vivement :

– N'avons-nous plus de courage, Ménalippos ? Et ton cœur n'est-il pas ému de la mort de ton cousin ? Ne vois-tu pas avec quel acharnement ils sont occupés autour des armes de Dolops ? Suis-moi, il n'est plus besoin de combattre de loin contre les Grecs que nous ne les ayons tous tués ou qu'ils aient pris Ilion et fait périr ses citoyens.

De son côté, le grand Ajax, fils de Télamon, dit aux Argiens :

– Soyez hommes, amis, placez la pudeur dans votre cœur et respectez-vous les uns les autres dans ces mêlées terribles. Parmi les hommes qui ont de la pudeur, il y en a plus qui restent sains et saufs qu'il n'y en a de tués : il n'y a donc ni gloire ni salut pour ceux qui fuient.

Ce discours fini, les Argiens brûlaient de repousser l'ennemi ; chacun d'eux mit ces paroles dans son esprit ; ils firent de leurs armes un rempart d'airain derrière lequel ils retranchèrent leurs vaisseaux ; Zeus ranima les Troyens, et Ménélas exhorta Antilochos en ces termes :

– Antilochos, de tous les Achéens tu es le plus jeune, le plus vite à la course et le plus fort pour combattre : si tu t'élançais pour frapper quelqu'un des Troyens ?

Antilochos sauta hors des premiers combattants et jeta sa lance après avoir regardé autour de lui ; les Troyens reculèrent, le trait étant lancé ; il n'était pas vain : il frappa Ménalippos à la poitrine, près de la mamelle, comme il s'avançait au combat. Il fit du bruit en tombant et l'obscurité lui couvrit les yeux. Comme un chien accourt sur un faon blessé qu'un veneur a atteint de son trait et auquel il a délié les membres comme il bondissait hors de sa tanière : de même, Ménalippos, Antilochos s'élança sur toi pour t'enlever tes armes. Mais il n'échappa pas à Hector, lequel accourut sur lui à travers la mêlée. Antilochos ne l'attendit pas, quoiqu'il fût brave guerrier, mais il prit la fuite en tremblant, comme une bête sauvage, laquelle, après avoir tué un chien ou un bouvier auprès des bœufs, n'attend point la venue des villageois : ainsi s'enfuit le fils de Nestor ; les Troyens et Hector lançaient une multitude de traits contre lui ; il s'arrêta pour se retourner lorsqu'il fut arrivé près de ses compagnons.

Les Troyens, semblables à des lions qui mangent cru, se précipitaient sur les vaisseaux et accomplissaient les ordres de Zeus ; celui-ci ranimait toujours leur force et fascinait le cœur des Argiens ; il enlève la gloire à ceux-ci et excite le courage de ceux-là. Zeus avait résolu de donner la gloire à Hector fils de Priam, afin qu'il jetât sur les vaisseaux des Grecs un feu violent, infatigable, et qu'il accomplît la promesse funeste qu'il avait faite à Thétis : il n'attendait rien de plus que de voir de ses yeux la lueur d'un vaisseau embrasé. Dès ce moment, il repoussera les Troyens des vaisseaux et donnera la gloire aux Grecs. Dans cette pensée il pousse contre les vaisseaux Hector fils de Priam, quoique ce dernier y fût assez porté de lui-même. Hector était aussi furieux qu'Arès lorsqu'il brandit une lance, ou que le feu destructeur, lorsqu'il éclate sur les montagnes, dans les fourrés d'une vaste forêt : l'écume lui venait à la bouche, ses yeux étincelaient sous ses sourcils farouches, son casque s'agitait terriblement autour de ses tempes ; du haut de l'éther Zeus était son défenseur, il n'honorait et ne comblait de gloire que lui seul, parce qu'il n'avait plus guère de temps à vivre : Pallas Athéna hâtait pour lui le jour fatal sous les armes du fils de Pélée. Hector essayait de rompre les rangs où il voyait la plus grande foule d'ennemis et les armes les meilleures, et malgré son ardeur il ne le pouvait pas. Les Grecs, s'étant serrés ainsi qu'une tour, soutenaient son attaque ; tel un vaste rocher escarpé soutient près de la mer blanchissante les courants rapides des vents qui sifflent et des flots énormes qui se heurtent contre lui, tels les Grecs attendaient de pied ferme les Troyens sans en être effrayés. Hector, comme un feu, s'élança sur la foule et il tomba dessus, comme un flot violent, gonflé par les vents qui soufflent des nuages, tombe sur un vaisseau rapide : celui-ci tout entier a été couvert d'écume et le souffle terrible du vent frémit sur la voile ; les matelots craignent et tremblent ; ils sont portés sur une planche qui les sépare de la mort : tel le cœur des Achéens était ballotté dans leurs poitrines. Comme un lion affamé, lequel rencontre des génisses paissant en foule dans l'herbage d'un grand marais : au milieu d'elles est le pâtre, qui ne serait pas assez habile dans un combat contre une bête sauvage pour l'empêcher d'égorger une génisse ; il marche toujours auprès des premières et des dernières ; le lion s'étant lancé sur celles du milieu en dévore une, et les autres fuient de peur : de même les Achéens prirent la fuite, effrayés d'une manière prodigieuse par Hector et Zeus. Hector tua un seul guerrier, Périphète de Mycènes, fils chéri de Coprée, qui venait porter à Hercule un message du roi Eurysthée : Périphétès était un bon fils né d'un bien mauvais père, sur lequel il l'emportait par différentes qualités, sa vitesse à la course et sa bravoure dans les combats ; il fut, quant à la prudence, parmi les premiers des Mycéniens ; ce fut lui qui donna de la gloire à Hector. S'étant retourné en arrière, il se heurta contre le bord de son bouclier qui lui descendait jusqu'aux pieds et lui servait de rempart contre les traits ; il s'embarrasse dans cette armure, tombe à la renverse, et son casque retentit effroyablement dans sa chute. Hector s'en aperçut et, courant à lui, il lui enfonça sa lance dans la poitrine et le tua près de ses compagnons chéris. Ceux-ci ne pouvaient le secourir, car malgré leur douleur ils craignaient beaucoup Hector.

Ils avaient leurs vaisseaux en face, et ceux qui les premiers avaient été tirés au rivage les entouraient : les Troyens les y suivirent. Les Grecs leur cèdent cette ligne et font résistance plus loin, auprès des tentes ; et ils ne les quittent pas pour se disséminer dans le camp, la honte et la crainte les retenaient ; ils s'appelaient les uns les autres en criant. Nestor de Gérémie, leur appui surtout dans les moments difficiles, suppliait chacun d'eux au nom de ses parents :

– Soyez hommes, ô mes amis, et pénétrez bien votre cœur que nous ne devons pas être un sujet de honte devant les hommes : souvenez-vous chacun de vos enfants, de vos femmes, de vos biens et de vos parents, et de ceux qui vivent et de ceux qui sont morts. Moi je vous supplie ici, au nom de ceux qui ne sont pas présents, de tenir ferme et de ne pas songer à la fuite.

Ces paroles excitent la force et le courage de chacun. Et Athéna écarta de leurs yeux le nuage obscur répandu par un dieu : la lumière leur vint des deux côtés, et du côté des vaisseaux et du côté du combat. Ils aperçurent Hector et ses compagnons, et ceux qui restaient à l'écart par-derrière et ne combattaient pas, et ceux qui soutenaient le combat auprès des vaisseaux.

Ajax ne voulut plus se tenir où les Grecs s'étaient retirés : marchant à grands pas, il parcourait les tillacs des vaisseaux et maniait dans ses mains une grande perche de combat naval, assemblée avec des clous et longue de vingt-deux coudées. Lorsqu'un homme, sachant bien monter à cheval, attache de front quatre chevaux qu'il choisis, leur ayant fait parcourir la plaine avec rapidité, il les pousse à travers la route publique vers une grande ville ; les hommes et les femmes l'admirent ; tandis que ses chevaux volent, lui, toujours d'aplomb, saute tantôt sur un cheval, tantôt sur un autre ; tel, marchant à grands pas, allait Ajax sur les nombreux tillacs des vaisseaux : sa voix terrible montait jusqu'au ciel, il criait aux Grecs de défendre leurs vaisseaux et leurs tentes. Hector ne restait pas oisif entre les siens : comme l'aigle couleur de feu fond sur une foule d'oiseaux ailés, d'oies, de grues ou de cygnes au long cou paissant près d'un fleuve, de même Hector s'élança contre un vaisseau à la proue azurée ; Zeus le poussa par-derrière de sa main puissante et anima les Troyens avec lui.

La mêlée s'échauffa derechef auprès des vaisseaux ; on eût dit qu'ils se rencontraient pour la première fois tant ils combattaient avec impétuosité. Ils étaient animés d'une pensée différente : les Achéens pensaient qu'ils n'échapperaient pas de leur défaite et qu'ils y périraient ; les Troyens espéraient qu'ils brûleraient les vaisseaux et qu'ils tueraient les héros achéens. Ainsi se combattaient Troyens et Argiens chacun suivant sa croyance.

Hector saisit par la poupe un beau vaisseau qu'amena Protésilas à Troie, mais qu'il ne reconduisit pas dans sa patrie. Là, les deux partis, en se disputant ce vaisseau, s'entretuaient : et ils ne s'attaquaient pas de loin à coups de flèches ou de javelots, mais ils étaient aux mains à coups de haches, de cognées, de longues épées et de lances à deux tranchants. Belles épées à monture noire et à forte poignée tombaient à terre, les unes des mains, les autres des épaules des combattants ; la terre noire ruisselait de sang.

Depuis qu'Hector eut pris le vaisseau par la poupe, il ne le lâchait pas, mais il le tenait avec ses mains par la partie supérieure de la poupe, exhortant ainsi les Troyens :

– Apportez le feu et, ayant serré vos rangs, ranimez le combat ; maintenant Zeus nous donne un jour qui compense tous nos maux, un jour où nous prendrons ces vaisseaux qui, étant venus ici malgré les dieux, nous ont causé beaucoup de maux, par la lâcheté des vieillards qui m'empêchaient de combattre et retenaient l'armée. Zeus alors aveuglait nos esprits, et maintenant c'est lui qui nous excite et nous exhorte.

Ces paroles les font aller contre les Grecs avec plus d'ardeur. Ajax ne pouvait plus soutenir le choc, car il était accablé de traits ; pensant qu'il allait mourir, il se retirait quelque peu vers le banc des rameurs, long de sept pieds, abandonnant le tillac. Il faisait le guet et avec sa lance écartait des vaisseaux celui des Troyens qui voulait y porter le feu ; de sa voix terrible, exhortant les Grecs, il s'écriait :

– Amis, héros grecs, serviteurs d'Arès, soyez hommes, amis, et souvenez-vous de votre valeur impétueuse. Pensez-vous que nous avons derrière nous des défenseurs ou quelque mur plus solide qui pourrait nous préserver de la mort ? Nous n'avons pas une ville munie de tours dans laquelle nous pourrions nous défendre et dont le peuple ferait changer la victoire : nous sommes ici loin de la terre de la patrie, acculés au rivage de la mer, dans la plaine des Troyens aux fortes cuirasses. C'est pourquoi votre salut est dans vos mains, et non dans la faiblesse de votre attaque.

Furieux, il poursuit les Troyens avec sa lance. Et celui d'entre eux qui pour plaire à Hector portait le feu sur les vaisseaux, il le frappait ; douze d'entre les Troyens furent ainsi étendus devant les vaisseaux.

Chant XVI

Patrocle

Tel était le combat engagé pour le vaisseau de Protésilas. Patrocle arriva près d'Achille : il versait de chaudes larmes, comme une source aux eaux noires verse son eau du haut d'une roche escarpée. Achille, le voyant, en a pitié et lui dit :

— Pourquoi pleures-tu, Patrocle, comme une petite fille qui court après sa mère, la tirant par sa robe et l'arrêtant afin qu'elle la porte entre ses bras : elle la regarde tant qu'elle la prenne. Tu fais de même, Patrocle, tu verses une tendre larme. As-tu quelque chose à dire aux Myrmidons ou bien à moi-même ? Quelqu'un t'a-t-il appris quelque nouvelle de Phthie ? Cependant on dit que Ménoetios fis d'Actor et Pélée fils d'Éaque vivent encore chez les Myrmidons : certes, nous aurions lieu de nous affliger de leur mort. Plaindrais-tu les Argiens parce qu'ils sont domptés près de leurs vaisseaux et expient ainsi l'injure qu'ils m'ont faite ? Parle, ne me cache rien, afin que je sache comme toi la cause de ta douleur.

Alors, en gémissant profondément, Patrocle, tu dis à Achille :

— Achille, fils de Pélée, n'en sois pas indigné : tel est le deuil qui frappe les Achéens : les meilleurs d'entre eux, Diomède, Ulysse et Agamemnon, blessés de loin ou de près, gisent dans leurs vaisseaux : Eurypyle a été atteint à la cuisse par une flèche. Des médecins qui connaissent beaucoup de remèdes sont occupés autour d'eux et guérissent leurs blessures : mais ta colère, Achille, est inflexible. Que cette colère que tu nourris ne me saisisse jamais ! Brave pour le malheur des autres, à qui porteras-tu secours dans la suite si tu ne détournes des Achéens la ruine qui les menace ? Barbare ! Pélée ne fut jamais ton père, ni la déesse Thétis ta mère : l'océan et les rochers escarpés t'ont engendré, car ton cœur est impitoyable. Est-ce ainsi que tu voudrais rendre vain quelque oracle des dieux ? Ta mère t'aurait-elle fait part d'un nouvel ordre de Zeus ? Quoi qu'il en soit, envoie-moi de suite avec les Myrmidons pour voir si je ne serai pas le salut des Grecs. Donne-moi tes armes, peut-être les Troyens me prenant pour toi cesseront la guerre, et les Achéens épuisés respireront : peut-être y aura-t-il un court relâche. Frais, nous pourrons facilement repousser vers la ville des hommes fatigués.

Il parlait en imprudent, car il demandait sa mort. Achille lui répondit en gémissant :

– Hélas ! que viens-tu de me dire, Patrocle issu de Zeus ? Je ne m'inquiète guère de présage, et ma mère ne m'a rien dit de la part de Zeus : mais une douleur terrible saisit mon cœur quand je vois qu'un homme qui l'emporte sur tous par sa puissance a voulu frustrer son égal et lui enlever sa récompense. Ce qui excite le plus ma colère c'est d'avoir été déshonoré, quoique j'eusse essuyé plus de combats et de fatigues qu'aucun autre des chefs. Agamemnon m'a pris des mains, comme à un étranger sans honneur, la jeune fille que les Achéens m'avaient choisie pour récompense et que j'avais conquise à la prise d'une ville aux bons murs. Mais laissons là toutes ces choses passées : il ne faut pas toujours garder sa colère ; cependant j'avais résolu de ne m'apaiser que je n'eusse entendu de mes vaisseaux les cris du combat. Prends mes armes et conduis les Myrmidons, s'il est vrai qu'une nuée épaisse de Troyens enveloppe les vaisseaux, que les Grecs, acculés au rivage de la mer, n'ont plus derrière eux qu'un petit espace de terrain, et que la ville des Troyens, pleine de confiance, va fondre sur les Grecs avec impétuosité. C'est que les Troyens ne voient plus la lumière ni le front de mon casque ; en fuyant ils auraient rempli nos fossés de leurs cadavres si le fils d'Atrée, Agamemnon, ne m'avait pas outragé : maintenant ils assiègent l'armée après l'avoir enveloppée de toutes parts. La lance de Diomède ne s'agite plus furieuse entre ses mains pour sauver les Grecs de leur perte ; je n'entends plus le fils d'Atrée crier de sa bouche ennemie, mais la voix d'Hector retentit de tous côtés, enflammant les Troyens ; ceux-ci se sont emparés de toute la plaine après en avoir chassé les Achéens. Va donc, Patrocle, repousser cet assaut, de crainte qu'ils ne brûlent nos vaisseaux, nous ôtant ainsi le moyen de retourner dans notre patrie. Fais seulement ce que je vais te dire, et tu m'acquerras un tel honneur et une telle gloire de la part des Grecs, qu'ils me rendront la jeune fille très belle et m'offriront de beaux présents. Reviens aussitôt que tu auras chassé les Troyens des vaisseaux. Si l'époux d'Héra veut qu'ensuite tu remportes de la gloire, garde-toi de combattre sans moi contre les Troyens, autrement tu ferais retomber sur moi quelque affront. Ne va pas non plus, joyeux de la victoire, mener, en tuant les Troyens, ton armée devant Ilion : car un dieu pourrait bien descendre de l'Olympe pour combattre avec eux. Apollon a pris leur parti ; reviens donc dès que tu auras assuré le salut des vaisseaux, et laisse les autres continuer la lutte dans la plaine. Fassent Zeus père, Athéna et Apollon qu'il n'y reste pas un seul Troyen ni un seul Grec, mais que nous deux seuls échappions à la mort, afin que seuls nous détruisions les créneaux sacrés d'Ilion.

Tel fut l'entretien de Patrocle et d'Achille. Ajax ne pouvait plus résister sur les bancs de rameurs : il était accablé de traits ; c'était par la volonté de Zeus que les Troyens le domptaient ; son casque brillant rendait autour de ses tempes un son terrible ; les traits ne cessaient de frapper contre les clous bien rivés ; il était fatigué de tenir toujours ferme à l'épaule gauche son bouclier aux couleurs variées ; ceux qui l'entouraient ne pouvaient le contraindre à changer de place, quoiqu'ils le pressassent de près à coups de traits. Il était gêné par une respiration difficile ; une sueur abondante dégouttait de tous ses membres, et il en était au point de ne pouvoir plus respirer : ce n'était que peine, peine infinie.

Muses qui tenez les demeures de l'Olympe, dites-moi comment le feu tomba sur les vaisseaux des Achéens.

Hector s'étant approché frappa de son épée la lance d'Ajax et brisa le manche net au-dessous de la pointe ; Ajax, fils de Télamon, voulant brandir ce tronçon, la pointe tomba loin de lui. Il frémit en reconnaissant la main des dieux, et vit que Zeus lui ôtait tous les moyens de se défendre et qu'il voulait donner la victoire aux Troyens. Ajax se retire à l'abri des traits. Les Troyens mettent le feu au vaisseau, et aussitôt les flammes scintillent autour de la poupe. Achille, frappant ses cuisses avec ses mains, dit à Patrocle :

– Hâte-toi, Patrocle (je vois près des vaisseaux la violence du feu ennemi), de peur que les Troyens ne prennent nos vaisseaux et nous ôtent les moyens de fuir. Prends mes armes, et je rassemblerai les Myrmidons.

Patrocle prend les armes : il fixe à ses jambes de beaux jambarts à l'aide d'agrafes d'argent ; il endosse la cuirasse du fils d'Éaque, laquelle resplendissait comme un astre ; il pend à l'épaule droite son épée en écharpe : la garde était marquetée de pointes d'argent ; et à l'épaule gauche un bouclier grand et fort ; il met sur sa tête un casque artistement fait, garni d'une queue de cheval et d'un panache, lequel en s'abaissant du cimier répandait la terreur. Il prit deux fortes lances qu'il pouvait brandir aisément, mais il laissa celle d'Achille, laquelle était lourde, grande et forte. Achille seul pouvait la manier : elle avait été faite d'un frêne du Pélion que Chiron avait donné au père d'Achille pour vaindre les héros. Il ordonne à Automédon, qu'il honorait le plus après Achille, d'atteler promptement les chevaux : Automédon était le compagnon le plus sûr pour soutenir le choc dans la mêlée. Automédon amène sous le joug Xanthos et Balios qui volent aussi vite que le vent : Podarge, l'une des Harpyes, paissant dans une prairie près du courant de l'océan, les enfanta du vent Zéphyr. Il attelle de front, à côté des deux autres, Pédase, cheval qu'amena d'Éétion le fils de Pélée lorsqu'il eut pris cette ville : ce cheval mortel marchait de front avec deux chevaux immortels.

Achille parcourt toutes les tentes et fait prendre les armes aux Myrmidons. Tels des loups mangeurs de chair crue, dans la poitrine desquels gît une force immense, déchirent un grand cerf après l'avoir tué sur les montagnes : leur mâchoire à tous s'est rougie de sang ; ils vont en troupe vers une source aux eaux noires, pour en laper l'eau à la surface avec leurs langues effilées et y laver en même temps le sang figé à leur gueule ; leur cœur est intrépide et leur ventre devient étroit : tels les chefs et les princes des Myrmidons s'empressent autour du brave serviteur du fils d'Éaque, lequel se tenait au milieu d'eux excitant les chevaux et les hommes armés de boucliers.

Achille avait amené vers Troie cinquante vaisseaux montés chacun par cinquante hommes : il en avait confié le commandement à cinq chefs sur lesquels il exerçait un pouvoir suprême. Ménesthios, fils de Sperchios fleuve issu de Zeus, était chef d'une ligne : la fille de Pélée, la belle Polydore, s'étant unie à un dieu, l'avait enfanté à Sperchios, d'autres disent à Boros, fils de Périérès, qui l'épousa publiquement après lui avoir donné des présents immenses. Eudore au grand courage commandait une autre ligne : Eudore, né d'une jeune fille, Polymèle, fille de Phylas, remarquable dans les chœurs de danse. L'ayant vue danser dans un chœur d'Artémis à l'arc d'or, le puissant meurtrier d'Argos l'aima. Aussitôt, parvenu à l'étage supérieur de la maison, Hermès coucha en secret avec elle et en eut un fils illustre, Eudore, brave guerrier et agile à la course. Lorsque Ilithye, qui préside aux enfantements, l'eut amené à la lumière et que lui-même eut vu les rayons du soleil, Échéclès fils d'Actor, emmena Polymèle dans sa maison après lui avoir fait des présents sans nombre : le vieillard Phylas éleva et soigna bien Eudore, lui témoignant autant d'amour que s'il eût été son fils. Pisandre commandait la troisième ligne : Pisandre fils de Maïmalos, lequel était le premier parmi tous les Myrmidons après le compagnon du fils de Pélée pour combattre à la lance. Le vieillard Phénix était chef de la quatrième ligne, et Alcimédon, fils de Laercès, chef de la cinquième. Lorsqu'Achille eut placé tous les hommes avec leurs chefs et qu'il les eut mis tous en bon ordre, il leur adressa ces paroles dures :

– Myrmidons, qu'aucun de vous n'oublie les menaces que vous faisiez aux Troyens pendant que j'étais en colère, et les reproches que vous m'adressiez : « Cruel, fils de Pélée, ta mère t'a donc nourri de fiel, impitoyable ! toi qui retiens près de tes vaisseaux tes compagnons malgré eux. Retournons dans notre patrie sur ces vaisseaux qui traversent les mers, puisqu'une colère funeste est tombée dans ton cœur. » Vous vous réunissiez pour me répéter souvent ces paroles : maintenant apparaît la grande œuvre du combat que vous désiriez tout à l'heure. Que celui d'entre vous qui porte un cœur courageux combatte contre les Troyens.

Ces paroles animèrent la force et le courage de chacun : les rangs se serrèrent encore davantage lorsqu'ils eurent entendu leur roi. Lorsqu'un homme agence des pierres pour élever le mur d'une haute maison et qu'il joint ces pierres en les serrant fortement les unes contre les autres afin que la maison puisse résister à la violence des vents : tels étaient unis étroitement et les casques et les boucliers relevés en bosse ; le bouclier serrait le bouclier, le casque, le casque, l'homme, l'homme ; les casques à crinière de cheval des guerriers qui penchaient la tête se touchaient par les cônes brillants, tant les hommes se serraient les uns contre les autres. En face d'eux tous, deux hommes, Patrocle et Automédon, n'ayant qu'un même cœur, s'armaient pour combattre à la tête des Myrmidons. Achille retourne dans sa tente, ouvre un beau coffre artistement fait, que Thétis aux pieds d'argent, sa mère, avait mis dans son vaisseau, et qu'elle avait bien rempli de tuniques, de manteaux qui protègent contre le vent, et de tapis moelleux. Il y avait aussi une coupe artistement élaborée, dans laquelle aucun autre que lui ne buvait le vin noir, et dont seul il ne se servait que pour faire des libations à Zeus. Il la prit dans le coffre, la purifia par le soufre, la rinça dans un beau courant d'eau ; lui-même se lava les mains et puisa le vin ; ensuite, se tenant au milieu de l'enceinte, il priait et offrait des libations, les yeux levés vers le ciel : il n'échappa pas aux regards de Zeus qui se réjouit au bruit de la foudre ; lorsqu'il dit :

– Zeus souverain, Dodonéen, Pélasgique, qui habite loin d'ici, roi de Dodone aux froids hivers où habitent les Selles, interprètent de tes oracles, prêtres qui ne sortent jamais de ton temple et n'ont d'autre lit que la terre ; autrefois tu as entendu ma parole, tu m'as honoré et tu as dompté les Grecs ; exauce encore ce vœu : je reste ici près de mes vaisseaux, mais j'envoie mon compagnon pour combattre à la tête des Myrmidons. Donne-lui de la gloire, Zeus, qui retentit au loin : affermis son cœur afin qu'Hector sache que notre serviteur sait combattre sans moi et que ses mains terribles ne sont pas seulement furieuses lorsque je vais avec lui au combat. Puis, lorsqu'il aura repoussé les ennemis loin des vaisseaux, qu'il revienne intact avec toutes mes armes et ses compagnons.

Zeus entendit sa prière ; il lui donne une chose et lui refuse l'autre : il accorde à Patrocle de repousser les Troyens loin des vaisseaux des Grecs, mais il ne lui permet pas de revenir sain et sauf du combat. Achille retourna derechef dans sa tente, renferma la coupe dans son coffre, et se tint devant sa tente pour regarder la mêlée terrible des Troyens et des Achéens.

Les Myrmidons s'avancent en bon ordre avec Patrocle jusqu'au moment où ils s'élancent avec un grand courage sur les Troyens. Aussitôt ils se répandent çà et là, semblables aux guêpes qui volent par les chemins où elles ont leurs logettes, lorsqu'elles sont irritées et agacées par des enfants imprudents : ceux-ci attirent leur vengeance sur quelque passant qui les touchera sans le vouloir ; alors, furieuses, elles se précipiteront sur lui pour défendre leurs petits : avec le même courage les Myrmidons se répandaient dans les vaisseaux ; un cri terrible s'était élevé. Patrocle exhortait ses compagnons :

– Myrmidons, compagnons d'Achille fils de Pélée, soyez hommes, amis, et souvenez-vous de votre valeur impétueuse, afin qu'Achille, le plus valeureux des Grecs, et nous qui sommes ses serviteurs, en retirions de la gloire, et qu'Agamemnon reconnaisse la faute qu'il a commise en outrageant le plus vaillant des Achéens.

Ces paroles excitèrent la force et le courage de chacun. Ils tombèrent comme une masse compacte sur les Troyens, et les vaisseaux retentirent du cri terrible poussé par les Achéens.

Les Troyens ayant vu le fils courageux de Ménoetios et son serviteur, tous deux couverts d'armes resplendissantes, leur cœur fut ému à tous et leurs phalanges ébranlées ; ils croyaient qu'Achille avait refréné son ire et qu'il était rentré dans l'amitié d'Agamemnon. Ils regardaient par où chacun d'eux pourrait éviter le péril qui le menaçait.

Le premier, Patrocle, jeta sa lance contre un groupe de Troyens qui s'étaient réfugiés en désordre à la poupe du vaisseau de Protésilas : il frappa Pyrechme, lequel amena d'Amydon, sur le bord de l'Axius au large cours, les Péoniens cavaliers ; il le frappa à l'épaule droite, et Pyrechme tomba à la renverse dans la poussière en gémissant. Les Péoniens furent effrayés, car Patrocle leur inspira de la crainte, ayant tué leur chef qui excellait à combattre. Patrocle repoussa les Troyens des vaisseaux et éteignit le feu : le vaisseau n'était qu'à demi consumé ; les Troyens s'enfuirent en tumulte, et les Grecs se répandirent sur les tillacs de leurs vaisseaux au milieu d'un bruit épouvantable. Lorsque Zeus écarte un nuage épais du sommet d'une haute montagne, alors apparaissent toutes les éminences et les promontoires et les vallées et l'éther immense qui s'est fendu du haut du ciel : ainsi les Grecs respirèrent après avoir fait cesser le feu ennemi ; cependant le combat n'était pas fini. Loin d'être entièrement chassés des vaisseaux par les Argiens, les Troyens résistaient encore et ne se retiraient peu à peu que contraints par la force.

La bataille étant dispersée, chaque chef achéen tua un chef troyen. D'abord le fils de Ménoetios frappa d'un coup de lance Aréilyce à la cuisse, comme il se retournait ; le fer traversa de part en part et brisa l'os : Aréilyce tomba sur la face. Ménélas blessa Thoas, lui ayant mis la poitrine à découvert près du bouclier, et lui délia les membres. Le fils de Phylée, Mégès, épiant Amphiclos qui s'élançait sur lui, le prévint ; il le frappa à l'extrémité de la jambe, où le gros muscle est recouvert de chair : les nerfs furent coupés tout autour par la pointe de la lance, et un nuage obscur lui couvrit les yeux. L'un des fils de Nestor, Antilochos, blessa Atymnios et lui enfonça sa lance à travers les flancs ; Atymnios tomba devant lui. Maris, irrité de la mort de son frère Atymnios, se précipite sur Antilochos, puis se tient ferme près du corps ; Thrasymède, frère d'Antilochos, prévient Maris au moment où il allait frapper Antilochos : il ne le manque pas à l'épaule, dont il détache le bras, coupant le muscle et brisant l'os ; Maris fit du bruit en tombant, et un nuage sombre lui couvrit les yeux. Ainsi deux frères, fils d'Amisodare, lesquels étaient deux braves compagnons de Sarpédon et habiles à lancer le javelot, furent domptés par deux frères et allèrent dans l'Érèbe ; leur père, Amisodare, nourrissait la Chimère indomptable, laquelle est le fléau d'un grand nombre de mortels. Ajax fils d'Oïlée, s'étant jeté avec fureur sur Cléobule, le prit vivant, comme il était embarrassé au milieu de la foule : Ajax lui perça la gorge d'un coup d'épée ; l'épée tout entière devint chaude de sang, la mort sombre et la destinée violente lui voilèrent les yeux. Pénélée et Licon coururent l'un sur l'autre ; ils se manquèrent à la lance et s'assaillirent en vain à coups de traits : ils en vinrent aux épées. Lycon frappa le cône du casque et l'épée se rompit près de la poignée ; Pénélée atteignit Lycon près du cou sous l'oreille, l'épée pénétra de part en part et la tête ne tint plus qu'à la peau : les ténèbres de la mort enveloppèrent Lycon. Mérion frappa à l'épaule droite Acamas qui montait sur son char : Mérion avait atteint Acamas à la course ; celui-ci tombe de son char et l'obscurité se répand sur ses yeux. Idoménée perce Érymas à la bouche ; le fer pénétrant par-devant traverse sous le cerveau : il brise les os, ébranle les dents, et ses yeux sont remplis de sang ; il en vomit par la bouche qu'il tenait ouverte et par les narines ; le nuage sombre de la mort l'enveloppa tout entier.

146

Ainsi chacun des chefs grecs tua un chef troyen. Comme des loups se ruent sur les chevreaux ou les moutons lorsqu'ils broutent éparpillés çà et là par le manque de vigilance des bergers, de même les Grecs assaillirent les Troyens et les mirent en fuite sans que ceux-ci se souvinssent de leur valeur impétueuse.

Ajax désirait toujours lancer son javelot contre Hector : mais celui-ci, mettant à usage sa pratique de la guerre, avait couvert ses larges épaules d'un bouclier fait de peaux de bœufs pour écouter le sifflement des flèches et le bruit des javelots. Il n'ignorait pas que la victoire ne penchait plus de son côté, mais il n'en restait pas moins au milieu de ses compagnons pour les défendre. Telle en un jour serein s'élève une nuée chassée de l'Olympe vers le ciel, lorsque Zeus propage la tempête, de même les Troyens s'enfuirent des vaisseaux avec bruit et clameurs. Ce n'était pas en ordre qu'ils revenaient sur leurs pas : les chevaux d'Hector l'emportaient avec ses armes : il abandonnait les Troyens forcés de s'arrêter au fossé ; là les rois étaient abandonnés sur des chars auxquels les chevaux avaient brisé le timon ; Patrocle, poussant des cris, dirigeait son char vers la foule des ennemis en désordre : ceux-ci tombaient sous les essieux, et les chars étaient culbutés avec fracas. Les chevaux immortels que Pélée avait reçus des dieux sautèrent droit par-dessus le fossé, s'élançant à la poursuite d'Hector que Patrocle désirait frapper. Lorsqu'en un jour d'automne la terre est enveloppée de nuages orageux et que Zeus fait tomber la pluie par torrents, indigné contre ces hommes qui dans une assemblée publique rendent méchamment des jugements pervers et chassent la justice sans s'inquiéter de la vengeance des dieux, les fleuves gonflés se débordent, les torrents coupent les collines et mugissent en coulant du sommet des montagnes dans la mer de pourpre, les semailles se dispersent çà et là : de même gémissaient en fuyant les cavales troyennes.

Patrocle, en rompant les premières phalanges, les tournait vers les vaisseaux de manière qu'elles ne pussent retourner vers la ville ; et pour ne pas enfreindre plus longtemps l'ordre d'Achille, c'est entre le Simoïs, les vaisseaux et le mur qu'il frappe un grand nombre de Troyens, comme compensation de la perte des Grecs tués précédemment. Il porte un coup à Pronoos dans la poitrine, au défaut du bouclier, et lui délie les membres ; Pronoos fit du bruit en tombant. Il s'élance une seconde fois et frappe Thestor, fils d'Énops (Thestor était assis tout ramassé sur son siège lorsqu'il fut atteint ; les rênes s'échappèrent de ses mains) ; Patrocle lui avait percé la joue et traversé les dents et, le prenant par la lance, il le tirait au-dessus de la rampe du char : comme un homme assis sur un rocher enlève de la mer un poisson sacré avec un fil armé d'airain. Ainsi Patrocle tirait du char Thestor ayant la bouche ouverte, et il le jeta la face contre terre ; là le dernier souffle l'abandonne. Comme Éryale s'élançait sur lui, il l'atteint d'un coup de pierre au milieu de la tête et la lui fend en deux dans le casque ; Éryale tombe la tête en avant, et la mort qui détruit la vie se répand autour de lui. Ensuite il approche de la terre féconde tous les uns sur les autres : Érymas, Amphotéros, Épalte, Tlépolème fils de Damastor, Échios, Pyris, Iphée, Évippe, et Polymèle fils d'Argéas.

Mais Sarpédon voyant que ses compagnons étaient domptés par les mains de Patrocle fils de Ménoetios, exhorta les Lyciens en les gourmandant en ces termes :

– Où fuyez-vous, Lyciens ? Quelle honte pour vous ! Soyez braves à ce moment. Je vais à la rencontre de cet homme qui l'emporte sur nous : il a fait de nombreux ravages dans nos rangs en tuant beaucoup de nos vaillants guerriers.

Comme il achevait de parler, il sauta de son char à terre avec ses armes. Dès que Patrocle le vit, il s'élança de son siège. Tels deux vautours aux serres recourbées, au bec crochu, se combattent en jetant de grands cris sur un rocher élevé : tels ces deux guerriers se précipitèrent l'un sur l'autre. Zeus eut pitié d'eux en les voyant et dit à Héra, sa sœur et son épouse :

– Hélas, pourquoi le destin veut-il que Sarpédon, lequel m'est le plus cher des hommes, soit dompté par Patrocle fils de Ménoetios ! Mon cœur flotte entre deux pensées : enlèverai-je du combat source de pleurs Sarpédon encore en vie, pour le porter au milieu du riche peuple de la Lycie, ou le dompterai-je sous les mains du fils de Ménoetios ?

– Que dis-tu, fils de Cronos ? répond Héra. Penses-tu délivrer de la mort celui que le destin a rendu mortel depuis longtemps ? Fais-le, si tu le trouves bon, mais les autres dieux ne s'y accorderont jamais. Je te dirai autre chose : Si tu envoies dans sa maison Sarpédon encore vivant, il n'est pas un des dieux qui ne veuille éloigner son fils de la mêlée terrible. Plusieurs des immortels que tu mettras dans une colère fâcheuse ont des fils qui combattent autour de la ville de Priam. Si tu chéris Sarpédon et que tu le prennes en pitié, laisse-le dompter par les mains de Patrocle ; et lorsque l'âme et la vie l'auront abandonné, fais-le porter par la Mort et le Sommeil agréable jusqu'en Lycie ; là, ses frères, ses amis, l'enseveliront et le mettront dans un tombeau qu'ils orneront d'une colonne : ce sont les honneurs que l'on rend aux morts.

Zeus se rend à l'avis d'Héra. Il fait tomber des gouttes de sang pour honorer son fils chéri que Patrocle devait tuer près des murs de Troie, loin de sa patrie.

Patrocle et Sarpédon étaient déjà l'un près de l'autre, lorsque Patrocle frappa au bas ventre Thrasymèle écuyer de Sarpédon, et lui délia les membres. Sarpédon, s'étant élancé le second, manqua Patrocle, mais il atteignit à l'épaule droite le cheval Pédase, lequel hennit en exhalant le souffle de la vie. Et il tombe, jette un cri, et le souffle de la vie s'envole. Les deux autres chevaux se jettent de côté, le joug craque, les rênes se mêlent les unes aux autres, parce que le cheval de droite, premier de front, gisait dans la poussière. Automédon ne fut pas lent à mettre fin à cet embarras : il coupe les traits du cheval, et les deux autres s'élancent tout droit. Les deux guerriers recommencent le combat.

Sarpédon manque une seconde fois Patrocle, le fer passant par-dessus l'épaule gauche sans la toucher ; ensuite Patrocle s'élance : le trait qui s'échappe de sa main n'est pas inutile, il frappe Sarpédon à l'endroit où le diaphragme resserre le cœur. Sarpédon tombe ; comme un chêne, un peuplier blanc ou un pin que des ouvriers ont coupé sur des montagnes avec des haches nouvellement aiguisées pour en faire la coque d'un navire : ainsi gît-il étendu devant ses chevaux et son char, grinçant des dents, serrant dans ses mains une poussière sanglante. Lorsqu'un lion survient dans un troupeau et qu'il y tue un taureau ardent, magnanime, parmi les bœufs au pas traînant, le taureau périt sous la mâchoire du lion en gémissant : tel le chef des Lyciens même en mourant s'irritait encore contre les ennemis ; il appela son compagnon chéri :

– Cher Glaucos, brave guerrier, c'est maintenant qu'il faut montrer ton courage et combattre avec audace ; ne songe qu'à la guerre terrible, si tu es toujours vaillant. Excite d'abord les chefs des Lyciens, en les appelant de tous côtés, à venir combattre autour de Sarpédon ; et combats toi-même près de moi, car je serai tous les jours pour toi un objet de honte et d'opprobre si, tombé dans le combat des vaisseaux, les Achéens me dépouillent de mes armes. Tiens ferme et anime tout ton peuple.

En parlant ainsi, la Moire lui ferma les yeux et la bouche. Patrocle, lui mettant le pied sur la poitrine, tira sa lance de son corps ; le diaphragme la suivait ; il arracha en même temps et l'âme de Sarpédon et la pointe de la lance. Les Myrmidons retinrent les chevaux haletants qui désiraient s'enfuir après que les chars des rois eurent été abandonnés.

Une vive douleur s'empara de Glaucos entendant la voix de Sarpédon, et son cœur était troublé de ne pouvoir le défendre. Il se pressait le bras pour rendre moins cuisante la douleur de sa blessure : celle qu'il avait reçue en sautant sur le mur ; Teucer l'avait frappé d'un trait pour sauver ses compagnons. Il dit à Apollon en le priant :

– Écoute, dieu souverain, que tu sois en Lycie ou dans Ilion, tu peux entendre partout un homme affligé et connaître la douleur que je ressens. J'ai reçu une forte blessure : je souffre à la main des douleurs aiguës, et je ne puis étancher mon sang ; mon épaule est engourdie ; je n'ai plus assez de force pour maintenir ma lance ni pour combattre. Le plus brave guerrier, Sarpédon, fils de Zeus, a péri, et celui-ci ne porte pas secours à son fils. Mais toi, dieu souverain, guéris ma blessure, calme mes douleurs, donne-moi de la force afin qu'en exhortant les Lyciens, mes compagnons, je les excite à combattre et que je combatte moi-même autour du corps de Sarpédon.

Apollon l'entendit. Aussitôt il fit cesser ses douleurs, sécha le sang noir de sa blessure et inspira de la force dans son cœur. Glaucos s'en aperçoit et se réjouit de ce que le dieu avait si vite exaucé sa prière. Il s'en va de tous côtés exciter les chefs lyciens à combattre autour de Sarpédon. Ensuite, marchant à grands pas, il se dirige vers les Troyens : Polydamas fils de Panthoos, Agénor, Énée, Hector, et leur dit :

– Hector, tu as donc oublié tes auxiliaires qui perdent la vie pour toi loin de leurs amis, de leur patrie, et tu ne veux pas les secourir. Sarpédon est étendu mort, Sarpédon, chef des Lyciens, lequel protégeait la Lycie en rendant la justice et en faisant preuve de bravoure, Arès l'a dompté par la lance de Patrocle. Montrez-nous, amis, que la vengeance anime votre cœur ; empêchez les Myrmidons irrités de la perte des Grecs que nous avons tués avec nos lances sur leurs vaisseaux, d'enlever les armes de Sarpédon et de l'outrager après sa mort.

Ces paroles frappent tout à fait les Troyens d'une douleur insupportable qui ne cède à rien ; Sarpédon était le rempart de leur ville, quoiqu'il fût étranger ; il s'était fait suivre d'un grand nombre de peuples, parmi lesquels il excellait à combattre. Les Troyens pleins d'ardeur marchèrent droit contre les Grecs : Hector, irrité de la mort de Sarpédon, était à leur tête. Patrocle, de son côté, anime les Achéens, et dit aux Ajax, déjà portés d'eux-mêmes à bien faire dans un combat :

– C'est maintenant qu'il faut que vous songiez à vous défendre comme vous avez accoutumé, et même à vous montrer plus braves que vous n'avez fait jusqu'ici. Un homme, Sarpédon, qui le premier s'élança sur le mur des Achéens, est étendu mort. Ne pourrions-nous pas nous emparer de son corps, l'outrager, le dépouiller de ses armes et dompter par la lance celui de ses compagnons qui viendrait pour le défendre ?

Animés par ces paroles, ils brûlent du désir de repousser l'ennemi. Les Troyens et les Lyciens d'un côté, et les Myrmidons et les Achéens de l'autre, ayant mis leurs phalanges en état de défense, s'avancent les uns contre les autres en jetant des cris terribles pour combattre autour du corps : on entendait le cliquetis des armes. Zeus enveloppe le champ de bataille d'un brouillard épais afin de rendre le combat plus meurtrier en l'honneur de son fils.

D'abord les Troyens firent reculer les Grecs. Parmi les Myrmidons, Épigée fils d'Aguelès, lequel n'était pas un des moindres, fut blessé ; il commandait auparavant dans Boudie ; il vint en suppliant près de Pélée et de Thétis après avoir tué un de ses parents. Thétis et Pélée l'envoyèrent à Achille pour combattre les Troyens. Comme il portait la main sur le corps de Sarpédon, Hector, d'un coup de pierre, lui fendit la tête en deux dans son casque : il tomba la tête en avant sur le corps, et la mort se répandit autour de lui. Patrocle, irrité de la mort de son compagnon, se fait jour à travers la foule des ennemis, comme fait le faucon rapide entre les geais et les étourneaux : ainsi Patrocle, porté sur ton char et irrité de la mort de ton compagnon, tu te précipitas droit contre les Lyciens et les Troyens. Il blessa Sthénélaos, fils d'Ithémène, à la nuque d'un coup de pierre, et lui rompit les nerfs. Les premiers combattants et Hector lui-même se retirèrent. Telle la portée d'un long javelot lancé par un homme qui essaie sa force dans des jeux ou dans un combat où il se trouve pressé par des ennemis acharnés : telle fut la distance à laquelle se retirèrent les Troyens repoussés par les Grecs. Parmi ceux-là, Glaucos, chef des Lyciens, se retourna le premier, et tua Bathyclée, homme illustre, fils de Chalcon, lequel habitait Hellas, et se faisait remarquer entre les Myrmidons par sa fortune et par sa richesse. Glaucos s'étant donc retourné subitement avait frappé Bathyclée en pleine poitrine, au moment où celui-ci, qui le poursuivait, était sur le point de l'atteindre : Bathyclée tomba sur la poussière, et ses armes s'entrechoquèrent dans sa chute. Les Grecs virent avec peine la perte d'un homme si courageux : les Troyens au contraire en eurent une grande joie, et, s'avançant près de Glaucos, ils se tinrent serrés autour de lui. Les Grecs ne cèdent pas, car ils se portent droit sur eux. Mérion tue Laogone, fils d'Onétor au courage audacieux, prêtre de Zeus Idéen, et honoré par le peuple comme un dieu : il l'avait atteint sous la mâchoire et sous l'oreille ; aussitôt le souffle de la vie quitta Laogone, et les horribles ténèbres l'enveloppèrent. Énée envoya sa lance contre Mérion : il espérait l'atteindre, le voyant s'avancer sous son bouclier ; mais celui-ci, regardant alors Énée de face, se pencha en avant, et évita la lance, qui s'enfonça derrière lui dans le sol : là le fer impétueux perdit sa force.

– Mérion, dit Énée fort en colère, si je t'avais frappé je t'aurais bien fait reposer pour toujours, quoique tu sois un habile danseur.

– Énée, répond Mérion, il te serait bien malaisé de l'emporter sur tous les hommes qui s'attaqueraient à toi, puisque tu es mortel comme les autres. Si je te pouvais frapper au milieu du corps, bien que tu te fies à ton courage et à la force de tes mains, tu me serais un sujet de gloire, et tu donnerais ton âme à Hadès, célèbre par ses coursiers.

Patrocle lui fit cette réprimande :

– Mérion, ces discours ne sentent point un homme vaillant comme tu es. Les Troyens ne quitteront pas le mort par des injures et avant que la terre ne recouvre quelqu'un des leurs. C'est à force de bien se servir de ses mains qu'on atteint le but de la guerre, et c'est dans une assemblée qu'on use de paroles : voilà pourquoi il faut combattre et non pas jaser.

Ayant ainsi parlé, Patrocle s'en alla suivi de Mérion. Tel s'élève et se répand au loin le tumulte que font les bûcherons en abattant du bois dans les défilés d'une montagne : tel le bruit qui jaillissait de la terre, de l'airain, du cuir et des peaux de bœufs bien arrangées, lorsque les hommes étaient frappés par l'épée et par la lance à double tranchant. Personne, même celui qui aurait la vue perçante, ne reconnaîtrait Sarpédon couvert de traits, de sang et de poussière depuis la tête jusqu'aux pieds. Telles les mouches, à la saison printanière, bourdonnent dans une étable autour des écuelles de terre, pleines de lait jusqu'aux bords : de même Troyens et Argiens combattaient autour du mort.

Zeus avait ses yeux brillants fixés sur ce combat : il délibérait en lui-même s'il permettrait qu'Hector tuât Patrocle et lui ôtât ses armes sur le corps de Sarpédon, ou s'il ferait durer plus longtemps cette terrible mêlée. Après y avoir réfléchi, ce parti lui semble le meilleur : le brave serviteur d'Achille repoussera vers la ville Hector et les Troyens, et il en tuera un grand nombre. D'abord il affaiblit le courage d'Hector, lequel monte sur son char, prend la fuite, et exhorte les Troyens à le suivre : Hector avait reconnu que l'un des plateaux de la balance sacrée de Zeus ne s'élevait plus pour lui vers le ciel étoilé. Les courageux Lyciens se retiraient effrayés, lorsqu'ils virent leur roi blessé au cœur, étendu au milieu d'une foule de morts ; beaucoup d'entre eux étaient tombés sur lui, lorsque le fils de Cronos suscita cette lutte. Les Grecs enlevèrent des épaules de Sarpédon ses armes resplendissantes, et le fils de Ménoetios les donna à ses compagnons pour les porter aux vaisseaux. Alors Zeus dit à Apollon :

— Phœbus que je chéris, va vite enlever le corps de Sarpédon hors de la portée des traits, nettoie-le du sang dont il est souillé et, après l'avoir lavé au courant du fleuve, frotte-le d'ambroisie, passe-lui des vêtements immortels, et ensuite tu le confieras aux deux conducteurs jumeaux : le Sommeil et la Mort, qui le placeront aussitôt au milieu du peuple riche de la vaste Lycie ; là ses frères et amis l'enseveliront dans un tombeau surmonté d'une colonne. Tel est le tribut dont on doit s'acquitter envers ceux qui ont quitté la vie.

Apollon obéit à l'instant à l'ordre de son père. Il descendit du mont Ida dans la plaine où se donnait la bataille, ôta le corps de Sarpédon de la portée des traits et le porta bien loin. Il le lava dans le courant du fleuve, le frotta d'ambroisie et le couvrit de vêtements immortels. Ceci fait il le remit au Sommeil et à la Mort pour le placer en Lycie.

Patrocle, donnant courage à Automédon et à ses chevaux, poursuivait les Troyens et les Lyciens : mais cette poursuite lui fut fatale. Insensé ! S'il avait obéi à l'ordre d'Achille il aurait échappé, du moins pour cette fois, à la Moire noire qui filait sa mort. Mais l'esprit de Zeus a bien plus de puissance que celui des hommes ; ce dieu inspire l'effroi à un homme courageux et lui enlève la victoire après que lui-même il l'a excité à combattre : c'est lui qui anime le cœur de Patrocle.

Quel est le premier homme, Patrocle, et quel est le dernier que tu frappas lorsque les dieux t'eurent appelé à la mort ?

Ce fut d'abord Adraste, puis Antinoos, Echélos, Périme, fils de Mégas, Epistor, Mélanippos, Elasos, Moulios et Pylartès ; il tua ceux-ci, et les autres prirent la fuite.

Et les fils des Achéens auraient pris Ilion aux portes élevées sous les mains de Patrocle, lequel s'emportait en furieux avec sa lance, si Phœbus Apollon, méditant pour lui des choses funestes et portant secours aux Troyens, ne se fût tenu sur une tour solidement bâtie. Patrocle gagna trois fois l'angle de la muraille, et trois fois Apollon l'en repoussa avec violence, frappant avec ses mains immortelles le bouclier de Patrocle. Lorsque celui-ci, semblable à un dieu, s'élança pour la quatrième fois, Apollon lui dit en jetant un cri terrible :

– Retire-toi, Patrocle, issu de Zeus, la prise de Troie ne t'est pas réservée. Troie ne doit pas tomber sous le fer de ta lance, ni même sous la force d'Achille, lequel est beaucoup plus puissant que toi.

Cette menace fit reculer Patrocle en arrière, évitant ainsi le courroux d'Apollon.

Hector était aux portes Scées : il tenait ses chevaux et se demandait si les poussant encore au combat il y retournerait avec eux, ou s'il exhorterait ses troupes à se réunir près du mur. Comme il délibérait en lui-même, Apollon vint à lui sous la ressemblance d'un homme jeune et courageux, Asios, frère d'Hécube, fils de Dymas et oncle maternel d'Hector ; il habitait en Phrygie sur les bords du Sangarios :

— Hector, dit-il, pourquoi cesses-tu le combat ? C'est ce que tu ne dois pas faire. Si les dieux ne t'avaient doué d'une force supérieure à la mienne, ton inaction te serait fatale à cet instant. Sus donc, pousse tes chevaux contre Patrocle, pour voir si Apollon te donnera de la gloire.

Ayant achevé son dire, le dieu Apollon entre derechef au milieu des combattants. Hector ordonne à Cébrion, son écuyer, de pousser ses chevaux vers le combat. Apollon, au milieu de la foule, jetait le trouble parmi les Argiens, et voulait donner la victoire aux Troyens et à Hector. Hector ne s'attachait pas aux autres Grecs, il n'en veut qu'à Patrocle. Celui-ci, sa lance dans sa main gauche, sauta de son char à terre ; il saisit une pierre blanche, raboteuse, que sa main droite serrait tout autour et, se tenant d'aplomb, il la lança ; le coup passa près d'Hector et ne fut pas vain, car il atteignit son écuyer, Cébrion, fils illégitime de Priam, comme il tenait les rênes de ses chevaux. La pierre lui enleva les deux sourcils, l'os ne put résister au choc : les deux yeux tombèrent dans la poussière aux pieds de Cébrion. Cébrion tombe de son char, comme un nageur qui fait le plongeon la tête la première, le souffle de la vie abandonne ses os. C'est alors, Patrocle, que tu lui tins ces propos moqueurs :

— Dieux, que cet homme est agile, qu'il tombe bien sur la tête ! S'il était sur mer, celle-ci fût-elle orageuse, sautant de son vaisseau pour pêcher des huîtres, il pourrait en rassasier beaucoup de convives : comme il saute légèrement de son char dans la plaine ! Il y a donc aussi des plongeurs parmi les Troyens !

Ce disant, il se jette sur Cébrion aussi impétueux qu'un lion, lequel ayant dévasté une bergerie a été blessé à la

157

poitrine, son courage l'ayant perdu : avec une telle ardeur, Patrocle, tu te précipitas sur Cébrion. Hector, de son côté, mit pied à terre. Tels deux lions affamés se disputent avec fureur, sur une montagne, une biche tuée depuis peu : ainsi les deux auteurs de ce combat qui se livrait au sujet de Cébrion, désiraient se percer le corps avec le fer de leur lance. Hector ayant pris le mort par la tête ne lâchait pas, et Patrocle le tirait par un pied ; déjà Troyens et Argiens engageaient une mêlée terrible.

Lorsque l'Euros et le Notos en s'entrechoquant dans les défilés d'une montagne ébranlent les arbres de la forêt, les branches longues des hêtres, frênes et cornouillers élancés se heurtent et se brisent avec fracas : de même en se ruant les uns sur les autres Troyens et Argiens s'entre-tuaient sans songer à prendre une fuite funeste. Traits aigus, flèches ailées lancées des cordes des arcs, étaient enfoncés autour de Cébrion ; force grosses pierres brisèrent les boucliers de ceux qui combattaient autour de lui ; lui-même, étendu sur la poussière, couvrait un grand espace de sa grande stature, et ne pensait plus guère à conduire ses chevaux.

Tant que le soleil ne dépassa pas le milieu du ciel, les deux armées se lançaient des traits qui n'étaient pas vains, et les hommes tombaient ; mais lorsqu'il inclina vers le moment de dételer les bœufs, les Achéens eurent l'avantage malgré le sort. Ils tirèrent Cébrion hors des traits et du tumulte des Troyens et lui enlevèrent ses armes.

Patrocle, méditant la perte des Troyens, fond trois fois sur eux, semblable à Arès impétueux et en jetant un cri terrible ; trois fois il tua neuf hommes. Mais lorsque, semblable à un dieu, il s'élança pour la quatrième fois, alors apparut, Patrocle, la fin de ta vie : le cruel Apollon était devant toi dans cette mêlée terrible, et tu ne l'aperçus pas à travers le tumulte s'avancer à ta rencontre couvert d'un nuage épais. Apollon se tenant derrière Patrocle le frappa du plat de la main dans le dos et sur les épaules : Patrocle est pris de vertiges. Apollon lui fait tomber le casque de la tête ; le casque à haute aigrette roule avec bruit sous les pieds des chevaux, la crinière est souillée de sang et de poussière. Avant cet échec il n'était pas permis que ce casque fût jamais décoloré ; il protégeait la tête et le front gracieux d'un homme de sang divin, d'Achille ; en ce moment Zeus le donne à porter à Hector, qui lui-même n'est pas éloigné de sa perte. La lance de Patrocle, longue, pesante, grande, solide, garnie d'airain, se brisa dans ses mains : le bouclier qui descend jusqu'aux pieds tomba de ses épaules à terre, avec le baudrier, et Apollon délia les courroies de sa cuirasse. Ses sens s'engourdirent et ses membres perdirent leur force. Il se tint debout frappé de stupeur : un Dardanien, Euphorbe, fils de Panthoos, le frappa de sa lance par-derrière, au dos, au milieu des épaules ; Euphorbe surpassait tous ceux de son âge par son adresse à manier la lance, son habileté à conduire les chars, et sa vitesse à la course ; autrefois il avait renversé vingt hommes de leurs chars, lorsqu'il vint pour la première fois apprendre à combattre : c'est lui qui te frappa, Patrocle, mais ne te dompta pas ; il courut soudain vers les siens après avoir arraché sa lance de ton corps. Il ne voulut point attendre Patrocle, encore redoutable et quoiqu'il fût dépouillé de ses armes. Patrocle, dompté par la main d'Apollon et par la lance d'Euphorbe, se retirait de nouveau dans la foule de ses compagnons pour éviter la Moire.

Hector, le voyant s'en aller ainsi blessé, se porte vers lui, le frappe avec sa lance au bas-ventre et le traverse de part en part. Il fit un grand bruit en tombant : les Grecs en ressentirent une extrême affliction. Lorsqu'un lion presse un sanglier pour le forcer à lui tenir tête, et que tous deux en viennent aux prises sur le sommet d'une montagne pour se défendre l'un à l'autre une petite source où ils veulent boire : le lion finit la lutte en couchant à terre le sanglier haletant : de même Hector enleva le souffle de la vie au fils de Ménoetios, qui tuait un grand nombre de Troyens :

– Patrocle, dit Hector en se glorifiant, tu pensais donc ravager ma ville et, après avoir ravi la liberté aux femmes troyennes, les emmener dans ta patrie : insensé ! mes chevaux rapides s'allongent des pieds pour combattre devant elles : et moi qui suis le plus habile à manier la lance parmi les Troyens belliqueux, j'écarte loin d'elles le jour de la servitude ; mais toi, les vautours te mangeront ici. Achille, tout brave qu'il est, ne t'a pas secouru, lui qui te disait sans doute en te quittant : « Ne reviens pas près de mes vaisseaux, Patrocle, monté sur ton char, avant d'avoir déchiré sur la poitrine d'Hector sa tunique ensanglantée. » C'est ainsi qu'il t'a parlé, mais fol as-tu été de t'en laisser persuader.

Patrocle, respirant à peine :

– Maintenant, Hector, réjouis-toi : Zeus et Apollon m'ont dompté sans peine, et te donnent la victoire : ce sont eux qui ont enlevé mes armes de mes épaules. Si j'avais rencontré vingt hommes tels que toi, je les aurais tous abattus avec ma lance. Mais la Destinée funeste, le fils de Latone, Apollon, et parmi les hommes, Euphorbe, m'ont tué ; toi, tu es le troisième à me frapper. Je t'avertirai bien d'une chose, et t'en ressouviens : tu ne vivras pas longtemps, la Mort et la Destinée violente se tiennent près de toi : tu vas être dompté par les mains d'Achille au grand courage, descendant d'Éaque.

Il finissait de parler que la mort l'enveloppe, et que son âme s'envolait de ses membres chez Hadès : elle déplorait son sort et l'abandon qu'elle faisait d'autant de force et de jeunesse. Hector lui dit tout mort qu'il était :

– Patrocle, pourquoi me prédis-tu ma mort ? Qui sait si le fils de Thétis à la belle chevelure, Achille, dompté

par ma lance, ne perdra pas avant moi le souffle de la vie ?

Disant ces mots, il tira sa lance de la blessure de Patrocle, lui mettant le pied sur le ventre, et repoussa le corps, qui resta couché sur le dos. Puis il va contre Automédon, écuyer d'Achille, pour le frapper ; mais les chevaux immortels que les dieux avaient donnés au fils de Pélée, emportent Automédon.

Chant XVII

Ménélas

Il n'échappe pas à Ménélas que Patrocle est dompté par les Troyens : et aussitôt, armé de son épée, il s'avance au milieu des ennemis pour le protéger. Telle une mère qui a mis bas pour la première fois, plaintive, côtoie son premier veau : ainsi Ménélas marchait autour de Patrocle. Il le couvrait de sa lance et de son bouclier, déterminé à tuer quiconque oserait l'affronter. Toutefois le fils de Panthoos ne perdait pas de vue que Patrocle était tombé, et, s'approchant de Ménélas, il lui dit :

— Ménélas fils d'Atrée, retire-toi, abandonne le mort et laisse là ces dépouilles sanglantes ; personne avant moi ni des Troyens ni de leurs auxiliaires n'a frappé Patrocle dans la mêlée terrible ; laisse-m'en donc remporter la gloire entre les Troyens, de peur que je ne te blesse ou que je ne t'arrache la vie douce comme le miel.

Indigné de la jactance d'Euphorbe, Ménélas répond :

— Zeus père souverain, est-il séant à un homme de se vanter avec autant d'orgueil ? Ni la panthère, ni le lion et le sanglier, dont la force est extrême, ne sont aussi effrontément audacieux que les fils de Panthoos. Ni plus ni moins qu'Hypérénor dompteur de chevaux n'a pas joui de sa jeunesse quand il m'injuria, et qu'il m'attendit disant que j'étais un guerrier sans courage, de même je ne pense pas que celui-ci retourne jamais de ses propres pieds réjouir sa femme et ses parents. Ose m'attendre, et j'abattrai ta fierté. Je te conseille de te retirer dans la

163

foule, si tu veux sauver ta vie : mais l'événement est le maître des sots.

Ménélas ne détourna pas Euphorbe de son dessein ; celui-ci lui répondit :

– Je vais donc venger la mort de mon frère que tu te vantes d'avoir tué ; tu as rendu veuve son épouse dans le fond de sa nouvelle chambre nuptiale, et tu as causé à ses parents un deuil et un chagrin affreux. Certes je mettrais fin à leur douleur, si rapportant ta tête et tes armes je les offrais à Panthoos et à la divine Phrontis. Mais du combat résultera bientôt la victoire ou la fuite.

Achevant de parler, il frappe Ménélas au bouclier : la pointe de la lance se rebouche sur l'airain ; au même temps Ménélas, adressant ses vœux à Zeus, s'élance sur Euphorbe qui se retire en arrière, l'atteint au fond de la gorge, et appuie fortement pour augmenter la force du coup : la pointe de la lance traverse le cou de part en part. Euphorbe tombe et ses armes s'entrechoquent dans sa chute. Ses cheveux semblables à ceux des Grâces, et ses tresses qui avaient été fixées avec l'or et l'argent, sont mouillés de sang. Tel le rejeton d'un olivier qu'élève un homme dans un lieu solitaire et auprès d'une source jaillissante s'élance superbe et orné d'une belle chevelure : agité par le souffle des vents il se couvre de fleurs blanches : soudain un tourbillon l'arrache de son trou et l'étend sur la terre : de même Euphorbe fils de Panthoos, lorsque Ménélas l'eut tué et lui eut enlevé ses armes.

Lorsqu'un lion nourri sur une montagne ravit la plus belle génisse d'un troupeau qu'il trouve paissant : l'ayant saisie avec ses dents, il lui brise le cou, la met en pièces, puis avale le sang et dévore les entrailles : les chiens et les bergers crient de loin et n'osent approcher parce qu'ils sont saisis de crainte : de même aucun Troyen n'osait s'avancer contre Ménélas. Aussi eût-il facilement ôté les armes au fils de Panthoos, si Phœbus Apollon, lui enviant cette gloire, ne fût allé trouver Hector et, sous la forme de Mentès chef des Ciconiens, ne lui eût proféré ces paroles :

– Hector, tu poursuis ce que tu ne peux atteindre : les chevaux du belliqueux fils de Pélée ; il est presque impossible à tout autre mortel, si ce n'est à Achille qu'une mère immortelle enfanta, de les dompter et de les monter. Et pendant ce temps Ménélas prenant la défense de Patrocle a tué le plus courageux des Troyens, Euphorbe.

Apollon lui ayant dit ces paroles, retourne dans la mêlée. Une douleur terrible s'empare de l'âme d'Hector. Il jette les yeux sur les rangs, et reconnaît aussitôt Ménélas enlevant les armes du corps d'Euphorbe étendu sur le sable : le sang coulait de la blessure. Il s'avance vers les premiers rangs, semblable à la flamme d'Héphaïstos que rien ne peut éteindre, et poussant des cris aigus ; ces cris sont entendus de Ménélas, qui s'en émeut et dit en lui-même :

– Malheur à moi, si je laisse Patrocle mort ici pour venger mon honneur et que j'abandonne ses armes divines ; il est à craindre que celui des Grecs qui m'aura vu ne s'indigne contre moi. Si pour ne pas encourir cette honte je reste pour combattre seul contre Hector et les Troyens, ils m'envelopperont : car Hector amène ici tous les siens. Mais à quoi bon discourir ainsi en moi-même ? Est-ce que toutes les fois qu'un homme qui veut se battre avec celui que les dieux favorisent, ou qui est assisté d'un immortel, fait autre chose que chercher sa ruine ? C'est pour cela qu'aucun des Grecs ne me blâmera de me retirer devant Hector, puisqu'il combat par l'ordre d'un dieu. Si je pouvais savoir où je trouverais Ajax, nous reviendrions tous deux, confiants dans notre valeur, pour en venir aux mains même avec un dieu, et voir si nous ne pourrions pas enlever le cadavre de Patrocle pour le remettre au fils de Pélée ; de tous les maux qui nous accablent celui-là serait encore le moins dur.

Comme il discourait en lui-même, arrivèrent les bataillons troyens avec Hector à leur tête. Ménélas se retire abandonnant le cadavre, mais non sans se retourner souvent. Tel un lion à la belle crinière, que chassent d'une étable des chiens et des hommes armés de fourches de fer en jetant des cris ; son cœur courageux se gèle un peu dans sa poitrine, et c'est bien malgré lui qu'il s'éloigne de la bergerie : tel s'éloignait de Patrocle Ménélas aux blonds cheveux. Comme il fut entre ses compagnons il se retourna cherchant des yeux le fils de Télamon ; il l'aperçut au côté gauche de l'armée, rassurant les siens et les excitant à combattre : Apollon avait saisi leur cœur d'une terreur divine. Il courut vers lui, disant ces paroles :

– Ami, hâtons-nous de défendre le corps de Patrocle, et faisons nos efforts pour reporter à Achille son corps nu, puisque Hector l'a dépouillé de ses armes.

Ces paroles émurent le vaillant Ajax ; ils se dirigèrent tous les deux vers les premiers rangs. Hector tirait le corps de Patrocle, après l'avoir dépouillé de ses armes illustres ; il allait lui séparer la tête des épaules, et après avoir traîné son cadavre il l'aurait donné aux chiens troyens. Ajax s'avance portant un bouclier comme une tour. Hector, le voyant, se retira parmi les siens, monta sur son char et donna aux Troyens les armes de Patrocle, afin qu'ils les portassent à la ville et lui servissent de titre de gloire. Ajax entourait le fils de Ménœtios de son large bouclier, comme fait une lionne lorsqu'en conduisant ses petits dans sa forêt elle se trouve en face d'hommes chasseurs ; elle est fière de sa force et, abaissant ses sourcils, elle en couvre ses yeux : de même Ajax marchait autour de Patrocle. De l'autre côté se tenait Ménélas qui s'affligeait de plus en plus de la perte du fils de Ménœtios.

Glaucos, fils d'Hippolochos, chef des guerriers lyciens, regardant Hector de travers, lui dit :

– Hector, remarquable par ta beauté, tu n'es pas à la hauteur de la lutte ; et c'est sans raison qu'on te donne de la gloire, puisque tu prends la fuite. Songe maintenant au moyen de sauver seul avec les guerriers nés dans Ilion la ville et la citadelle, car aucun des Lyciens ne se portera plus à sa défense, puisqu'ils ne reçoivent point de récompense quand ils ont combattu sans relâche contre les ennemis. Comment, malheureux, sauverais-tu de la mêlée un homme obscur, quand tu as laissé Sarpédon, à la fois ton hôte et ton ami, devenir la proie et le butin des Argiens ? Tant qu'il vécut il fut pour toi, pour ta ville, un allié sûr, et tu n'as pas osé repousser les chiens loin de son corps. Voilà pourquoi, si mes guerriers veulent me croire, nous rentrerons dans notre patrie, et Ilion sera entièrement détruite. Et si les Troyens avaient autant de cœur qu'en doivent avoir ceux qui combattent pour leur patrie, nous traînerions à cette heure Patrocle dans la ville. Dès que nous l'aurions eu dans nos murs, les Grecs nous auraient rendu les armes de Sarpédon, et nous l'aurions conduit nous-mêmes dans Troie. Nous avons tué le compagnon du plus vaillant des Argiens auprès de leurs vaisseaux, et avec lui un grand nombre de guerriers ennemis. Et toi, à peine vis-tu Ajax que tu n'osas pas t'opposer à lui et encore moins l'affronter au combat, parce qu'il est plus fort que toi.

Hector, regardant Glaucos de travers, lui répond :

– Pourquoi donc, Glaucos, toi que je croyais sensé, me parles-tu avec hauteur ? Ami, je pensais que par la prudence tu surpassais tous les Lyciens, et maintenant je te blâme fortement d'avoir dit que je n'avais osé tenir tête au redoutable Ajax. Apprends seulement que je n'ai point eu peur du combat ni des bruits des chars ; mais le conseil de Zeus est toujours celui que l'on doit suivre : c'est Zeus qui met en fuite le guerrier courageux et lui enlève facilement la victoire ; d'autres fois il l'excite à combattre. Mais viens ici, mon ami, tiens-toi près de moi, tu verras mon ouvrage et si durant tout le jour je serai un lâche comme tu le dis, et si je n'empêcherai pas les plus hardis des Grecs de défendre le corps de Patrocle.

Alors il exhorta les Troyens en criant :

– Troyens, Lyciens et Dardaniens, soyez hommes, amis, et souvenez-vous de votre valeur impétueuse, tandis que j'endosserai les armes d'Achille dont j'ai dépouillé Patrocle après l'avoir tué.

A peine eut-il achevé de dire, qu'il se retira du combat. Il courut après ceux auxquels il avait donné les armes d'Achille pour les porter à la ville. Il s'en revêtit, se tenant un peu à l'écart, et donna les siennes aux Troyens pour les déposer dans Ilion. Il était donc revêtu des armes immortelles d'Achille fils de Pélée, que celui-ci avait reçues des dieux, et que sur le déclin de ses ans il avait données à son fils : mais le fils ne vieillit point dans les armes de son père.

Comme Zeus vit Hector se couvrir des armes d'Achille, il dit en lui-même en hochant la tête :

– Malheureux Hector, tu ne vois pas la mort qui te suit de près : tu te revêts des armes d'un homme très brave, que tout le monde redoute : tu as tué son compagnon doux et courageux, mais tu l'as outragé en lui enlevant ses armes de la tête et des épaules. Cependant je vais te faire remporter une grande victoire, pour compenser la douleur d'Andromaque de ne pas recevoir de tes mains, à ton retour du combat, les armes illustres du fils de Pélée.

Ainsi parla le fils de Cronos en lui-même, puis il abaissa ses sourcils noirs en signe d'assentiment. Les armes d'Achille vont bien à Hector : Arès pénètre dans sa poitrine, et remplit ses membres de vigueur et de force. Il s'en va vers les alliés en poussant de grands cris et, revêtu des armes du fils de Pélée, il apparaît à eux tous resplendissant. Il anime chaque chef en particulier, Mesthlès,

Glaucos, Médon, Thersilochos, Astéropée, Disénor, Hippothoos, Phorcys, Chromios et l'augure Ennomos, puis, s'adressant à tous, il dit :

— Écoutez, tribus innombrables de nos alliés voisins, ce n'est pas pour me vanter d'avoir réuni un grand nombre de troupes, ni parce que j'avais besoin de vous que je vous ai fait venir de vos villes, mais pour que vous protégiez de bon cœur les femmes et les enfants des Troyens contre les Grecs belliqueux. C'est dans cette pensée que j'épuise mes peuples par des cotisations plus ou moins forcées, et par des fournitures de vivres, et pour augmenter votre zèle à tous. C'est pourquoi que chacun de vous, se tournant droit contre l'ennemi, périsse ou échappe à la mort : tels sont les effets des rapports des guerriers entre eux. Celui qui traînera Patrocle, quoique mort, vers les Troyens, et qui fera reculer Ajax, partagera les dépouilles avec moi, et remportera une aussi grande gloire que la mienne.

Ils pointent leurs lances et fondent sur les Grecs : ils espèrent bien à tort arracher le mort des mains d'Ajax fils de Télamon, lequel en avait déjà couché plusieurs sur le cadavre. A ce moment, Ajax dit à Ménélas :

— Ami, je ne crois pas que nous reviendrons de ce combat. Je n'ai pas tant de crainte que le corps de Patrocle serve de pâture aux chiens et aux oiseaux que j'en ai pour toi-même et pour moi : un nuage de guerre, Hector, nous enveloppe de tous côtés, une ruine certaine nous menace. Mais allons, appelle les plus braves des Grecs pour voir s'ils t'entendrons.

Ménélas dit à voix haute :

— Chefs, princes des Argiens, et vous qui près des Atrides Agamemnon et Ménélas buvez aux frais du peuple et commandez chacun à une nation (l'honneur et la gloire viennent de Zeus), accourez ici de votre propre mouvement, car il m'est impossible de reconnaître un seul d'entre vous, tant la bataille est échauffée : et empêchez que le corps de Patrocle ne devienne la proie des chiens Troyens.

Ajax fils d'Oïlée l'entendit ; le premier il vient en courant au travers de l'armée. Il est suivi d'Idoménée, et de l'écuyer d'Idoménée, Mérion, égal en courage à Arès le tueur d'hommes. Qui pourrait rappeler les noms de tous les autres Achéens qui vinrent ranimer le combat ?

Les Troyens ayant serré leurs rangs s'élancèrent, Hector à leur tête. Lorsqu'à l'embouchure d'un fleuve issu de Zeus, une vague énorme mugit en le repoussant contre son cours, et que les rivages élevés retentissent du fracas des flots soulevés par la mer bondissant hors de son lit : telles furent les clameurs des Troyens. Les Achéens animés d'un même courage demeuraient autour de Patrocle, faisant rempart de leurs boucliers. Le fils de Cronos répandit un nuage autour de leurs casques : il aimait le fils de Ménoetios comme serviteur du descendant d'Éaque. Il anima ses compagnons à le défendre, car il lui était odieux qu'il servît de pâture aux chiens de ses ennemis.

Les Troyens firent reculer les Grecs ; ceux-ci s'enfuirent effrayés, abandonnant le mort, et les Troyens, malgré leur désir, ne leur tuèrent pas un homme, mais ils entraînaient le corps de Patrocle. Les Grecs cependant ne devaient pas rester longtemps loin de lui : Ajax, lequel, après le fils de Pélée, surpassait les autres Grecs par la beauté et la bravoure, les fit retourner promptement : il fond droit sur les premiers rangs ennemis, comme un sanglier disperse aisément chiens et veneurs dans les montagnes, en se retournant sur eux au milieu des broussailles : ainsi le fils de Télamon rompit facilement les phalanges des Troyens qui entouraient Patrocle, et comptaient l'entraîner vers leur ville, et recueillir de la gloire.

Hippothoos, fils du Pélasge Léthus, le tirait par le pied à travers la mêlée terrible : il l'avait lié avec une courroie auprès de la cheville, autour des muscles, pour faire plaisir à Hector et aux Troyens ; mais il lui arriva bientôt un malheur dont aucun de ses compagnons, l'eût-il même désiré, ne put le garantir. Ajax, fils de Télamon, s'étant élancé, le frappa de près, au casque ; le casque se brise autour de la pointe de la lance ; Hippothoos était frappé d'une lance énorme maniée par une main robuste ; la cervelle ensanglantée jaillit de la blessure le long du trou fait par la lance ; à l'instant la force faillit à Hippothoos, il laisse couler de ses mains le pied de Patrocle à terre, et tombe auprès du pied, la face sur Patrocle, loin du sol fertile de Larisse. Il ne rendit pas à ses chers parents la récompense de la nourriture qu'ils lui avaient donnée : sa vie n'était encore que d'une courte durée lorsqu'il fut dompté par le fer d'Ajax au grand cœur. Hector darda sa lance contre Ajax ; celui-ci, la voyant venir, l'évita en se détournant un peu ; mais elle frappa Schédios fils d'Iphitos, le plus brave des Phocéens, lequel habitait Panopée, et commandait à de nombreux guerriers ; il fut atteint au milieu de la clavicule, et la pointe, traversant de part en part, sortit près du bas de l'épaule. Il fit du bruit en tombant, et ses armes s'entrechoquèrent sur son corps. Ajax frappa Phorcys fils de Phénops au milieu du ventre, comme il défendait Hippothoos ; Ajax brisa le creux de la cuirasse, et l'airain déchira les entrailles ; Phorcys, étant tombé dans la poussière, prit la terre avec sa main. Hector et les combattants du premier rang se retirèrent en arrière ; les Argiens en jetant de grands cris entraînèrent les morts Phorcys et Hippothoos, et leur détachèrent les armes des épaules.

Les Troyens, domptés par leur lâcheté, seraient remontés dans Ilion, pressés par les Achéens, lesquels par leur force et leur courage auraient remporté de la gloire contre la volonté de Zeus, si Phoebus Apollon n'eût réveillé le courage d'Énée, sous la ressemblance de Périphas fils d'Épytos. Périphas vieillissait en faisant les fonctions de héraut auprès du vieillard Anchise père d'Énée ; il était prudent dans le conseil, et animé de sentiments de bienveillance. Apollon dit à Énée :

– Comment pourrez-vous sauver votre ville contre la volonté d'un dieu ? C'est en combattant comme des hommes tels que j'en ai vu, qui se fiaient à leur courage, à leur force, à leur valeur, et cependant n'avaient que des troupes peu nombreuses. Zeus aime mieux nous donner la victoire qu'aux Grecs, et cependant vous prenez la fuite et ne voulez pas combattre.

Énée reconnut Apollon dès qu'il l'eut vu en face ; et criant fortement, il dit à Hector :

– Hector et vous autres chefs des Troyens et des alliés, c'est une honte pour nous de remonter à Ilion poussés par les Achéens, après que nous avons été domptés par notre lâcheté. Cependant un des dieux est venu près de moi, et m'a dit que Zeus était notre auxiliaire dans ce combat. Allons donc droit contre les Grecs, et qu'ils ne portent pas, sans le défendre, le corps de Patrocle en leurs vaisseaux.

Achevant ses paroles, il s'élance hors des premiers combattants et s'arrête. Les Troyens se retournent et font face aux Achéens. Énée blesse Léocrite fils d'Arisbas, brave compagnon de Lycomède. Lycomède, le voyant tomber, s'approche de lui, darde sa lance et frappe Apisaon fils d'Hippasos au foie, sous le diaphragme ; il lui ôte la vie ; Apisaon, venu de la fertile Péonie, était le premier dans le combat après Astéropée. Celui-ci, pour venger la mort d'Apisaon, fond droit sur les Grecs, mais il n'en peut approcher, car ils s'étaient rangés en cercle autour du corps de Patrocle, le couvrant de leurs boucliers et tenant devant eux leurs lances pointées. Ajax allait de l'un à l'autre guerrier, lui prescrivant de ne pas se retirer du cadavre, ni de s'avancer pour combattre isolément, mais d'entourer toujours le mort, et de soutenir l'attaque de près. Ainsi l'ordonnait le formidable Ajax. La terre était arrosée d'un sang pourpre ; Troyens, alliés et Grecs tombaient morts les uns sur les autres ; les Grecs ne combattaient pas sans voir couler leur sang, mais ils perdaient moins des leurs : car, dans cette mêlée, ils avaient toujours présent à l'esprit d'écarter la mort les uns des autres.

Ils combattaient comme le feu contre les éléments, et l'on n'eût jamais cru que le soleil et la lune étaient en leur entier : les Grecs qui entouraient le fils de Ménoetios étaient aveuglés par le brouillard. Les autres Grecs et Troyens combattaient, sans cet obstacle, sous un ciel serein ; le soleil brillait de tout son éclat, et aucun nuage n'apparaissait sur la terre ni sur les montagnes ; ils combattaient et se reposaient par intervalle, évitant les traits des uns des autres, et se tenant à une longue distance. Ceux qui se trouvaient au centre enduraient tout ce qu'on peut attendre d'un combat à outrance engagé au milieu d'une obscurité profonde, dans lequel les plus braves ne sont pas épargnés par le fer. Thrasymède et Antilochos n'étaient pas encore avertis de la mort de Patrocle, ils le croyaient toujours vivant et combattant encore aux premiers rangs contre les Troyens, pendant le premier tumulte. Eux deux, ayant vu la déroute de leurs compagnons, combattaient à l'écart, ainsi que Nestor le leur avait ordonné, en les exhortant à soutenir le combat loin des vaisseaux.

Mais c'était auprès du brave compagnon d'Achille que se tendait tout le jour, une lutte acharnée : genoux, jambes, pieds, mains, yeux des combattants étaient couverts de poussière. Lorsqu'un corroyeur donne à tendre à des hommes vigoureux la peau d'un fort taureau imprégnée de graisse, ceux-ci, s'étant rangés en cercle, la tirent avec force ; au fur et à mesure que l'humidité en sort, la graisse y pénètre et la peau se trouve tendue en tous sens : de même les Troyens et les Grecs tiraient à eux chacun de leur côté le cadavre de Patrocle : les Grecs dans l'espoir de le porter à leurs vaisseaux, les Troyens voulant le traîner vers Ilion ; autour du corps s'était engagé un combat sauvage ; et Arès qui anime les guerriers les uns contre les autres, et Athéna, serait-elle irritée dans ce moment, rendraient justice au parti même auquel ils seraient hostiles, tant était grande la valeur déployée de part et d'autre.

Telle fut l'affreuse mêlée que suscita ce jour-là Zeus sur le corps de Patrocle. Achille n'avait encore rien appris de sa mort. Le lieu du combat, bien éloigné de ses vaisseaux, était proche des murs de Troie ; c'est ce qui lui faisait présumer qu'il n'était pas mort, et qu'il reviendrait aussitôt qu'il aurait repoussé les Troyens dans leurs murs ; du reste il savait que Patrocle ne devait pas détruire la ville sans lui ni même avec lui. Sa mère le lui avait appris en lui faisant connaître le dessein de Zeus ; mais elle ne l'avait point averti de la mort de son compagnon le plus cher.

Ils se heurtaient toujours et sans relâche autour du corps, et se tuaient les uns les autres. Un des Grecs disait :

– Mes amis, il ne serait certes pas glorieux pour nous que nous retournions dans nos vaisseaux ; que plutôt la terre s'entrouvre ici pour nous ! Et cela vaudrait bien mieux que de laisser les Troyens traîner Patrocle vers leur ville, et remporter ainsi de la gloire.

– Amis, disait un Troyen, quand ce serait la volonté du destin que nous périssions tous auprès de ce corps, encore aucun de nous ne doit-il se retirer de la mêlée.

Voilà comme de part et d'autre ils se donnaient courage les uns aux autres ; et à travers l'air stérile, un bruit de fer montait au ciel d'airain.

Les chevaux du descendant d'Éaque, retirés du combat, pleuraient depuis le moment qu'ils avaient remarqué que leur conducteur était tombé dans la poussière, frappé par l'homicide Hector. Automédon fils de Diorès avait beau les presser du fouet, ou leur parler avec douceur, souvent avec menace, ils ne voulaient point retourner aux vaisseaux stationnés sur l'Hellespont, ni au combat avec les Achéens ; ils demeuraient immobiles comme une colonne placée sur le tombeau d'un homme ou d'une femme morts ; de même ils restent attelés au char, sans bouger, la tête baissée jusqu'à terre ; de chaudes larmes coulaient de leurs paupières pendant qu'ils déploraient la perte de leur conducteur ; leur crinière florissante, tombant du collier le long du joug, traînait dans la poussière. Le fils de Cronos, les voyant se lamenter, les prit en pitié et, hochant la tête, il se dit en lui-même :

« Ah, malheureux ! pourquoi vous avons-nous donnés à Pélée, roi mortel (vous à l'abri de la vieillesse et immortels) ? Était-ce afin que vous eussiez de la douleur parmi les hommes malheureux ? Nulle part il n'y a rien de plus misérable que l'homme parmi tout ce qui respire et rampe sur la terre. Mais Hector ne sera pas porté sur votre char ; je ne le permettrai pas. C'est bien assez qu'il ait les armes d'Achille, et qu'il se glorifie de les porter. Je vous enforcirai les genoux et le cœur, afin que vous portiez Automédon sur les vaisseaux ; je serai encore favorable aux Troyens jusqu'à ce qu'ils soient parvenus aux tentes, que le soleil se soit couché et que l'obscurité sacrée soit venue. »

Ce disant, il inspire aux chevaux une force généreuse. Ayant secoué la poussière de leur crinière, les chevaux enlèvent promptement le char au milieu des Troyens et des Achéens. Automédon, quoique affligé de la perte de Patrocle, s'élançait sur les ennemis, volant sur son char comme fait l'épervier sur une bande d'oies ; une fois il évite le tumulte des Troyens, ensuite il lance ses chevaux à leur poursuite, sans toutefois tuer un seul homme, car il ne pouvait en même temps combattre et retenir ses chevaux. Comme il était ainsi empêché, un de ses compagnons l'aperçut, c'était Alcimédon fils de Laërcès issu d'Emon, il vint à lui :

– Automédon, dit-il, quel dieu t'a mis dans l'esprit un dessein si funeste, et t'a tout à fait enlevé le bon sens ? Tu combats seul au premier rang contre les Troyens, et ton compagnon a été tué ; Hector se glorifie de porter sur ses épaules les armes du descendant d'Éaque.

– Quel autre que toi, repart Automédon, peut parmi les Achéens tenir ces chevaux en main, si ce n'est Patrocle, quand il était vivant ? Mais la mort et la destinée l'ont atteint. Que ne prends-tu ce fouet et ces rênes splendides, moi je descendrai du char et je combattrai.

Alcimédon monte sur le char, prend le fouet et les rênes ; Automédon descend. Hector, les ayant aperçus, dit à Énée qui se trouvait près de lui :

– Énée, chef des Troyens, j'ai vu les deux chevaux d'Achille approcher de la mêlée conduits par deux hommes maladroits. J'aurais espoir de les enlever, si toutefois tu es de mon avis, en nous précipitant sur ces conducteurs qui ne soutiendraient pas en face l'effort de nos bras.

Le noble fils d'Anchise, Énée, s'accorde avec Hector pour exécuter ce dessein. Ils s'en vont tous deux, après avoir couvert leurs épaules de solides boucliers garnis d'une lame d'airain. Chromios et Arétos à la forme divine les suivent ; tous deux se flattent de tuer Alcimédon et Automédon, et d'emmener les chevaux : ce leur était un fol espoir, car ils ne devaient pas revenir d'auprès d'Automédon sans avoir perdu de leur sang. Celui-ci, ayant adressé sa prière à Zeus, fut rempli de courage et de force. Il dit à Alcimédon :

— Ne tiens pas les chevaux loin de moi, mais assez près pour qu'ils me soufflent sur le dos. Je ne pense pas qu'Hector ralentisse son ardeur avant qu'il ait monté sur les chevaux d'Achille, après nous avoir tués, qu'il ait mis en déroute l'armée des Argiens, ou qu'il ait été pris lui-même.

Il finissait de parler, qu'il appela les Ajax et Ménélas, et leur dit :

— Ajax, chef des Argiens, et toi, Ménélas, confiez le corps aux plus braves afin qu'ils l'entourent et écartent de lui les rangs ennemis ; préservez-nous du jour fatal, nous qui sommes encore vivants. Hector et Énée font porter de ce côté tout le poids de la guerre. Mais, si ce que je vous demande n'est pas dans notre main, il est au moins au pouvoir des dieux. Je lancerai mon javelot, et Zeus aura soin de l'issue du combat.

Achevant de parler, il brandit sa lance et frappe Arétos au bouclier, lequel ne repoussa pas la lance, car elle traversa de part en part ; Alcimédon la fit entrer à travers le baudrier dans le bas-ventre. Lorsqu'un homme jeune, pour assommer un bœuf avec une cognée, le frappant sous les cornes, lui coupe tous les nerfs du cou, le bœuf, après avoir fait un saut en avant, tombe ; de même Arétos fait un élan, et tombe couché sur le dos ; la lance qui vibre encore dans ses entrailles lui a ravi le souffle de la vie. Hector s'apprête à frapper Automédon ; celui-ci, s'en étant aperçu, se penche en avant, et laisse passer la lance, qui s'enfonce derrière lui dans le sol ; le bout du manche trembla quelque temps, et ensuite le fer impétueux perdit sa force. Et ils se seraient attaqués à l'épée si les Ajax, accourus à travers la foule à la voix de leur compagnon, ne les eussent séparés. Hector, Énée et Chromios, effrayés, se retirèrent, et laissèrent là gisant Arétos percé au cœur ; Automédon semblable à Arès le dépouilla de ses armes, et dit en se glorifiant :

– Mon cœur est un peu soulagé du chagrin qu'il ressentait de la mort du fils de Ménoetios, quoique j'ai tué un homme moins brave que lui.

Achevant ces paroles, il mit les dépouilles sanglantes sur le char, et y monta les pieds et les mains teints de sang, comme un lion qui vient de dévorer un taureau.

Encore une fois le combat se tendit terrible, affreux, lamentable, autour de Patrocle ; Athéna était descendue du ciel pour ranimer la lutte ; Zeus l'avait envoyée pour exciter les Grecs, car il avait décidé de leur donner assez de force pour qu'ils prissent enfin le corps de Patrocle. Tel Zeus déploie l'arc-en-ciel couleur de pourpre aux mortels, comme présage de la guerre ou de la saison froide, laquelle fait cesser aux hommes leurs travaux sur terre et attriste les troupeaux : ainsi Athéna, s'étant enveloppée d'un nuage de pourpre, pénétra dans la foule des Achéens et excita chaque guerrier. Elle s'adressa d'abord au fils d'Atrée, le vaillant Ménélas, en l'encourageant (elle avait pris le corps et la voix de Phénix, et s'était approchée de lui) :

– Ménélas, dit-elle, ce te sera un opprobre et une honte à jamais si le fidèle compagnon d'Achille sert de pâture aux chiens sous les murs de Troie. Tiens ferme et encourage ton peuple.

– Phénix, mon père, vieillard né depuis longtemps, répond Ménélas, plût aux dieux qu'Athéna me donnât de la vigueur et écartât de moi l'impétuosité des traits ! Tel je voudrais rester près de Patrocle et le défendre, car sa mort a fortement ému mon cœur. Mais Hector a la force du feu, il ne cesse de frapper avec sa lance, et c'est à lui seul que Zeus donne de la gloire.

Athéna est aise de l'entendre, parce qu'il lui adresse sa prière avant d'invoquer les autres dieux. Elle enforcit ses épaules et ses genoux, et lui donne l'audace de la mouche, laquelle, souvent chassée du corps humain, veut toujours y mordre, tant le sang de l'homme lui semble bon ! Telle est l'audace dont Athéna remplit le cœur noir de Ménélas. Il s'avance près de Patrocle et darde sa lance. Parmi les Troyens il y avait un nommé Podès, fils d'Éétion, homme riche et courageux ; Hector l'honorait plus que les autres Troyens parce qu'il était pour lui un compagnon et un convive chéri ; Ménélas le frappa au baudrier comme il prenait la fuite, le perçant de part en part ; Podès fit du bruit en tombant. Ménélas tira le mort loin des Troyens, vers la foule de ses compagnons.

Apollon animait Hector ; il se tenait près de lui sous la forme de Phénops fils d'Asios, lequel demeurait à Abydos, et celui qu'Hector préférait à tous ses hôtes :

— Hector, lui disait Apollon, quel autre des Grecs aura désormais peur de toi, puisque tu fuis devant Ménélas, lequel, naguère sans force, enlève maintenant tout seul le mort aux Troyens, et vient de tuer ton compagnon fidèle, combattant toujours au premier rang, Podès, fils d'Éétion.

Une douleur noire s'empare de l'âme d'Hector : il s'avance couvert de son armure étincelante au milieu de ceux des siens qui combattaient au premier rang. Au même moment Zeus prend son égide frangée et reluisante, couvre le mont Ida d'une nuée et, lançant sa foudre avec grand bruit, il donne la victoire aux Troyens et met les Grecs en déroute. Le premier qui prit la fuite fut Pénélée de Béotie. Après l'avoir frappé à l'extrémité de l'épaule, Polydamas lui enfonce le fer jusqu'à l'os. Hector blesse Léitos à la paume de la main et lui fait abandonner le combat. Ce vaillant fils d'Alectryon fuyait, jetant autour de lui des regards peu assurés, car il n'espérait plus pouvoir combattre contre les Troyens. Idoménée porte un coup de lance à Hector comme il voulait dépouiller Léitos, il le frappe dans la poitrine près de la mamelle : la lance se rompt au manche, et les Troyens jettent un grand cri. Hector lance son javelot contre Idoménée qui était debout sur son char ; Idoménée gauchit au coup, mais le fer atteint Céranos écuyer et compagnon de Mérion, qu'il avait suivi de la ville de Lyctos. Mérion, confiant dans sa valeur, était venu à pied depuis les galères, lesquelles voguent à l'aide des rames mises des deux côtés, et les Troyens eussent emporté un grand honneur si Céranos eût négligé d'amener les agiles coursiers, et par leur vitesse n'eût sauvé Mérion avant de périr lui-même de la main d'Hector. Le fer lui perça la mâchoire sous l'oreille, lui brisa les dents et lui coupa la langue par le milieu ; il tomba sous le char, abandonnant les rênes, que Mérion reprit en se baissant à terre. Alors Mérion dit à Idoménée :

– Pousse tes chevaux jusqu'aux navires, car tu vois bien toi-même que les Grecs ne peuvent plus espérer la victoire.

Idoménée croit à l'avis de Mérion ; il presse du fouet ses chevaux à la longue crinière jusqu'aux vaisseaux : déjà la peur avait saisi son âme.

Il n'échappe pas à Ajax ni à Ménélas que Zeus donne la victoire aux Troyens.

– Hélas ! dit le fils de Télamon, bien fou qui ne verrait pas que Zeus est favorable à nos ennemis : leurs traits dirigés par ce dieu, qu'ils partent d'une main lâche ou brave, portent la mort avec eux, et les nôtres tombent en vain sur le sol. Cependant trouvons de nous-mêmes le moyen d'enlever le corps de Patrocle et de rendre courage à nos compagnons par notre retour. En proie à la plus vive angoisse, ils nous cherchent des yeux de tous côtés, pensant que, ne pouvant plus échapper des mains d'Hector, nous allons nous réfugier précipitamment dans nos vaisseaux. Si l'un de nos compagnons se rendait auprès d'Achille (je ne pense pas qu'il soit instruit du malheur qui nous frappe), et qu'il lui annonçât la mort de celui qu'il aimait le plus ? Mais je ne puis en distinguer un seul : eux et leurs chevaux sont couverts d'un épais brouillard. Zeus le père, chasse le nuage qui me cache les Grecs, rends-nous la lumière, et fais que mes yeux puissent voir mes compagnons : alors tu nous perdras, puisque c'est ton bon plaisir.

Le père des dieux a pitié de ses larmes. Il dissipe le brouillard, écarte les nuées, le soleil brille, et toute l'armée apparaît à la lumière.

Alors Ajax dit à Ménélas :

– Regarde, Ménélas, si tu verras encore en vie Antilochos, l'illustre fils de Nestor, et tâche de l'engager à se rendre promptement près d'Achille pour lui faire part de la mort de celui qu'il aimait beaucoup.

Ménélas n'est pas lent à partir. Tel un lion s'éloigne d'une bergerie après s'être fatigué à repousser chiens et bergers, lesquels, étant sur pied toute la nuit, l'ont empêché d'enlever le plus gras de leurs bœufs. Avide de chair, il a souvent, mais en vain, tenté divers assauts : des traits lancés par des mains vigoureuses et des torches allumées ont ralenti sa fureur ; de dépit il se retire au point du jour. Ainsi Ménélas quitte bien à regret le corps de Patrocle : il a peur que les Grecs, s'ils viennent à prendre l'épouvante, ne l'abandonnent à la proie des ennemis et, s'épanchant aux Ajax et à Mérion :

– Ajax, chefs des Grecs, et toi, Mérion, souvenez-vous maintenant de la douceur de l'infortuné Patrocle. Tant qu'il a vécu, il savait être bon pour tout le monde ; maintenant le Destin nous l'a ravi.

Comme il finissait de parler, il s'en va jetant les yeux çà et là, comme un aigle, lequel on tient pour avoir la vue la plus perçante de tous les oiseaux : du haut des nues, aperçoit-il un lièvre au gîte au pied d'un arbre à large chevelure, il fond sur lui, l'enlève et le dévore. Ainsi, Ménélas, tes yeux étincelants cherchaient à voir si, dans la foule de tes compagnons, le fils du vieux Nestor était encore en vie : tu l'avisas au côté gauche de l'armée, rassurant ses compagnons et les excitant à combattre, tu l'abordas et lui dis :

– Je suis chargé d'un triste message, et ce que je vais te dire n'aurait jamais dû arriver. Tu te doutes déjà qu'un dieu se montre favorable aux Troyens et qu'il consomme la ruine des Grecs ; mais ce qui nous consterne tous, c'est que Patrocle, le plus vaillant d'entre nous, a été tué. Va porter cette triste nouvelle à Achille et dis-lui qu'il songe à faire porter aux vaisseaux le corps nu de son ami, car Hector a ses armes.

A ces paroles, Antilochos est saisi d'horreur ; ses yeux se remplissent de larmes et sa voix s'arrête à son gosier. Cependant il se hâte de faire la démarche que Ménélas lui a conseillé de tenter près d'Achille : il s'en va laissant ses armes à Laodocos son écuyer.

Tout en pleurs, ses pieds l'emportent loin du combat, pour annoncer cette nouvelle fâcheuse au fils de Pélée.

Et tu ne voulus point, Ménélas, porter secours aux Pyliens à l'endroit même que venait de quitter Antilochos ; ceux-ci regrettent vivement leur chef. Ménélas leur laisse Thrasymède et retourne auprès de Patrocle. Quand il fut près des Ajax, il leur dit :

– Antilochos s'acquitte de son message, mais je ne crois pas qu'Achille vienne de sitôt, quelque colère qu'il ressente contre Hector ; au reste il ne voudra jamais combattre sans ses armes. Prenons de nous-mêmes un bon parti, tâchons d'enlever le mort avec nous, et d'échapper au tumulte des Troyens, à la mort et à la destinée.

– Tu parles en homme sensé, lui répond Ajax, fils de Télamon. Sus donc, que Mérion et toi s'enfoncent à travers les rangs troyens ; enlevez le corps et portez-le loin du combat. Nous deux, ayant le même nom avec un même courage, nous vous ferons épaule, soutenant le choc des Troyens et d'Hector lui-même, ainsi que nous l'avons déjà fait dans les combats précédents.

Dès que Ménélas et Mérion se mirent avec une grande vigueur à s'emparer du corps de Patrocle, les Troyens leur courent sus en poussant des cris aigus. Tels des chiens suivis de chasseurs intrépides, brûlant de le mettre en pièces, pressent un sanglier blessé : tout à coup, confiant dans sa force, celui-ci leur fait tête, et chiens et chasseurs reculent et s'enfuient effrayés çà et là. Ainsi les Troyens suivaient le corps par bandes, frappant de l'épée et de la lance ; mais, lorsque les Ajax, s'étant retournés, les attendirent de pied ferme, ils changèrent de couleur, et nul d'entre eux n'osa combattre pour disputer le corps.

Ainsi cheminaient pleins d'ardeur ceux qui portaient le corps, mais autour d'eux on se battait avec furie. Quand le feu vient d'envahir une ville bien peuplée, au craquement des édifices, les flammes activées par un vent impétueux répondent par d'horribles sifflements : tel était le tumulte sans trêve des hommes et des chevaux qui suivaient le corps. Comme on voit des mulets vigoureux traîner en haut d'une montagne, par un chemin difficile, une poutre ou un chêne qui doit servir à la carène d'un vaisseau, ne pas céder à la fatigue quoiqu'ils soient couverts d'écume, ainsi Ménélas et Mérion portaient le corps de Patrocle.

Les deux Ajax, qui les suivaient, maintenaient les Troyens à distance. De même qu'un tertre boisé, lequel, s'élevant à travers la campagne, arrête le cours des fleuves et les force à se détourner dans la plaine, sans jamais être ébranlé par la violence de leurs eaux, ainsi les deux Ajax repoussaient les efforts des Troyens et de leurs chefs, Hector et Énée, qui s'acharnaient à les poursuivre. Mais, comme une nuée d'étourneaux ou de geais s'en vont en jetant des cris aigus lorsque l'épervier, en chasse de petits oiseaux, vient fondre sur eux, tels les autres Grecs, pressés par les deux chefs troyens, poussaient des cris aigus et ne pensaient plus à combattre. Les Grecs en fuyant laissèrent tomber leurs armes aux deux bords et au fond du fossé ; et le combat était loin de se ralentir.

Chant XVIII

Antilochos - Héphaïstos

Ainsi Grecs et Troyens combattaient comme un feu brûlant ; de son côté, Antilochos arrivait près d'Achille. Il le trouva devant ses navires, pensant en lui-même à ce qui était advenu, et parlant à son grand cœur en gémissant :

– Hélas ! pourquoi les Grecs dispersés dans la plaine fuient-ils vers leurs vaisseaux ? Les dieux me menacent-ils de nouvelles disgrâces ? Je me souviens que ma mère m'a prédit que je vivrais encore quand le plus brave des Myrmidons quitterait la lumière du soleil sous les mains des Troyens. Oui, le courageux fils de Ménoetios est mort : je lui avais pourtant ordonné de revenir sur nos vaisseaux après avoir repoussé le feu ennemi, et de ne pas en venir aux mains avec Hector.

Tandis qu'il roulait ces pensées dans son esprit, le fils de Nestor, versant de chaudes larmes, s'approche de lui pour l'informer de la fatale nouvelle :

– Fils de Pélée, je vais t'apprendre un affreux malheur. Plût aux dieux qu'il ne fût point arrivé ! Patrocle gît sur le sable, on combat pour savoir à qui demeurera son corps nu, Hector se glorifie de porter ses armes.

A ces mots, le nuage noir de la douleur couvre Achille tout entier : il prend de la cendre avec ses deux mains, la répand sur son visage gracieux et sur ses vêtements divins. Lui-même, couvrant un grand espace de sa grande stature, est étendu sur le sol et s'arrache les cheveux. Les femmes que Patrocle et lui avaient emmenées captives font entendre des cris lugubres, courent çà et là se frappant le sein, et tombant à demi mortes. D'un autre côté, Antilochos répandait des larmes, tenant dans ses mains celles d'Achille, dans la crainte qu'il ne se servît de son épée pour se couper la gorge.

Achille poussait des cris horribles : sa divine mère, assise au fond de l'onde près du vieux Nérée, son père, l'entendit ; aussitôt elle se lamente : Glaucé, Thalie, Cymodocé, Nésæa, Speïo, Halie aux grands yeux, Cymothoé, Actée, Lymnorée, s'empressent autour d'elle ; puis arrivent Mélite, Jêre, Amphitoé, Agavé, Doto, Phéruse, Dynamène, Dexamène, Amphinome, Proto, Callianire, Doris, Panopé, l'illustre Galatée, Némertès, Apseudès, Callianasse, Clymène, Janire, Janasse, Maïra, Orythie, Amathée à la belle chevelure, et les autres Néréides qui étaient au fond de la mer. La grotte brillante en est remplie ; toutes ensemble frappent leur poitrine, et Thétis leur dit en gémissant :

– Écoutez, mes sœurs, le sujet de mes plaintes. Malheureuse ! j'ai mis au monde un fils robuste, le plus brave des héros ; je l'élevai comme une jeune plante dans une terre fertile et l'envoyai vers Ilion pour combattre contre les Troyens, et je ne le reverrai jamais de retour dans la maison de Pélée, son père ! Tant qu'il vit et qu'il voit la lumière du soleil, il s'afflige, et même si j'étais auprès de lui, je ne lui serais d'aucun secours. Cependant je veux aller voir ce fils chéri, pour connaître quel est le deuil qui lui est survenu depuis qu'il se tient éloigné du combat.

Elle quitta sa grotte dès qu'elle eut fini son discours, suivie de toutes ses nymphes, dont les yeux étaient mouillés de larmes ; les ondes de la mer s'ouvraient devant elles. Arrivées devant Ilion, elles montèrent les unes après les autres à cet endroit du rivage où les navires des Myrmidons avaient été traînés autour de ceux d'Achille.

Comme il exhalait ses soupirs, sa mère paraît devant lui ; elle jette un cri aigu puis, prenant la tête de son fils, elle lui dit, les larmes aux yeux :

– Mon fils, pourquoi pleures-tu ? Quelle douleur s'est emparée de ton âme ? Parle, ne me cache rien. Tout ce que tu as désiré de Zeus est accompli : les Grecs sont forcés jusque dans leurs vaisseaux et, après avoir éprouvé bien des revers, ils ont besoin de ton appui.

– Ma mère, répond Achille en gémissant, il est vrai que Zeus m'a octroyé ce que je lui avais demandé ; mais que me revient-il de tout cela, puisque Patrocle, mon compagnon chéri, a succombé sous le fer ennemi ? J'ai perdu celui que j'aimais plus que tous mes autres amis, plus que moi-même. Hector, après l'avoir massacré, l'a dépouillé de ces armes merveilleuses qui étonnent l'œil, lesquelles les dieux donnèrent à Pélée le jour qu'ils te mirent dans son lit. Plût aux dieux que tu fusses toujours restée parmi les déesses de la mer, et que Pélée eût pris une mortelle pour épouse : s'il l'eût fait, tu n'aurais pas à pleurer la mort d'un fils que tu ne verras pas retourner à la maison de son père. Du reste, mon cœur ne veut plus que je vive, ni que je reste parmi les hommes, si, le premier, frappé par ma lance, Hector ne rend le dernier souffle et ne me paie par sa perte celle de Patrocle fils de Ménoetios.

Thétis lui répond en pleurant :

– Je connais à ce que tu dis que tu dois mourir dans peu de temps : c'est l'arrêt du Destin que tu périsses aussitôt après Hector.

– Je mourrai, répond Achille tout indigné, puisqu'il n'était pas dans l'ordre du Destin que je pusse secourir mon ami pendant qu'on le massacrait. Il est mort loin de sa patrie, regrettant celui qui l'aurait préservé du coup fatal. Et moi-même qui ne reverrai pas le foyer paternel, je n'ai pu porter de secours à Patrocle ni à mes autres compagnons, dont la plupart sont tombés sous le fer d'Hector ; je suis resté comme un poids inutile sur la terre. Cependant, si d'autres sont plus expérimentés dans les conseils, ils sont loin de me valoir dans les combats. Que la Discorde périsse de la main des dieux et des hommes, et la Colère, qui pousse le plus sage hors de soi ! Celle-ci, bien plus douce que le miel qui s'épanche goutte à goutte, prend racine dans le cœur de l'homme et le gonfle comme ferait une vapeur : ainsi, dans ma querelle, ai-je été transporté de fureur contre notre chef Agamemnon. Mais oublions ce qui s'est passé sur ce sujet, quoi qu'il nous en coûte, puisque la nécessité le veut. Maintenant je vais chercher Hector, le meurtrier d'une tête si chère, et je recevrai la mort quand Zeus et les autres dieux l'auront ordonné. Hercule, ce héros aimé de Zeus, ne put l'éviter : il fallait qu'il pérît vaincu par le Destin et la colère d'Héra. Si pareil sort m'attend, je demeurerai couché après que je serai mort. En attendant, je veux acquérir de la gloire et forcer quelque Troyenne au beau sein à essuyer les larmes qui couleront sur ses tendres joues, lorsqu'en soupirant elle sentira que depuis longtemps j'avais cessé de combattre. Malgré ton amour pour moi, ne m'empêche pas d'aller où mon courage m'appelle, car tu ne saurais me persuader du contraire.

– Tu dis vrai, mon fils, lui répondit sa mère, ce n'est pas un mal que de sauver tes compagnons de la ruine qui les menace ; mais tes armes sont entre les mains des Troyens, Hector se glorifie de les porter : pourtant je ne crois pas que sa vanité soit de longue durée, car sa mort est proche. Garde-toi de paraître au combat avant que tu m'aies vue de retour ici. J'y serai demain au lever du soleil, avec des armes faites par Héphaïstos.

Elle se tourne vers les Néréides ses sœurs et leur dit :

– Rentrez au fond de la mer et dites au vieillard marin ce que vous venez d'entendre. Je monte vers l'Olympe pour demander à Héphaïstos des armes pour mon fils.

Les Néréides lui obéissent et en un instant elle arrive près d'Héphaïstos.

En ce même temps les Grecs fuyaient devant Hector en jetant des cris d'épouvante : ils s'étaient réfugiés dans leurs vaisseaux et sur les bords de l'Hellespont sans avoir pu mettre à couvert de l'insulte de l'ennemi le corps de Patrocle, l'ami d'Achille. Les Troyens ayant Hector à leur tête avaient été bien près de s'en emparer : trois fois ce fils de Priam, semblable à la flamme, l'avait saisi pour l'entraîner, appelant à lui les Troyens avec une voix terrible ; trois fois les deux Ajax, confiants dans leur force impétueuse, l'avaient rudement repoussé du corps ; mais Hector tantôt fond sur eux avec vigueur, tantôt s'arrête en criant, et ne se retire pas tout à fait. De même que des bergers, veillant dans les champs, ne peuvent faire lâcher sa proie à un lion affamé, de même les deux Ajax ne purent éloigner Hector du corps de Patrocle. Et il l'aurait enlevé, et par cela remporté une grande gloire, si Héra, à l'insu de Zeus, n'eût envoyé Iris au fils de Pélée pour lui dire de s'armer :

– Lève-toi, fils de Pélée, dit-elle, le plus redouté de tous les hommes, va secourir Patrocle, pour lequel une furieuse bataille s'est engagée devant les vaisseaux. Grecs et Troyens s'entretuent, les uns pour le garder, les autres pour le traîner à Ilion battue par les vents : Hector ne s'y épargne point, il veut lui couper la tête et la clouer à un pieu. Lève-toi, et ne demeure plus ainsi couché : que le respect dû au corps de ton ami te touche le cœur car, s'il recevait quelque outrage, l'infamie en retomberait sur toi.

– Mais, répond Achille, quel est celui des dieux qui t'a envoyée vers moi ?

– C'est, lui dit Iris, Héra l'épouse de Zeus : elle ne l'en a pas informé, ni les autres dieux qui résident sur l'Olympe couvert de neiges.

– Comment pourrais-je aller au combat, repart Achille, puisque les Troyens ont mes armes ? Ma mère m'a défendu d'y paraître même avant qu'elle m'ait apporté des armes faites par Héphaïstos. Je n'en connais pas qui pourraient me convenir, si ce n'est le bouclier d'Ajax ; mais je pense qu'il est des premiers aux coups, renversant les ennemis auprès du corps de Patrocle.

Iris lui dit derechef :

– Nous savons bien que tes armes sont au pouvoir des ennemis ; mais montre-toi seulement près du fossé, les Troyens épouvantés cesseront de combattre et les Grecs reprendront haleine : un instant de relâche au milieu de la lutte ranime les forces épuisées.

La déesse, ayant fini de parler, disparaît : Achille aimé de Zeus se lève. Athéna met sur ses épaules l'égide frangée, et la plus divine des déesses répand autour de sa tête un nuage d'or, duquel elle fait jaillir une flamme toute brillante. Lorsque, dans le lointain, une fumée s'élève d'une île cernée par l'ennemi, et que les assiégés font une sortie pour le surprendre, les feux allumés sur les tours, peu apparents le jour, brillent d'un si vif éclat, la nuit, que leur lueur, embrasant le ciel, annonce aux peuples voisins qu'il y a là une guerre dont ils peuvent faire cesser les horreurs s'ils y arrivent sur leurs vaisseaux : telle était la lumière qui de la tête d'Achille s'élevait dans les nues. Il franchit la muraille, et s'arrête au bord du fossé. Là, ne voulant pas enfreindre l'ordre que, dans sa prudence, lui avait donné sa mère, il reste éloigné des bataillons des Grecs. Alors il jette un grand cri. Athéna à son tour fait entendre sa voix terrible, et produit ainsi parmi les Troyens un tumulte inexprimable. Telle retentit la trompette guerrière lorsqu'elle annonce un signal à des assiégeants : telle éclata la voix claire et sonore du petit-fils d'Éaque. A peine les Troyens eurent-ils entendu cette voix, que l'on dirait sortir d'une poitrine d'airain, qu'ils

191

furent saisis de crainte : leurs chevaux à la longue crinière firent volte-face avec leurs chars, ayant comme un pressentiment de leur ruine ; les écuyers demeurent stupéfaits à la vue de ce feu épouvantable, et sans cesse renaissant, que la déesse Athéna attisait elle-même sur la tête du magnifique fils de Pélée. Achille cria par trois fois sur les tranchées, et trois fois les Troyens et leurs alliés furent frappés de terreur ; douze des plus vaillants d'entre eux, se perçant de leurs propres traits, périrent autour de leurs chars. En ce moment les Grecs retirent avec allégresse le corps de Patrocle hors de la mêlée et le mettent sur un lit autour duquel on voit pleurer ses compagnons chéris, et au milieu d'eux Achille, qui répandait de chaudes larmes en voyant étendu le corps de son unique ami que le fer ennemi avait outragé : il avait envoyé Patrocle au combat avec ses chevaux et ses chars, et il ne devait pas le revoir vivant à son retour.

Héra contraint le Soleil infatigable à se retirer sous les eaux de l'Océan : le Soleil obéit, et les Grecs mirent fin au combat. A peine les Troyens eurent-ils quitté le champ de bataille qu'ils dételèrent leurs chevaux et, avant de songer à prendre de la nourriture, ils se réunirent en conseil. Ils s'y tenaient debout et aucun d'eux n'osait s'asseoir tant ils avaient encore peur d'avoir vu paraître Achille sur le fossé, quand il s'était si longtemps abstenu de venir au combat. Le sage Polydamas fils de Panthoos, qui seul voyait le passé et connaissait l'avenir, se dispose à leur donner un avis ; ami d'Hector, il était né la même nuit que lui, et s'il l'emportait par sa prudence dans le conseil, Hector lui était supérieur dans le combat.

– Pesez bien, leur dit-il, le parti que vous devez prendre ; quant à moi, je vous exhorte à rentrer dans la ville et, comme nous sommes éloignés de nos murs, n'attendons pas dans la plaine, près de ces vaisseaux, l'aurore au voile de pourpre. Tant qu'Achille a nourri sa colère contre le grand Agamemnon, les Grecs étaient plus faciles à combattre. Passant les nuits auprès de leurs vaisseaux, j'espérais les ramener prisonniers dans Ilion ; mais à présent je redoute fort le fils de Pélée : sa violence est telle que, loin de s'arrêter à cet endroit de la plaine où Grecs et Troyens balancent les chances du combat, il voudra combattre pour décider du sort de la ville et de nos femmes. Rentrons donc dans la ville, et croyez-moi, car il n'en sera pas autrement. La nuit seule retient le fils de Pélée. Mais, si demain il nous trouve encore ici, plusieurs d'entre nous le reconnaîtront à ses coups : celui qui aura pu les éviter se sauvera volontiers dans Ilion, et un grand nombre de Troyens serviront de pâture aux chiens et aux vautours. Plaise aux dieux que le bruit d'une pareille disgrâce n'approche jamais de mes oreilles ! Mais, si l'avis que je vous propose, quoiqu'il blesse votre susceptibilité, vous semble le seul à suivre, nous retremperons nos âmes dans une assemblée tenue de nuit ; nos tours et nos portes hautes, appuyées sur de solides étais, protégeront la ville. Demain, dès l'aube, nous monterons armés sur les remparts, et l'on verra bien si, malgré son courroux, il lui sera facile de nous atteindre ; au contraire, ses chevaux s'étant fatigués dans des courses inutiles autour de nos murs, il se hâtera de regagner ses vaisseaux ; il ne sera pas assez téméraire pour tenter un assaut et, avant qu'il ait détruit notre ville, son corps sera dévoré par les chiens.

Hector lance sur Polydamas un regard terrible.

– Polydamas, dit-il, en voulant nous persuader de retourner dans nos murs pour nous y enfermer, tu émets un avis que je suis éloigné d'approuver. Quoi ! n'êtes-vous pas encore ennuyés d'être reclus dans vos murs ? Jadis les hommes à la voix articulée vantaient les richesses de Troie, mais depuis ce temps-là nos maisons ont été dépouillées de leurs plus précieux trésors : ils ont été transportés en Méonie et en Phrygie, ou vendus, depuis que Zeus s'est irrité contre nous. Mais, puisque ce dieu me fait la faveur de réduire les Grecs et de les tenir cernés dans leurs vaisseaux, ne viens donc pas nous importuner de tes lâches conseils, car personne ne t'écoutera : aussi bien ne le permettrai-je point. Allons, tous tant que vous êtes, écoutez ce que je vais vous dire, et obéissez-moi. Prenez le repas du soir dans vos rangs, faites bonne garde, et que chacun veille. Si quelque Troyen est en peine de ses trop grandes richesses, qu'il les donne au peuple, afin qu'elles soient consommées publiquement par les troupes, car il vaut mieux que les Troyens en jouissent que les Grecs. Demain, dès l'aurore, revêtus de nos armes, nous engagerons un combat acharné près des vaisseaux. Si le noble Achille s'y trouve, il lui arrivera malheur, s'il me cherche ; pour moi, je ne refuserai pas d'en venir aux mains avec lui, je l'attendrai de pied ferme, et lui ou moi remporterons la victoire. Arès est également favorable à tous, et il arrive souvent qu'il tue celui qui est venu pour tuer.

Les Troyens applaudissent follement au discours d'Hector : Athéna leur avait ôté le jugement et, mal inspirés qu'ils étaient, ils crurent à l'avis pernicieux d'Hector, et non pas à Polydamas, qui leur avait donné un conseil salutaire.

Les Troyens prennent donc leur repas tout armés ; les Grecs pleurent toute la nuit auprès de Patrocle. Achille commence le deuil : il met ses mains sur la poitrine de son ami et pousse de profonds soupirs. Telle une lionne à laquelle un veneur a ravi ses petits dans une forêt, s'attriste le soir, de retour dans sa demeure ; puis, devenant furieuse, elle cherche à travers les vallons la trace du ravisseur : tel Achille, en gémissant, dit aux Myrmidons :

– Quel vain discours je tins à Ménoetios lorsque je l'engageai à ne pas perdre espoir, et que je lui promis de lui ramener son fils à Opoënte après la ruine de Troie, riche de gloire et de butin ! Mais Zeus n'accomplit jamais les desseins des hommes. Les destins ont résolu que cette terre serait teinte de son sang et du mien, et le vieux Pélée, ni Thétis, ma mère, n'auront pas la joie de me revoir dans leur maison, car je serai enseveli sous ce rivage. Patrocle, puisque ces choses doivent arriver, et qu'il faut que je meure après toi, je ne te ferai point ensevelir que je ne t'aie apporté les armes et la tête d'Hector, ton meurtrier, et que je n'aie égorgé devant ton bûcher douze Troyens des plus illustres familles, afin de faire connaître la colère que je ressens de ta mort. Jusqu'alors tu demeureras gisant dans nos vaisseaux, et le jour et la nuit les Phrygiennes et les Dardaniennes aux beaux seins, que nous avons conquises au sac de leurs villes, répandront des larmes autour de toi.

Ayant fini ce propos, il commanda qu'on mît sur le feu un trépied d'airain, avec de l'eau pour nettoyer le corps de Patrocle couvert de sang et de poussière. Ils posent sur le trépied un vaste bassin qu'ils emplissent d'eau et allument le bois de manière que la flamme environne le ventre du bassin et chauffe l'eau. A peine l'eau devient-elle tiède, qu'ils lavent le corps, l'oignent d'une huile fine, et remplissent les blessures d'un baume de neuf ans ; ils placent le corps sur un lit et le couvrent de la tête aux pieds d'un linceul d'un tissu admirable ; par-dessus ils étendent un voile blanc. Toute la nuit Achille et les Myrmidons pleurèrent Patrocle en poussant des gémissements.

Dans ces entrefaites, Zeus tint ce propos à Héra sa femme et sa sœur :

– Enfin tu as tant fait que tu as stimulé Achille à paraître au combat.

Héra lui répond :

– Fâcheux fils de Cronos, que viens-tu de dire ? Un homme pourra porter secours à son ami, bien qu'il soit

mortel et qu'il n'ait pas autant d'expérience ni de jugement que moi ; et moi qui suis la première des déesses,
comme étant et ton épouse et de la même tige que toi qui
commandes aux immortels, je ne pourrai, transportée de
fureur contre les Troyens, machiner leur ruine ?

Telles sont les paroles qu'ils échangèrent entre eux.

Cependant Thétis aux pieds d'argent arrive à la
demeure d'Héphaïstos, demeure éternelle, construite
avec de l'airain, parsemée d'étoiles, plus éclatante que
celles des autres dieux et bâtie par les mains d'Héphaïstos
lui-même, quoiqu'il fût boiteux. Elle ne le trouve pas
inactif dans sa forge : il était couvert de sueur et tout
entier à son travail. Il fabriquait vingt trépieds qui
devaient être placés le long du mur de la maison aux
solides fondements du maître des dieux. A chaque pied il
avait adapté des roulettes d'or, de manière que ces trépieds pouvaient d'eux-mêmes se rendre à l'assemblée des
dieux et revenir à leur première place. Il n'y restait plus
rien à faire que les anses qu'il préparait et dont il affinait
les clous, lorsque Thétis s'approcha de lui. Charis, sa
femme, dont les cheveux admirablement tressés rele-
vaient la beauté exquise, la voit et s'avance vers elle. Lui
prenant la main, elle dit :

– Thétis que j'aime et que je vénère, quel sujet t'amène
ici, puisque tu n'es pas coutumière de nous visiter ? Entre
plus avant, afin que je t'offre les dons de l'hospitalité.

Elle la conduit dans une chambre et la faire asseoir sur
un siège enrichi de clous d'argent, sans oublier de mettre
un riche coussin sous ses pieds :

– Héphaïstos, viens, Thétis veut te parler et réclamer
le secours de ton art.

– Je reçois, répondit Héphaïstos, la déesse la plus
digne de mon attachement et de mon respect. C'est elle
qui me sauva lorsque, accablé de douleurs, je tombai précipité du ciel par la perfidie de ma mère qui voulait me

dérober à tous les regards, parce que j'étais boiteux. Et j'aurais enduré mille disgrâces si Thétis et Eurynome, fille de l'Océan, ne m'eussent accueilli dans leur sein. J'y demeurai neuf ans, et forgeai plusieurs ouvrages d'art, agrafes, colliers et bracelets, dans une grotte autour de laquelle mugissait avec écume le courant immense de l'Océan ; nul des dieux et des hommes ne me savait là ; seules Thétis et Eurynome, qui me sauvèrent la vie, en avaient le secret. C'est maintenant cette déesse Thétis qui vient nous visiter, je dois lui offrir la récompense du secours qu'elle me donna dans mon affliction. Porte-lui de beaux présents d'hospitalité, tandis que mes soufflets reposeront, et que je rangerai mes outils.

Ce dieu, à la haute stature, se lève d'auprès du billot auquel était assujettie son enclume, et allait boitant comme à l'accoutumée : ses jambes paraissaient fluettes au-dessous de ses genoux. Il retire ses soufflets du feu, puis range ses outils dans un coffre d'argent. Avec une éponge il essuie son visage, son large cou, sa poitrine velue et ses mains. Il endosse sa tunique, prend un bâton solide, et sort en clochant, appuyé sur deux servantes d'or, semblables à deux jeunes filles vivantes. Elles étaient douées d'intelligence, de voix et de force ; elles avaient appris des immortels à travailler des mains, et s'empressaient aux ordres du dieu. Tel il s'avance et va s'asseoir près de Thétis sur un trône éclatant ; il prend la déesse par la main et lui dit :

– Déesse que j'aime et que je vénère, quel sujet t'amène dans une demeure où je ne t'ai pas vue souvent : dis-moi ce que tu désires, mon cœur m'ordonne de l'accomplir si je le puis et si j'ai le pouvoir de le faire.

Thétis lui répond en pleurant :

– Héphaïstos, il n'est pas de déesse dans l'Olympe à laquelle le fils de Cronos ait causé d'aussi grandes douleurs qu'à moi. Seule des déesses de la mer, il m'a faite l'épouse d'un homme mortel, Pélée fils d'Éaque et, bien malgré moi, j'ai partagé son lit. Maintenant il languit dans sa maison, accablé par l'âge. Le maître des dieux me suscite encore d'autres disgrâces. Je mis au jour un fils, le plus noble des héros, je l'élevai comme une plante dans un terrain fertile, et l'envoyai sur des vaisseaux bien équipés vers Ilion pour combattre contre les Troyens : je ne reverrai pas ce fils de retour dans la maison de Pélée. Tant qu'il vit et qu'il voit la lumière du soleil, il s'afflige, et je ne puis lui être d'aucun secours dans sa douleur. Une jeune fille, que les Grecs lui avaient donnée pour prix de sa valeur, est arrachée de ses mains par le roi Agamemnon. Irrité de cet affront, il gémissait dans son cœur. Lorsque les Troyens eurent repoussé les Grecs jusque dans leurs vaisseaux et qu'ils les y tenaient enfermés, les chefs les plus illustres des Grecs vinrent lui offrir les plus riches présents. Il les refusa et ne voulut point détourner de leurs têtes la ruine qui les menaçait. Plus tard il revêtit Patrocle de ses armes et l'envoya au combat à la tête de nombreux guerriers. Il était parvenu jusqu'aux portes Scées et il aurait détruit la ville, si le dieu Apollon, qui avait fait subir aux Myrmidons de grandes pertes, ne l'eût tué à la tête de ses combattants, et n'en eût donné la victoire à Hector. C'est pour lui que je viens te prier à genoux de lui donner avant son dernier jour, qui est proche, un bouclier, un casque, des brodequins avec leurs agrafes, et une cuirasse ; son fidèle ami a été dépouillé de l'armure qu'il lui avait confiée, et lui-même gît en proie à la plus violente douleur.

– Prends courage, lui répond Héphaïstos, et bannis toute crainte de ton esprit. Plût aux dieux que j'eusse aussi bien le pouvoir de l'affranchir de la mort, quand son heure sera venue, comme je lui aurai bientôt fait des armes telles qu'elles seront admirées par tous ceux qui les verront.

Ces mots achevés, il laisse Thétis et retourne à ses soufflets. Il les braque sur le foyer et leur ordonne d'en raviver le feu. L'air qu'ils renvoient peut embraser vingt fourneaux et, au moindre désir de l'illustre ouvrier, leur souffle est véhément ou modéré, autant qu'il est nécessaire pour achever son ouvrage. Il jette dans le feu de l'airain, de l'argent et de l'or et, après avoir agencé son enclume sur son billot, il prend d'une main un marteau pesant, et ses tenailles de l'autre.

Il fourbit d'abord un bouclier solide, très grand, dont il entoure les bords de trois cercles d'un or vif et y attache une courroie argentée : cinq couches forment l'épaisseur de sa surface sur laquelle, avec son esprit habile, le dieu représente des sujets variés.

D'abord la Terre, le Ciel et l'Océan, le Soleil infatigable, et la pleine Lune ; puis les astres dont le Ciel est couronné : les Pléiades, les Hyades, la masse énorme de l'Orion, l'Ourse, ou le Chariot qui tourne au firmament et regarde l'Orion et seule ne se baigne pas dans l'Océan.

Outre cela il y fait deux agréables cités : dans l'une on voyait des noces et des festins. Avec des torches allumées, on escortait les époux de leur demeure à travers la ville, en faisant entendre des chants d'hyménée ; des jeunes gens dansaient en rond, au son des flûtes et des lyres. Les femmes, assises sur le seuil de leur porte, admiraient cette fête.

Près de là, le peuple se rend sur la place publique, où s'était élevée une querelle. Un citoyen réclame à un autre citoyen le prix d'une amende qu'il devait payer pour réparation d'un meurtre qu'il a commis. Celui-ci affirme devant le peuple qu'il l'a payée ; celui-là nie qu'il l'ait reçue. Tous deux veulent remettre leur procès au jugement d'un arbitre. Les uns crient pour l'un, les autres pour l'autre ; les hérauts font faire silence. Dans l'enceinte sacrée sont assis des juges sur des pierres polies ;

leurs bâtons étaient dans les mains des hérauts pendant que les parties s'expliquaient ; ensuite ils les reprennent pour prononcer debout leur sentence chacun à son tour. Au milieu d'eux étaient posés deux talents d'or, destinés à récompenser celui d'entre eux que l'on reconnaîtrait avoir le mieux jugé.

Devant l'autre cité campaient deux armées dont les armes resplendissaient au soleil ; elles n'étaient pas d'accord dans leurs intentions : l'une voulait tout détruire, l'autre qu'on partageât également les richesses qui s'y trouvaient renfermées. Les assiégés, loin d'y consentir, s'arment en secret pour se placer en embuscade, tandis que les femmes, les enfants et les vieillards se rassemblent autour des murailles pour veiller à leur sûreté. Les habitants vigoureux sortent donc de la ville ayant à leur tête Arès et Athéna. Ces dieux sont d'or et couverts de vêtements d'or : ils se distinguent des autres hommes par leur beauté, par leur haute stature et par leurs armes. Les assiégés arrivent au lieu qu'ils ont choisi pour s'embusquer, se cachent aux bords du fleuve où doivent venir s'abreuver les troupeaux des assiégeants, et envoient deux des leurs à quelques pas plus loin pour épier l'arrivée des brebis et des bœufs. Ceux-ci voient bientôt s'avancer vers eux ces troupeaux suivis de deux bergers qui, sans méfiance, s'égayaient aux sons de leurs chalumeaux. Soudain ceux qui s'étaient postés en embuscade s'élancent sur les troupeaux, emmènent les brebis, leurs agneaux et les bœufs, et massacrent les bergers.

Ce tumulte étant venu aux oreilles des assiégeants, ils quittent leur conseil, montent sur leurs chevaux et viennent combattre sur le bord de cette rivière. Ils en viennent aux mains à coups de piques. En cette mêlée surgissent le Tumulte, la Discorde et la Moire fatale. Cette fille de la nuit, portant une robe teinte de sang humain, saisit un guerrier qui vient d'être blessé et retient encore le souffle de la vie, en prend un autre encore intact, et traîne par les pieds un cadavre qu'elle a retiré du carnage. Ces divinités en venaient aux mains et combattaient comme des mortels pleins de vie ; et des deux côtés on s'arrachait les morts.

Dans un cadre voisin, Héphaïstos représente un champ nouvellement cultivé, dont le vaste terrain meuble et gras a déjà reçu trois labours. Plusieurs laboureurs y conduisent leurs charrues. Sont-ils de retour au bout du guéret par lequel ils ont commencé la façon, qu'ils voient arriver un valet qui leur met dans la main un pot de vin exquis. Après en avoir bu, tous se remettent à tracer des sillons assez profonds pour que la terre qu'ils cultivent ainsi soit bien en état. Quoique cette terre fût d'or, elle noircissait derrière le soc de la charrue et ne différait en rien d'une terre fraîchement labourée : tant était merveilleux l'effet produit par le génie du puissant ouvrier !

On remarque encore à côté de ce cadre un enclos couvert d'épaisses moissons : des ouvriers les abattent avec leurs faucilles ; le blé tombe dru de leurs mains et demeure couché en javelles placées en ligne droite ; des lieurs lient ces javelles, ils sont suivis de trois autres lieurs auxquels des jeunes gens apportent dans leurs bras d'autres javelles pour les gerber. Le maître du champ est au milieu d'eux sans dire mot. Joyeux en espérance, il tient son spectre au-dessus des fils de javelles. Des hérauts préparent le repas sous un chêne un peu éloigné du champ. Ils sacrifient un bœuf gras et s'empressent autour de la victime. Les femmes apprêtent le souper aux ouvriers, et mêlent aux mets force farine blanche.

Comme pendant, il représente un beau vignoble d'or, chargé de raisins ; les grappes sont noires ; les vignes se dressent d'un bout à l'autre, appuyées sur des échalas d'argent. Il l'entoure d'un fossé profond et d'une haie d'étain ; un seul sentier y conduit, par lequel vont les porteurs au temps de la vendange. Des jeunes filles et des jeunes garçons aux pensées tendres portent le fruit doux de la vigne dans des corbeilles tressées. Au milieu d'eux un enfant joue de la lyre et chante d'une voix délicate l'hymne de Linus ; tous frappent la terre en cadence, accompagnant le chant de leurs voix et de leurs cris.

On y voyait le portrait d'un troupeau de bœufs à la tête haute ; ils étaient d'or et d'un mélange d'argent et de plomb. Sortant de l'étable en mugissant, ils allaient paître le long d'un fleuve bordé de roseaux. Quatre pâtres d'or les suivaient, accompagnés de neuf mâtins, lorsque deux lions, dont la vue inspire l'épouvante, saisissent un taureau qui marchait à la tête des génisses. Il est entraîné malgré ses mugissements, et quoiqu'il soit suivi des bergers et des chiens. Les lions, ayant mis en pièces la peau du taureau, se repaissent de ses entrailles et de son sang noir. En vain les bergers suivent leurs chiens en excitant leur colère : ceux-ci refusent d'attaquer les lions et ne font que s'approcher d'eux en aboyant et prenant garde à eux.

Tout auprès, Héphaïstos peint un grand pâturage au milieu d'une belle forêt ; ici paissent des brebis d'une blancheur éclatante, çà et là se montrent des étables, des cabanes ombragées et des parcs entourés de claies.

Il grave encore une salle de danse semblable à celle où, dans la Crète spacieuse, Dédale exerçait Ariane à la belle chevelure. Là des adolescents et de belles jeunes filles exécutaient des figures en se tenant par la main. Celles-ci se cachent sous un voile léger, ceux-là portaient des tuniques qui reflétaient la douce couleur de l'huile. Les jeunes filles avaient de belles couronnes, les jeunes garçons des épées d'or suspendues à des baudriers d'argent. Tantôt leurs pieds savants imitent des ronds pareils à ceux d'une roue qu'un potier met en mouvement pour la première fois ; tantôt ils se croisent, se pelotonnent et se déroulent sans se rompre. La foule nombreuse se réjouit autour de ce chœur charmant ; au milieu d'eux chantait un chantre divin en jouant de la cithare ; lorsque le chant commençait, deux bateleurs faisaient des sauts et des pirouettes.

Il met en relief autour du bouclier solide la masse imposante du fleuve Océan.

Ensuite il forgea la cuirasse plus brillante que la clarté du feu, un casque solide qui s'adaptait parfaitement aux tempes d'Achille et auquel il ajusta un panache d'or ; et d'un métal ductile il fit les jambarts. Tout l'armure étant finie, Héphaïstos la prend dans ses bras et va la présenter à la mère d'Achille. Celle-ci, comme un épervier, s'élance de l'Olympe couvert de neige, emportant ces armes éclatantes.

Chant XIX

Achille

Comme l'aurore, couverte de son voile de pourpre, sortait des flots de l'océan pour porter la lumière aux dieux et aux hommes, Thétis arrive aux vaisseaux de son fils avec les armes qu'Héphaïstos venait de lui donner. Elle trouve Achille au milieu de ses compagnons éplorés : il étreignait entre ses bras le corps de son ami et poussait des cris aigus. Elle lui prend la main et lui dit :

– Mon fils, fais trêve à ta douleur, puisque tel était le dessein des dieux que ton ami périsse. Reçois ces armes de la part d'Héphaïstos, jamais homme n'en a revêtu de pareilles.

Ce disant elle dépose les armes aux pieds d'Achille. Elles rendirent un son terrible, les Myrmidons furent saisis de crainte ; aucun d'eux n'osait les regarder, et tous s'enfuirent épouvantés. Au contraire, la colère enflammait Achille en les voyant, ses yeux flamboyaient terriblement sous ses paupières, il se réjouissait d'avoir en sa puissance ce présent d'un dieu. Après qu'il eut pris assez de contentement à les regarder, il dit à sa mère :

– On connaît aisément que ces armes sont de l'industrie d'un dieu et non pas de la façon d'un homme. Je les endosserai à cet instant même, mais j'ai peur que ces mouches n'engendrent des vers en la plaie de mon ami et que son corps n'en soit infecté, puisque, la vie étant ôtée du corps de l'homme, tout y tombe en putréfaction.

– Ne te mets point en peine de cela, lui répond Thétis, je prendrai le soin de conserver le corps de ton ami, et d'en chasser les mouches qui dévorent les hommes occis à la guerre. Quand même il serait un an sans être enseveli, son corps demeurera entier, et il en émanera une bonne odeur. Assemble seulement les princes grecs en conseil et, te dépouillant du courroux dont tu es animé contre Agamemnon pasteur des peuples, prépare-toi pour le combat après avoir repris ta première force.

Ce disant, elle lui accrut l'audace ; puis, pour rendre incorruptible le corps de Patrocle, elle y fait pénétrer par les narines le nectar et l'ambroisie. Le noble Achille longeait le rivage et, de sa voix terrible, il appelait au conseil les chefs de l'armée grecque. Pilotes, distributeurs de vivres, rameurs, tous s'y précipitent en foule, impatients de voir Achille, qui depuis longtemps n'était pas entré dans la mêlée. Deux serviteurs d'Arès, Diomède et Ulysse, y viennent en clochant, appuyés sur leurs lances : ils avaient été grièvement blessés à la dernière rencontre. Ils arrivent les premiers au conseil, ils s'asseyent. Le roi des hommes, Agamemnon, arrive le dernier : il ressentait encore une profonde douleur de la blessure que lui avait faite Coon avec son javelot dans un combat corps à corps. Achille se lève, et dit :

– Agamemnon, il nous eût été plus utile, lorsqu'entre nous deux éclata cette querelle au sujet de Briséis, qu'Artémis l'eût percée à coups de flèches dans les vaisseaux, le jour même que je la pris au sac de Lyrnesse. Il ne serait pas mort autant de Grecs, pendant que j'étais courroucé, sous le fer de nos ennemis, lesquels se sont bien trouvés de nos dissensions ; les Grecs, au contraire, ont sujet de s'en souvenir longtemps. Oublions donc le passé, bien que nous devions en avoir du regret, et apaisons notre colère, puisque la nécessité le veut. Pour moi, je me dépouille de toute rancune, car il ne faut pas que mon courroux soit immortel. Conduis tes troupes au combat, afin que j'éprouve promptement si nos ennemis passeront la nuit auprès de nos tentes. Je crois que celui qui pourra éviter le fer de ma pique fléchira volontiers le genou.

Ces paroles apportèrent de la joie à tous les Grecs : ils étaient heureux de voir que le magnanime fils de Pélée avait apaisé sa colère.

Agamemnon leur parle ainsi de sa place :

– Héros, fils de Danaos, serviteurs d'Arès, mes amis, je me lève pour vous parler ; soyez attentifs à mes paroles, et ne m'interrompez pas : car autrement, dans un aussi grand tumulte, vous ne pourriez même pas entendre celui des orateurs qui aurait la voix la plus retentissante. Je vais répondre au fils de Pélée ; vous autres, pesez bien ce que je lui dirai. Souvent vous m'avez fait des reproches ; eh bien, ce n'est pas moi qui suis coupable : ce sont Zeus, le Destin et Erinnys, celle des Erinyes qui erre pendant la nuit : ce sont eux qui ont jeté dans mon esprit cet orgueil funeste le jour où j'enlevai à Achille sa récompense. Pouvais-je résister à une déesse, une fille de Zeus, la funeste Até, laquelle abuse tous les hommes et les dieux ? Elle ne touche pas le sol de ses pieds délicats, mais elle marche sur la tête des hommes et altère leur esprit ; elle en a serré dans ses rets un autre que moi. Jadis elle osa se prendre à Zeus, lequel est pourtant le premier des dieux et des hommes. Ce fut par l'artifice d'Héra qu'elle le trompa le jour même qu'Alcmène devait enfanter Hercule dans la ville de Thèbes aux belles murailles. Zeus, hélas ! par vanterie, avait dit en présence des dieux : « Écoutez-moi, dieux et déesses, je vais déclarer ce que j'ai sur le cœur. Aujourd'hui par les soins d'Ilithye qui préside aux accouchements, un enfant de ma race verra la lumière, lequel commandera à tous ses voisins. » Héra, ne songeant qu'à le décevoir, lui dit : « Tu nous contes une menterie, et tu ne feras pas ce que tu dis. Si tu veux que nous ajoutions foi à ta parole, fais un serment irrévocable : que celui qui

naîtra aujourd'hui de ta race commandera à ses voisins. »
Zeus, ne pensant point à la fraude qu'elle lui tramait, fit
ce serment, lequel, peu de temps après, lui causa beaucoup de soucis. Héra, prenant son élan, descend vite du
haut de l'Olympe et arrive en Argos, où elle avait connu
la généreuse épouse de Sthénélos issu de Persée,
Alcmène, laquelle était enceinte de sept mois ; toutefois
elle fait naître l'enfant avant terme, ayant trop hâté les
couches d'Alcmène. Après cela elle vint annoncer cet
enfantement à Zeus en ces termes : « Zeus, qui tiens la
foudre en main, je veux t'avertir d'une chose : il est déjà
né l'homme qui commandera sur ceux d'Argos ; c'est
Eurysthée, fils de Sthénélos issu de Persée : il est de ta
tige, il n'est pas mal séant qu'il exerce ce commandement. » Ces propos apportèrent un tel trouble dans l'esprit de Zeus qu'il prit Até par les cheveux éclatants dont
sa tête était ornée, jura que cette furie, qui fomente la discorde partout où elle peut pénétrer, ne retournerait
jamais au ciel. Ce disant, il la fait tourner avec sa main,
et la précipite du haut du ciel au milieu des hommes. Il
pleurait souvent lorsqu'il voyait son fils chéri forcé
d'obéir aux ordres irraisonnables d'Eurysthée. Il en était
de même pour moi quand je voyais Hector au casque
panaché perdre les Grecs jusqu'auprès de nos vaiseaux :
je ne pouvais oublier cette Até qui m'avait déchiré le
cœur. Mais, depuis ce moment que Zeus m'avait enlevé
le jugement, j'ai voulu calmer ton courroux et te donner
force présents. Lève-toi donc pour marcher au combat et
enflamme le courage de nos troupes, et je te donnerai
tout ce qu'Ulysse t'a promis de ma part, l'autre jour, dans
ta tente. Si tu le veux, attends un peu, quoiqu'il soit expédient d'aller soudain au combat, et mes hommes t'ap-
porteront les dons que je te réserve, afin que tu voies à
quel prix je veux apaiser ton courroux.

Achille lui répond :

– Agamemnon, illustre chef de l'armée grecque, il est en ton pouvoir de me donner ces présents, comme il est juste de le faire, ou de les garder. Mais en ce moment il faut se résoudre à combattre sur-le-champ, car il serait indigne de nous traîner le temps en longueur en demeurant ici davantage. Notre œuvre est loin d'être accomplie ; comme vous me verrez au premier rang perdre les phalanges troyennes à coups de pique, de même, que chacun de vous lutte corps à corps avec son homme.

Ulysse, le prudent conseiller, lui parla de cette sorte :

– Achille, semblable à un dieu, il ne faut pas que ton courage t'emporte au point de précipiter vers Ilion les fils de la Grèce pour combattre à jeun contre les Troyens. Le combat pourra bien être de longue durée, une fois que les phalanges en seront venues aux mains et qu'un dieu enflammera leur courage. Ordonne-leur plutôt de prendre de la nourriture dans leurs vaisseaux : le pain et le vin enforcissent l'homme, lequel ne saurait combattre une journée entière sans prendre d'aliments. Bien que sa volonté soit bonne, la vigueur pourrait lui manquer : ses membres s'affaiblissent peu à peu, et la fatigue, avec la faim et la soif qui le travaillent, lui font plier les genoux dans la marche. Au contraire, celui qui s'est rassasié de nourriture et de vin peut résister un jour entier à la bataille ; son courage est bouillant et ses membres ne se lassent pas avant que tous se soient retirés du combat. Allons, ordonne aux troupes de se retirer et de prendre de la nourriture : de son côté, Agamemnon fera porter ici les présents qu'il t'a promis ; toute l'armée les verra et tu te réjouiras dans ton cœur. Se levant au milieu de tous les Grecs, il jurera qu'il n'a jamais partagé le lit de Briséis, qu'il ne s'est pas mêlé avec elle, comme les hommes ont coutume de le faire avec les femmes : ainsi ton esprit sera affranchi de tout scrupule à cet égard. Et afin qu'il te rende tout ce qui t'appartient, il se réconciliera avec toi dans un festin somptueux qu'il fera préparer dans ses tentes. Atride, sois désormais plus équitable envers d'autres, car ce n'est pas une chose qui puisse exciter l'indignation, qu'un chef ne se laisse pas fléchir, quand quelqu'un l'a offensé le premier.

Agamemnon lui réplique :

– Je suis fort satisfait de ton dire, Ulysse, tu as particularisé toutes choses fort à propos ; je veux jurer comme tu l'as proposé, mon esprit me le persuade, et ne me parjurerai jamais. Qu'Achille reste ici, bien qu'il soit désireux de se trouver au combat, et vous autres, restez aussi tant que j'aie fait apporter ces présents de mes tentes pour faire un accord de longue durée. Ulysse, je t'ordonne de choisir les jeunes gens les plus braves de l'armée pour conduire les captives et porter tous les dons que nous avons promis hier à Achille. Que Talthybios apprête de suite un sanglier pour le sacrifier à Zeus et au Soleil.

– Agamemnon, roi des hommes, dit Achille, tu songeras à tout cela dans un autre moment, lorsque le combat aura cessé et que ma colère ne fermentera plus autant dans mon cœur. Quand nos compagnons gisent percés de coups par la main d'Hector fils de Priam, tu parles de manger ! J'exhorterais bien plutôt les fils des Achéens à engager le combat quoiqu'ils soient à jeun ; au coucher du soleil, lorsque nous aurons vengé notre affront, nous ferons préparer un grand repas. Avant ce temps ni vin ni nourriture ne passeront par mon gosier ; mon ami gît dans ma tente couvert de blessures, ses pieds tournés vers la porte ; ses compagnons l'entourent et pleurent. C'est pourquoi je ne pense à autre chose qu'au meurtre, au sang et aux soupirs des mourants.

Ulysse lui repartit :

– Fils de Pélée, si tu es plus vaillant que moi par la lance, je l'emporte sur toi par ma prudence ; ensuite je suis plus âgé, et partant plus expérimenté que toi. Voilà pourquoi tu dois acquiescer à mon dire. Les hommes sont bientôt lassés d'une bataille sanglante où le fer ne laisse pousser que le chaume sur la terre ; et la moisson est légère après que Zeus, qui distribue les victoires comme il lui plaît, a fait pencher la balance. Ce n'est point par le jeûne que les Grecs doivent pleurer ton ami. Tous les jours une foule de guerriers succombent dans la mêlée : quand donc pourrions-nous mettre un terme à notre douleur ? Il faut ensevelir celui qui est mort et, sans perdre rien de notre fermeté, pleurons-le un jour entier. Mais nous qui avons survécu, nous ne devons pas manquer de boire et de manger afin que, revêtus de nos armes, nous marchions contre les ennemis, sans trêve, et animés d'un nouveau feu. Que personne ne compte sur une nouvelle exhortation : malheur à celui qui resterait près des vaisseaux. Tous nous quitterons le camp pour engager avec les Troyens dompteurs de chevaux un combat corps à corps.

Ce disant, il choisit pour l'accompagner les fils de l'illustre Nestor : Mégès né de Philée, Thoas, Mérion, Mélanippos et le fils de Créon, Lycomède ; tous se rendent à la tente d'Agamemnon. Aussitôt dit, aussitôt fait. On transporte hors de la tente les sept trépieds, les vingt vases splendides ; on amène les douze chevaux ; et, enfin paraissent les belles captives, remarquables par leur beauté, et citées pour leur adresse merveilleuse dans les ouvrages de main : Briséis arrive la huitième. Ulysse, ayant pesé les dix talents d'or, les précède ; les jeunes gens apportent les autres dons au milieu de l'assemblée. Agamemnon se lève, près de lui se place Talthybios, semblable à un dieu par la voix : il tient le sanglier entre ses mains. Agamemnon tire un couteau qui pendait près du fourreau de son épée, coupe pour prémices quelques poils du dos de l'animal, et lève ses mains au ciel avant de commencer sa prière. Les Grecs étaient assis en silence pour écouter leur roi : celui-ci, les yeux fixés vers la voûte immense du ciel, commence ainsi :

– Sois-moi témoin, Zeus, le premier et le plus puissant des dieux, et vous, Terre, Soleil et Erinyes qui dans les Enfers punissez les parjures, que je n'ai jamais porté la main sur la jeune Briséis, ni pour partager son lit, ni pour toute autre cause, et qu'elle a toujours demeuré intacte dans mes tentes. S'il y a quelque fausseté dans mon dire, que les dieux m'affligent des mêmes fléaux qu'ils ont accoutumé d'envoyer aux parjures.

Comme il eut proféré ces mots, il égorge le sanglier, et Talthybios le fait rouler dans la mer pour servir de pâture aux poissons.

Achille, se levant au milieu des troupes, dit :

– Zeus le père, tu procures maintes disgrâces aux hommes. Certainement jamais Agamemnon ne m'eût mis en colère, et n'eût enlevé malgré moi Briséis, si tu n'eusses voulu faire périr un grand nombre de Grecs. Allez donc, vous autres, prendre votre repas, afin qu'aussitôt après nous attaquions nos ennemis.

Sa harangue étant achevée, chacun se retira dans sa tente. Les braves Myrmidons portent les présents aux vaisseaux de leur chef, ils font asseoir les captives, et des écuyers mènent les chevaux pâturer avec ceux d'Achille. Briséis, semblable à Aphrodite aux cheveux d'or, n'eut pas plus tôt vu le corps de Patrocle déchiré par le fer, qu'elle l'entoure de ses bras, jette des cris perçants, meurtrit son sein, sa tête délicate et son beau visage et, apparaissant à tous comme une déesse, elle dit en pleurant :

– Patrocle si cher au cœur d'une malheureuse, je te laissai en vie en m'en allant de la tente d'Achille et, de retour ici, je t'y trouve mort, ô noble chef de braves guerriers ! Comme les disgrâces se succèdent pour moi ! J'ai vu percé d'un fer aigu devant la ville l'époux auquel m'avaient unie mon père et ma mère vénérable, et périr le même jour trois frères auxquels la même mère donna le jour, et que j'aimais de la plus vive tendresse. Tu ne voulais pas que je pleurasse quand Achille tua mon époux et détruisit la ville du divin Mynète ; tu me disais que tu me ferais sa première épouse, que tu m'emmènerais à Phthie sur ses vaisseaux, et que tu ordonnerais le festin nuptial au milieu des Myrmidons. C'est pourquoi je ne cesserai jamais de pleurer ta mort, puisque tu fus toujours si doux pour moi.

Elle dit ainsi en pleurant, et les autres femmes mêlaient leurs larmes aux siennes, en apparence au sujet de Patrocle, mais en réalité sur leur propre infortune. Les chefs des Grecs s'étaient réunis auprès d'Achille et le suppliaient de prendre quelque nourriture. Mais il refusait en gémissant :

– Si vous avez encore quelque égard pour moi, ne me pressez pas de prendre de nourriture : mon cœur est en proie à une trop grande douleur, je saurai bien attendre jusqu'au coucher du soleil.

Il congédia les rois. Cependant les Atrides, Ulysse, Nestor, Idoménée et le vieux Phénix, restèrent pour le consoler ; mais sa douleur ne pouvait recevoir d'adoucissement avant qu'il se fût engagé au fort d'une mêlée sanglante. Se reportant vers le passé, il poussait de profonds soupirs, et disait :

– C'était toi, ô le plus cher et le plus infortuné de mes amis, qui m'apprêtais en ma tente un agréable repas avec diligence et de bon cœur, quand les Achéens se hâtaient de porter aux Troyens une guerre féconde en larmes. Et maintenant que tu n'es plus, je ne prendrai aucune nourriture : non que j'en manque, mais je veux être tout entier à la douleur de ta perte. Non, je ne serais pas frappé d'un coup plus cruel si j'apprenais la mort de mon père : peut-être en ce moment verse-t-il de douces larmes en pensant à son fils qui, sur une terre étrangère, combat contre les

Troyens à cause de l'odieuse Hélène. Je ne serais pas plus affligé de la mort de Néoptolème, de ce fils chéri, aussi beau qu'un dieu, lequel je fais élever à Scyros, si toutefois il vit encore. J'avais toujours pensé que seul, loin d'Argos aux beaux chevaux, je périrais devant Troie, et que tu pourrais retourner à Phthie, et emmener mon fils avec toi. Là tu lui aurais montré mes richesses, mes champs, mes esclaves et ma grande maison avec son toit élevé : car j'ai comme un pressentiment que Pélée ne vit plus, ou que, sous le poids de l'odieuse vieillesse, il traîne une triste existence, attendant d'heure en heure qu'on lui apprenne que son fils a péri.

Il finit ces paroles en pleurant ; les chefs pleuraient aussi en pensant à ce que chacun d'eux avait laissé dans sa maison. Le fils de Cronos, ayant compassion de leurs gémissements, parla de la sorte à Athéna :

– Ma fille, abandonnes-tu tout à fait un guerrier courageux ? Achille est-il effacé de ton cœur ? Regarde-le devant ses vaisseaux aux poupes élevées, pleurant la mort de son ami : les autres sont allés manger et lui refuse toute nourriture. Va donc, et distille-lui du nectar et de l'ambroisie dans l'estomac, de peur que la faim ne l'oppresse.

Ces paroles excitent l'ardeur d'Athéna qui ne demandait pas mieux que d'obéir. Comme un aigle de mer qui étend ses ailes en faisant de grands cris, elle fond du ciel à travers les airs. Les Grecs s'armaient dans leur camp. Elle distille de l'ambroisie et du nectar dans la poitrine d'Achille, de peur que la faim ne l'affaiblisse, puis elle retourne à la solide demeure de son père tout-puissant.

Alors les Grecs se précipitèrent hors de leurs vaisseaux rapides. Comme au souffle du violent Borée, qui ramène quelquefois un temps serein, des flocons de neige serrés les uns contre les autres voltigent des nuées de Zeus le père de même apparaissaient, s'élançant hors des vaisseaux, force casques éclatants, boucliers arrondis, cuirasses solides, lances de frêne, dont la splendeur s'élevait au ciel. La terre semble sourire à l'éclat qui jaillit de ces armures, et un bruit sourd se fait entendre sous les pas des hommes. Achille s'armait au milieu de ces troupes, grinçant des dents ; ses yeux étincelaient comme une flamme de feu : son cœur est déchiré par une douleur qu'il ne peut supporter. Dominé par la haine qu'il a vouée aux Troyens, il se revêt de l'armure présent d'Héphaïstos.

Il met d'abord ses jambarts, qu'il fixe avec des agrafes d'argent, puis sa cuirasse ; il pend en écharpe son épée d'airain à clous d'argent, saisit son bouclier large et solide, qui reluisait au loin comme la lune. Telle cette flamme qui s'élance du haut d'un lieu désert vers le ciel, brille aux regards des nautoniers poussés par la tempête loin de leurs amis, sur une mer dangereuse, tels sont les rayons de feu que le divin d'Achille darde jusqu'aux nues. Ayant levé son casque pesant, il le met sur sa tête ; il brille comme un astre ; sur le sommet s'agite la longue crinière d'or dont Héphaïstos l'a orné. Il essaye ces armes afin de s'assurer qu'elles lui vont bien et que ses mouvements sont libres : il se sent si léger qu'il lui semble avoir des ailes. Il tire de son fourreau la pique pesante, longue, solide, que lui avait donnée son père, laquelle personne ne pouvait manier que lui. Son bois fut coupé sur le Pélion par Chiron, qui le remit à Pélée pour causer dans la suite la perte d'une foule de héros.

Alcime et Automédon garnissent les chevaux et les attellent, ils leur mettent le mors et passent les rênes qu'ils nouent au devant du char. Automédon y monte sur le devant, il a le fouet brillant en main ; Achille s'y place sur l'arrière, tout prêt à combattre : son armure reluit comme le soleil, et de sa voix terrible il anime les chevaux de son père.

– Xanthos, Balios, généreux poulains de Podarge, ne manquez point de ramener sain et sauf votre conducteur à l'armée des Grecs quand nous aurons assez combattu, et ne l'abandonnez point mort comme Patrocle.

Xanthos sous le joug lui répond (tout à coup il avait baissé sa tête, toute sa crinière traînait à terre, et la déesse Héra aux bras blancs lui fait prononcer ces paroles) :

– Et certainement nous te ramènerons sain et sauf, impétueux Achille, mais ton dernier jour est proche, et néanmoins nous n'en serons pas coupables, mais un dieu puissant et un destin cruel. Ce n'est point par notre peu d'ardeur que les Troyens ont dépouillé Patrocle de ses armes ; c'est le plus courageux des dieux, celui qu'enfanta Latone à la belle chevelure, qui l'a tué à la tête des siens et en a donné la gloire à Hector. Nous égalerions en vitesse le souffle de Zéphyr, que l'on dit pourtant bien rapide : pourquoi faut-il que toi-même tu périsses par la main d'un mortel assisté d'un dieu ?

Les Erinyes empêchèrent qu'il n'en dît davantage ; mais Achille, indigné, lui répond :

– Pourquoi me prédis-tu ma mort ? Je sais bien que je dois périr ici, loin de mon père et d'une mère immortelle, mais je ne m'arrêterai pas avant que les Troyens ne soient rassasiés de combats.

Ce disant, il pousse de grands cris et dirige ses chevaux vers les premiers rangs.

Chant XX

Dieux et déesses

Ainsi les Grecs, insatiables de combattre, s'armaient sur leurs vaisseaux noirs, autour de toi, fils de Pélée ; et de même les Troyens, sur une colline de la plaine.

C'est alors que Zeus ordonne à Thémis de convoquer en assemblée les dieux au sommet de l'Olympe : en un moment elle l'a parcouru pour leur faire connaître l'ordre de leur maître. On voit se rendre en la demeure de Zeus tous les fleuves excepté l'océan, les nymphes des belles forêts, celles des fontaines et des vertes prairies. Arrivés au palais de celui qui rassemble les nuées, tous se placent sur des sièges faits avec art par Héphaïstos à Zeus son père. A peine étaient-ils réunis que Poséidon, ayant quitté son royaume des eaux, arrive au milieu d'eux, sans avoir été informé par Thémis de se rendre à l'assemblée. Il interpelle Zeus en ces termes ;

– Toi qui lances la foudre, qui te meut à nous appeler encore en conseil ? As-tu délibéré quelque chose sur ce qui regarde les Troyens et les Grecs ? Le moment approche où va s'engager une terrible mêlée.

– Dieu qui ébranle la terre, répond Zeus, tu as pénétré le dessein qui m'engage à vous réunir. Je veux avoir souci de ceux qui doivent périr. Je demeurerai sur le sommet de l'Olympe, et de là je prendrai plaisir à regarder. Vous autres, descendez vers les Troyens et les Grecs, et que chacun prenne parti pour celui des deux peuples qu'il affectionnera. Bien qu'Achille combatte seul contre les

Troyens, il n'y a point d'apparence qu'ils lui résistent, puisqu'ils en ont eu de l'effroi en le voyant seulement. J'appréhende même qu'étant gravement irrité de la mort de son ami, il ne détruise Ilion avant le moment qui en a été fixé par les destins.

Ces propos achevés, il suscita une sanglante mêlée.

Les dieux s'y acheminèrent avec une délibération différente, suivant le parti qui leur touchait au cœur. Héra, Pallas, Athéna, Poséidon, Arès à l'esprit bien avisé, et Héphaïstos fier de sa force et boitant, vont auprès des vaisseaux. Du côté des Troyens se rangent Arès dont la tête fait mouvoir un casque brillant, Phœbus à la belle chevelure, Artémis qui se plaît à lancer des flèches, Latone, le Xanthe et Aphrodite au doux sourire.

Tant que les dieux s'étaient tenus à l'écart du combat, les Grecs étaient pleins d'une joie superbe en voyant Achille au milieu d'eux, lui qui s'était tenu si longtemps éloigné de leurs rangs ; mais un frisson terrible avait saisi les membres des Troyens lorsque Achille leur était apparu couvert de ses armes éclatantes et semblable à Arès, le tueur d'hommes. Au moment où les dieux se mêlent à cette grande multitude de peuples, la Discorde réveille toutes ses fureurs et les pousse tous à se ruer les uns contre les autres. Tantôt sur le bord du fossé, quelquefois sur le rivage, Athéna pousse de grands cris. De l'autre côté, du haut de la ville, semblable à la noire tempête, Arès anime les Troyens, puis se met à courir sur les riantes collines qui bordent le Simoïs.

Ainsi les dieux bienheureux animaient ces peuples les uns contre les autres et laissaient la Discorde sévir parmi eux. Zeus père des dieux et des hommes lance au ciel sa foudre, qui éclate en terribles fracas ; Poséidon ébranle la terre et les sommets élevés des montagnes : le mont Ida, ses sources, la ville des Troyens et les vaisseaux des Grecs tremblent. Le roi des Enfers, Hadès, saute de son trône :

il craint que Poséidon, entrouvrant la terre, ne mette à découvert ces lieux terribles dont les dieux eux-mêmes ont horreur.

Tel est le tumulte qui signale la présence des dieux parmi les deux armées.

Apollon, avec ses flèches empoisonnées, s'oppose à Poséidon ; Athéna à Arès ; Héra à Artémis, qui aime à entendre la voix des chasseurs et se plaît à lancer des flèches : elle est la sœur de celui qui frappe au loin ; Hermès à Latone ; et Héphaïstos au fleuve que les dieux appellent Xanthe, et les hommes Scamandre.

Ainsi les dieux combattent contre les dieux ; mais Achille n'a d'autre intention que de s'enfoncer dans le gros des Troyens pour y trouver Hector, fils de Priam, du sang duquel il voulait rassasier Arès, guerrier invincible. Celui qui excite les peuples au combat, Apollon, veut mettre Énée aux prises avec le fils de Pélée, et à cet effet il enflamme son cœur d'une audace guerrière. Sous la forme d'un des fils de Priam, Lycaon, dont il emprunte la voix, il lui dit :

– Énée, prince des Troyens, où sont ces menaces que tu faisais à la table des chefs troyens de te mesurer avec le fils de Pélée ?

– Fils de Priam, pourquoi veux-tu que je m'avance malgré moi contre Achille ? Ce ne serait pas la première fois que je me trouverais en face de lui : avec sa lance il m'a chassé du mont Ida, lorsqu'il s'empara de nos bœufs et qu'il détruisit Lyrnesse et Pédase ; mais Zeus me vint en aide en me rendant courage et assouplissant mes genoux. Certes je serais tombé sous sa puissance et sous celle d'Athéna, laquelle, marchant devant lui, lui donnait la victoire et l'animait à percer de sa pique les Lélèges et les Troyens. Il est impossible à un homme de mesurer son épée avec celle d'Achille, puisqu'il a toujours un dieu à ses côtés qui le préserve de sa ruine. Son trait va droit au but et ne se ralentit pas avant d'avoir percé le corps de l'homme de part en part. Si l'un des dieux voulait me donner le même avantage, il ne pourrait me vaincre facilement, quoiqu'il se glorifie d'être tout d'airain.

Apollon lui réplique :

– Que ne pries-tu les dieux ? Chacun t'estime fils de la déesse Aphrodite, et lui d'une autre déesse inférieure à ta mère, qui est fille de Zeus, et la sienne du vieillard marin. Mais lance droit ton trait, et ne te laisse pas intimider par ses menaces.

Il cessa de parler et anima le courage de ce chef troyen, qui s'avança aux premiers rangs armé d'un fer étincelant. Énée ne put si bien faire qu'Héra ne l'aperçût allant ainsi parmi la presse en intention d'assaillir Achille : aussitôt elle appelle les dieux de son parti, et leur dit :

– Poséidon et Athéna, considérez bien l'issue de ce qui se prépare. Énée, poussé par Apollon, s'en va contre Achille. Opposons-nous à cette rencontre, ou bien que quelqu'un de nous assiste Achille et lui donne une si grande force qu'il connaisse qu'il ne saurait désirer aucune chose de nous qu'il ne l'obtienne, qu'il est aimé des plus puissants des immortels, et que ceux-là sont vains qui s'efforcent d'écarter d'Ilion la guerre et le carnage. Ne sommes-nous pas tous descendus du ciel ayant résolu qu'il ne recevrait aucune disgrâce ni blessure des Troyens ? Une autre fois il lui adviendra ce que la Moire a tramé de lui quand sa mère le mit au monde. Si Achille n'a rien appris de tout ceci par la bouche d'un immortel, il pourrait dorénavant avoir crainte s'il voyait quelque dieu lui venir à l'encontre : les dieux sont redoutables quand ils sont reconnus.

– Héra, répond Poséidon, il ne te convient pas de t'irriter sans sujet. Je ne voudrais pas attirer les dieux dans un combat où nous serions les plus forts. Mais allons nous asseoir en un lieu éminent d'où nous pourrons voir à notre aise ce qui se passera : les hommes auront soin du combat. Si Arès ou Phœbus Apollon commencent la bataille, ou s'ils s'opposent à Achille ou l'empêchent de combattre, c'est alors que nous engagerons un combat acharné, et je pense qu'ils retourneront promptement en l'assemblée des dieux, vaincus par l'effort de nos mains.

Ces paroles finies, Poséidon aux cheveux d'azur les conduisit vers un rempart formé de terres relevées, qu'Athéna et les Troyens avaient autrefois bâti pour servir de fort à Hercule, lorsqu'il serait poursuivi par le monstre marin, du rivage dans la plaine. Poséidon s'assied en ce lieu, et les autres dieux aussi ; ils se couvrent les épaules d'une nuée qui ne pouvait se scinder. Les dieux qui favorisaient les Troyens étaient assis sur les sommets du Callicome, autour de toi, Apollon qui lances au loin, et d'Arès le destructeur de villes. Ainsi ces dieux, formant deux groupes séparés, tenaient conseil et différaient de commencer le combat ; Zeus les y animait du haut de l'Olympe. Le camp était plein d'hommes et de chevaux et resplendissant d'airain ; le sol grondait sous les pieds de cette multitude. Deux des plus vaillants étaient près de combattre au milieu des deux armées : Énée fils d'Anchise, et Achille fils de Pélée.

Énée s'avance le premier, d'un air menaçant ; il secoue son casque, fait rempart de son bouclier et brandit sa pique ferrée. Achille, d'autre côté, se rue sur lui comme un lion à la dent meurtrière, lequel des villageois... tout un village poursuit avec ardeur pour le faire périr. Il s'avance sans prendre garde à eux ; mais, si quelqu'un de ces hommes agiles dans le combat le frappe d'un coup de pique, il s'assemble la bouche béante : l'écume s'élève autour de ses dents ; dans sa poitrine gémit son cœur généreux ; il frappe de sa queue ses cuisses et ses flancs ; il s'excite lui-même au combat et, regardant de travers, il est emporté par sa fureur à se ruer sur un de ses ennemis,

ou à succomber au milieu de la foule. De même le courage et la grande âme d'Achille l'incitaient à marcher contre Énée. Et comme ils furent assez près pour s'attacher l'un à l'autre, le fils de Pélée tint ce langage au fils d'Anchise :

– Dans quelle intention as-tu traversé tant de bataillons pour t'arrêter ici ? Serait-ce pour t'éprouver contre moi, dans l'espoir de commander aux Troyens avec la même dignité que Priam ? Mais, quand même tu me tuerais, Priam ne te donnerait pas pour cela cette récompense : il a des enfants, il a l'esprit ferme et prudent. Ou bien les Troyens, si tu me fais périr, détacheront-ils une plus grande portion d'une bonne terre labourable pour que tu la cultives ? Je pense que ce te sera une chose difficile à faire, car je crois t'avoir déjà donné l'épouvante. Ne te souvient-il plus quand je te mis en fuite, te faisant abandonner les bœufs que tu gardais sur le mont Ida ? Tu ne tournas jamais visage, tu te sauvas dans Lyrnesse, laquelle dans la suite je saccageai avec l'aide d'Athéna et de Zeus son père, emmenant les femmes captives après leur avoir ôté la liberté. Zeus et les autres dieux te sauvèrent de mes mains. Je n'estime pas à présent qu'ils t'en garantissent, comme tu te l'imagines : voilà pourquoi je te conseille de retourner en la foule avant qu'il t'arrive du mal. L'insensé ne connaît sa faute qu'après qu'il l'a commise.

– Ne crois pas, lui répond Énée, m'épouvanter avec des paroles, comme un enfant, car je pourrais à mon tour te lancer la menace et l'outrage. Nous connaissons l'un et l'autre notre origine et nos parents, nous le savons par le ouï-dire, bien que je n'aie jamais vu les tiens, ni toi les miens. On dit que tu es fils du courageux Pélée et de la nymphe marine Thétis à la belle chevelure ; moi, je me vante d'être fils de l'illustre Anchise et de la déesse Aphrodite. Quelques-uns d'eux pleureront aujourd'hui leur enfant, car je ne crois pas que notre combat finisse par des discours puérils. Si tu veux connaître ma race, et un grand nombre d'hommes ne l'ignorent pas, elle remonte à Zeus, qui engendra Dardanos, lequel fit bâtir Dardanie, Ilion n'étant pas encore édifiée, ni peuplée d'hommes à la voix articulée, car ils habitaient sous le mont Ida aux nombreuses sources. Dardanos fit naître Erychthonios, le plus riche de tous les mortels. Il avait trois mille cavales, fières de bondir avec leurs jeunes poulains en paissant autour d'un grand marais. Borée fut amoureux de quelques-unes de ces juments et, sous la forme d'un cheval aux crins noirs, il les saillit. Étant pleines elles firent douze poulains. D'un saut elles passaient sur les épis sans les rompre, et sur la mer sans troubler sa surface. Erychthonios enfanta Tros, roi des Troyens. Tros eut trois enfants : Ilos, Assaracos et Ganymède, le plus beau de tous les hommes : aussi fut-il ravi par les dieux pour servir d'échanson à Zeus à cause de sa beauté. Ilos engendra Laomédon, et Laomédon Tithon, Priam, Lampos, Clytie et Hicétaon, rejeton d'Arès. Assaracos engendra Capys, Capys Anchise, et je suis fils d'Anchise, comme Hector l'est de Priam. Je me glorifie d'être issu de cette tige et de ce sang. Zeus augmente et diminue la force aux hommes comme il lui plaît : c'est le plus puissant des dieux. Sus donc, et ne discourons plus comme des enfants sur le champ du combat. Nous pouvons nous dire un millier de reproches, si nous voulons, voire même un si grand nombre qu'un vaisseau de cent rames n'en saurait porter la charge. La langue des hommes est prompte à parler, elle trouve force paroles sur tous sujets, et le champ des paroles est ample de part et d'autre : tels mots que tu diras, tels mots on te pourra répondre. Mais quel besoin avons-nous de disputer l'un contre l'autre et nous dire des injures, comme des femmes courroucées, lesquelles se battent à coups de langue sur une place publique, mettant en avant plusieurs choses vraies et plusieurs fausses, bref telles que la colère les leur fait dire ? Tes paroles ne me feront pas reculer avant que j'en sois venu aux mains avec toi. Sus donc ! vivement, éprouvons-nous à coups de pique.

Et, disant ces paroles, il lance sa pique contre le bouclier terrible, lequel mugit tout entier dès qu'il fut touché par le fer. Le fils de Pélée le tenait d'une main robuste éloigné de sa poitrine : il est étonné du coup, car il présumait que son bouclier était percé de part en part. Mais, enfant qu'il était, il ne réfléchissait pas que les présents des dieux ne peuvent être brisés par la main des hommes et ne cèdent pas à leurs coups. Tant s'en fallait qu'Énée pût percer le bouclier, que la pointe de sa pique reboucha contre l'or après avoir percé deux lames, et qu'il en demeurait encore trois tout entières. Héphaïstos en avait mis cinq les unes contre les autres, dont deux d'airain, séparées des deux dernières, qui étaient d'étain, par une d'or, à laquelle la pique s'arrêta. Achille enfonce sa pique à cet endroit du haut du bouclier d'Énée, où l'airain, moins épais qu'au centre, n'est recouvert que d'un cuir de bœuf aminci : la pique perce d'outre en outre le bouclier qui résonne sous la violence du coup. Énée s'assemble, maintient son bouclier en avant ; la pique brise les deux cercles qui en garnissent le tour, passe au-dessus et va se planter en terre. Énée, ayant ainsi paré le coup, se redresse ; un chagrin profond lui voile les yeux : il était interdit en voyant la pique fichée en terre, si près de lui. Achille, furieux, dégaine son épée, se précipite sur Énée avec un cri effroyable. Alors celui-ci prend une pierre énorme, laquelle deux hommes de ce temps ne pourraient soulever ; seul il la fait tournoyer sans effort. Et il aurait frappé Achille au bouclier ou bien au casque, armes qui auraient garanti du coup le fils de Pélée, lequel aurait de son côté fait perdre la vie à Énée avec le tranchant de son épée, si Neptune, le dieu qui ébranle la terre, en s'en fût aperçu et n'eût dit ces paroles aux dieux :

– Avec quelle douleur je vois Énée au grand cœur, abattu par le fils de Pélée, descendre bientôt aux Enfers ! L'imprudent ! il s'est laissé persuader par Apollon, qui n'écartera pas de lui la triste mort. Pourquoi faut-il qu'innocent il souffre de si grands maux, et qu'il pâtisse pour les fautes des autres, lui dont les offrandes sont agréables aux dieux qui habitent le vaste ciel ? Garantissons-le de la mort, de peur que Zeus ne se courrouce si Achille le tue. Son destin lui permet d'éviter ce péril, afin que Dardanos ne soit privé de postérité, lequel Zeus préférait à tous les enfants qu'il a eus de femmes mortelles. Il hait la race de Priam. Désormais Énée commandera aux Troyens et à leurs neveux.

Héra lui répondit :

– Poséidon, juge toi-même si tu dois sauver Énée, ou si tu le laisseras tomber sous la puissance d'Achille. Nous autres nous avons maintes fois juré que nous ne détournerions jamais de la tête des Troyens le jour fatal qui les menace, quand même Troie serait embrasée et que les Grecs la réduiraient en cendres.

Poséidon, ayant entendu ces propos, s'achemine parmi les bataillons et le bruit des piques. Il arrive où étaient Achille et Énée. Il couvre les yeux d'Achille d'une épaisse nuée et met à ses pieds sa pique qu'il vient d'arracher du bouclier d'Énée. Il enlève Énée, qu'il fait passer au-dessus des hommes et des chevaux jusqu'à ce qu'il le fasse toucher aux derniers rangs de l'armée, près desquels les Caucons s'armaient pour marcher au combat. Alors il lui dit :

– Énée, quel dieu t'a poussé jusqu'à combattre contre Achille, qui est plus fort que toi et plus cher aux immortels ? Retire-toi toutes les fois que tu le rencontreras, de peur que contre l'ordre du Destin tu ne descendes à la demeure d'Hadès. Mais, après que les jours d'Achille seront accomplis, combats hardiment aux premiers rangs, car aucun des Grecs ne te fera périr.

Il le quitte après lui avoir fait tous ces commandements. Aussitôt il dissipe le nuage dont il avait couvert les yeux d'Achille, lequel voit clair aussitôt et, parlant à son grand cœur, dit :

– C'est une chose bien étonnante : ma pique est étendue sur le sable, et je ne vois plus celui contre lequel je l'avais lancée dans l'intention de lui porter la mort. Énée, à la vérité, était aimé des dieux immortels : je pensais qu'il s'en glorifierait vainement. Qu'il aille à la mâle heure ! Il n'aura plus désormais l'envie d'éprouver mes forces, puisqu'il s'enfuit ainsi volontairement pour échapper à la mort. Sus donc ! Ayant donné courage aux Grecs, je ferai l'essai de mes forces sur ceux des Troyens que je rencontrerai.

Ces paroles finies, il s'élance sur les bataillons, faisant ce commandement à chaque homme de l'armée :

– Sus donc ! Généreux Grecs ! ne vous tenez plus éloignés des Troyens, mais que chacun choisisse son homme, s'apprêtant à l'assaillir : car il m'est impossible, quelque force que j'aie, de poursuivre tant de monde et de combattre contre tous ; Arès et Athéna même, dieu et déesse immortels, ne le pourraient en une si grande mêlée. Mais je ne donnerai quelque peu que ce soit de relâche à mes pieds, à mes mains ni à mon courage, que je ne fende la presse, et les Troyens qui se trouveront au-devant du fer de ma lance n'auront pas lieu de s'en réjouir.

En achevant son dire, il animait les siens.

Hector en faisait autant de son côté ; il promettait aux Troyens qu'il irait à la rencontre d'Achille :

– Valeureux Troyens, disait-il, ne redoutez point le fils de Pélée. Je contesterais de paroles avec les dieux ; mais, quant à me mesurer avec eux à la lance, ils sont trop puissants. Achille n'effectuera point tout ce qu'il dit : il en adviendra bien une partie, l'autre demeurera imparfaite. J'irai droit à sa rencontre, quoique par la force de ses mains il soit semblable au feu, et par son courage à un fer rouge.

Il n'avait pas fini ces mots que les Troyens élevèrent leurs piques en l'air, et leurs bataillons, s'étant réunis en un seul corps, poussaient de grands cris. Apollon, étant auprès d'Hector, lui tint ce langage :

– Hector, n'en viens plus aux mains seul à seul avec Achille, si tu me veux croire ; mais attends-le au milieu de la presse, en te tenant dans les rangs, de peur qu'il ne te perce d'un coup de pique ou ne te blesse d'un coup d'épée.

Hector, ayant entendu ce conseil, se retire tout effrayé au milieu de la foule. Achille, l'âme pleine de force, se rue sur les Troyens, criant d'une voix effroyable. Il tue d'abord Iphition, fils du courageux Otrynte et chef de nombreuses troupes : la nymphe Naïs l'avait enfanté dans la ville opulente d'Ida, au pied du Tmole couvert de neige. Comme ce guerrier se précipitait sur Achille, celui-ci le frappa de sa pique au milieu de la tête, laquelle fut partagée en deux. Il fit un grand bruit en tombant, et Achille se glorifiant du coup :

– Fils d'Otrynte, tu gis là sur la poussière, et le lieu de ta naissance est sur le bord du lac Gygée, près duquel se trouve le champ paternel, non loin du fleuve Hyllos, abondant en poissons, et des tourbillons de l'Hermos.

Il disait ces paroles avec jactance, pendant que la mort couvrait les yeux d'Iphition d'une ténébreuse obscurité : maintes jantes de roues lui passèrent sur le corps à la première rencontre. Ensuite Achille frappe à la tempe le vaillant fils d'Anténor, Démoléon : son casque ne le peut garantir du coup ; la pique, après avoir percé l'os et brisé la cervelle, avait dompté ce Troyen qui brûlait de combattre. Cela fait, il atteint au dos Hippodamas au moment où il descendait de son char et voulait prendre la fuite devant lui. Il rend l'âme en mugissant comme le taureau traîné par de jeunes garçons à l'autel de Poséidon, qui prend plaisir à ce sacrifice : ainsi l'âme courageuse d'Hippodamas abandonna ses os pendant qu'il mugissait. Achille poursuivit aussitôt Polydore, fils de Priam, auquel le père n'avait pas permis de se trouver dans la mêlée, à cause de l'affection extrême qu'il lui portait comme le plus jeune de ses enfants. Il l'emportait sur tous à la course, lorsque, par une vanité d'enfant, s'étant mis à courir à travers les premiers rangs, il perdit la vie. Achille le frappa par-derrière, en l'échine, où se croisent les anneaux du baudrier et le derrière de la cuirasse : la lame traverse le nombril, Polydore tombe sur ses genoux en gémissant : ses yeux s'obscurcissent ; il s'étend et semble vouloir retenir ses entrailles avec ses mains.

Quand Hector eut aperçu son frère Polydore couché sur la poussière et portant la main à son ventre, sa vue se couvrit d'un nuage noir ; il n'a plus le cœur de se tenir éloigné d'Achille, il marche sur lui et, semblable à la flamme, il brandit une pique aiguë. Dès qu'Achille l'aperçoit, il bondit, disant avec jactance :

– Voici près de moi cet homme qui m'a percé le cœur en tuant mon compagnon le plus cher : la crainte ne nous fera pas fuir plus longtemps l'un l'autre dans les rangs des soldats.

Et, regardant Hector de travers :

– Approche, dit-il, afin que promptement tu touches au seuil de la mort.

Hector lui fit cette réponse avec assurance :

– Achille, ne pense pas, par tes menaces, m'épouvanter comme un enfant, car je pourrais, comme toi, dire des injures et outrager mes ennemis. Je sais que tu es brave, et que je le suis bien moins que toi : cependant la victoire est entre les mains des dieux. Bien que je sois le plus faible, je puis t'enlever la vie après t'avoir frappé ; ma pique, comme la tienne, est armée d'un fer aigu.

Et, comme il parlait encore, il lui porta un coup de pique : Athéna la détourne d'un petit souffle ; elle revient vers Hector et tombe à ses pieds. Mais Achille, brûlant de le tuer, s'élance sur lui avec un cri effroyable. Apollon, qui a la puissance d'un dieu, enlève facilement Hector et l'enveloppe d'un nuage épais. Trois fois Achille se rue sur lui avec sa pique d'airain, trois fois il ébranle la nue ; mais, quand pour la quatrième fois il s'élance sur lui comme un dieu, il lui fait ses menaces :

– Chien, tu as derechef évité la mort ; elle était proche ; à cette heure Apollon t'en a préservé : c'est ce dieu que tu invoques avant d'aller entendre le sifflement des traits. Néanmoins je te tuerai si une autre fois tu te présentes devant moi et si quelqu'un des dieux me favorise. Pour le présent je me ruerai sur les autres Troyens, frappant ceux que je pourrai saisir.

Il frappe, disant cela, Driops au milieu du cou, lequel tombe à ses pieds. Laissant celui-là, il donne un coup de pique dans le genou de Démuchos, fils de Philétor, homme vaillant et de haute taille et, le frappant de son épée, il lui enlève la vie. Il se porte sur Laogone et Dardanos, fils de Bias, les jette en bas de leur char, le premier étant percé d'un coup de pique et l'autre occis d'un coup d'épée. Tros, fils d'Alastor, vient à lui, prend ses genoux, lui demande de l'épargner, de le renvoyer vivant et de ne pas le faire mourir puisqu'il est de son âge : pauvre enfant, il pensait qu'il pouvait le fléchir ; mais Achille n'était pas homme d'un cœur doux et facile, et sa férocité ne pouvait s'adoucir par aucune persuasion. Comme Tros lui prenait les genoux en le suppliant, il lui traverse le foie avec son épée ; le foie tombe, le sang noir qui découle de la blessure emplit son sein, et les ténèbres voilent ses yeux à mesure que le souffle de la vie s'exhale de sa poitrine. Il arrive près de Mulios, lui enfonce sa pique dans l'oreille : le fer pénètre jusqu'à l'autre oreille. Un instant après il fend d'un coup d'épée la tête d'Echéclos, fils d'Agénor : l'épée est chaude de son sang, la mort pourprée et un destin violent lui ferment les yeux. Il perce la main de Deucalion à cet endroit où s'enroulent les nerfs du coude : néanmoins, étant ainsi blessé et voyant la mort devant lui, Deucalion attend Achille ; celui-ci, le frappant de son épée à la nuque, fait voler au loin la tête avec le casque : la moelle jaillit des os et le tronc s'étend sur la poussière. S'avançant toujours, il frappe Rhigmos, qui était venu de la Thrace riche en blé : la pique reste fichée dans le ventre ; il tombe de son char. Aréithoos, son écuyer, voulant tourner ses chevaux en arrière, est blessé au dos d'un coup de pique : il trébuche en bas du char, les chevaux prennent l'épouvante.

Tel un feu brûlant s'élance avec furie à travers les vallées profondes d'une montagne aride, faisant tournoyer ses flammes au gré du vent ; tel Achille, égal à un dieu, se précipite en fureur à la poursuite de ceux qu'il veut percer de sa pique : la terre s'imbibait de sang. Lorsqu'on accouple sous le joug deux bœufs vigoureux aux larges cornes, pour battre l'orge blanche dans une aire, le grain se trie facilement de la paille sous les pieds des bœufs mugissants : de même les chevaux à l'ongle solide, animés par Achille au grand cœur, foulaient aux pieds les hommes et les boucliers : l'essieu et le char sont souillés du sang qui jaillit des pieds des chevaux et des roues. Le fils de Pélée voulait acquérir de la gloire ; mais ses mains puissantes étaient pleines de sang, de sueur et de poussière.

Chant XXI

Le Xanthe

Lorsque les Troyens furent arrivés près d'un gué du fleuve au beau cours, le Xanthe, auquel Zeus donna l'être, Achille les dispersa ; il en poursuivit un certain nombre par la plaine vers la ville, à l'endroit même où, le jour précédent, les Grecs avaient pris la fuite pour échapper à la fureur d'Hector. Les Troyens ainsi mis en déroute fuyaient, lorsque Héra les couvrit d'une nuée obscure pour arrêter leur course ; les autres tournoyaient dans le fleuve argenté, au lit profond, puis s'enfonçaient avec grand bruit : les courants résonnent et les rives gémissent ; quelques-uns nagent pêle-mêle à la merci des tourbillons. Lorsque des sauterelles s'envolent pour gagner une rivière, se dérobant ainsi à la fureur du feu, le feu, trouvant toujours un nouvel aliment, se propage sans cesse ; alors, frappées de frayeur, elles tombent dans l'eau : de même les Troyens, pour éviter la fougue d'Achille, s'étaient précipités dans les tourbillons du Xanthe, et ce fleuve était rempli d'hommes et de chevaux.

Achille laisse sa pique sur la rive et la cache sous des tamaris ; semblable à un dieu, il s'élance avec son épée seule, ne songeant qu'à la ruine de ses ennemis. Il frappait de tous côtés ; un gémissement affreux s'élevait des blessés, et l'eau était rougie de sang. Comme des poissons poursuivis par le dauphin monstrueux se retirent en sûreté dans les creux d'un port à l'abord facile ; ils redoutent le dauphin, parce qu'il dévore ceux d'entre eux qu'il peut attraper : de la même sorte les Troyens se cachaient sous les rochers du fleuve terrible. Achille, fatigué de tuer, choisit dans le fleuve douze jeunes gens vivants pour compenser la mort de Patrocle fils de Ménœtios. Il les tire hors de l'eau frappés de stupeur comme des faons et, leur ayant lié les mains par-derrière avec les courroies bien tranchées qu'ils portaient à leurs tuniques, il les donne à ses compagnons pour les conduire vers ses vaisseaux ; lui-même s'élance, désireux de tuer encore.

Il se trouve en face d'un des fils de Priam, Lycaon, qui fuyait hors du fleuve. Autrefois il l'avait emmené de nuit du verger de son père où il coupait des branches d'un figuier pour en faire des jantes de roues. Sort fatal ! survient le noble Achille qui, le conduisant dans ses vaisseaux, le vendit dans Lemnos, ville bien bâtie ; le fils de Jason l'acheta. Éétion d'Imbros, hôte de Lycaon, le délivra contre une forte rançon, et l'envoya vers la ville d'Arisbé favorisée des dieux. Celui-ci se sauve secrètement et parvient à la maison de son père. Là il passe onze jours à se réjouir avec ses amis et retourne à Lemnos ; le douzième jour, un dieu le fait tomber dans les mains d'Achille qui est sur le point de l'envoyer en la demeure d'Hadès. Dès que le fils de Pélée l'eut aperçu sans casque et sans bouclier (Lycaon n'avait pas même de pique : il avait jeté toutes ses armes à terre, étant percé de sueur et accablé de fatigue), parlant à son grand cœur, il dit tout courroucé :

– Je vois un grand prodige : les Troyens que j'ai tués reviendront-ils des sombres demeures, comme celui-ci, que j'ai vendu dans l'île sacrée de Lemnos, s'est dérobé au jour fatal ; et la mer au sel blanc, qui en retient tant d'autres contre leur volonté, n'a-t-elle donc pu l'engloutir dans son sein ? Certes il sentira la pointe de ma pique, et je verrai s'il en échappera, ou si la terre nourricière l'arrêtera, elle qui arrête l'homme fort lui-même.

Il méditait ainsi sans bouger. Lycaon, saisi d'effroi, vient près de lui, désirant toucher ses genoux et échapper à la Moire noire. Achille tient haute sa pique ; le Troyen se baisse et court pour prendre les genoux d'Achille ; la pique, qui brûlait de se rassasier de chair humaine, lui rase le dos et se fiche en terre. Lycaon, l'ayant pris d'une main par les genoux, et tenant de l'autre la pique qu'il ne lâchait pas, le supplie en ces termes :

— Achille, j'embrasse tes genoux, sois touché de compassion et prends pitié de moi : je tiens ici, nourrisson de Zeus, la place d'un suppliant digne de ton respect. Chez toi, le premier, j'ai goûté le froment broyé de Déméter, ce même jour que tu me pris dans le verger bien cultivé, et que, m'emmenant loin de mon père et de mes amis, tu me vendis dans l'île sacrée de Lemnos. Je te valus alors cent bœufs ; aujourd'hui je t'en donnerai trois fois autant si tu veux me délivrer. Voici la douzième aurore que je suis à Ilion après avoir beaucoup souffert, et la Moire funeste me met entre tes mains : je dois être bien odieux à Zeus le père, puisqu'il me livre une seconde fois à ta merci ; et ma mère m'a engendré pour vivre fort peu de temps : ma mère... Laothoë, fille du vieillard Altée, lequel commande aux Lélèges amis de la guerre, et habite Pédase élevée sur le Satnioïs. Priam parmi ses femmes avait la fille d'Altée ; elle nous donna le jour, et tu nous couperas le cou à tous deux. Tu as frappé Polydore au premier rang des siens, et maintenant un malheur m'attend ici, car je ne pense pas échapper à tes mains, puisqu'un dieu m'y a fait tomber. Je t'ajoute quelques paroles, tâche d'y avoir égard : ne me tue pas, puisque je ne suis pas né de la même mère qu'Hector, lequel a fait périr ton ami bon et très vaillant.

Le fils de Priam entendit une réponse dure.

– Pauvret, ne me parle pas de rançon, dit Achille. Avant que Patrocle atteignît le jour fatal, j'aimais à épargner les Troyens, j'en pris et j'en vendis plusieurs vivants ; mais à présent aucun de ceux qu'un dieu jettera dans mes mains devant Ilion, aucun des Troyens, et encore moins les enfants de Priam, n'échappera à la mort. Ami, meurs aussi : pourquoi pleurer ainsi ? Patrocle est bien mort, lui qui était bien autre que toi. Et moi que tu vois grand et beau, né d'un père brave et d'une mère déesse, la Moire puissante me saisira le matin, au milieu ou à la fin du jour, lorsque quelqu'un m'enlèvera la vie dans le combat, ou que cet autre me frappera de sa lance ou du trait de son arc.

Lycaon sent son cœur lui faillir, ses genoux s'affaissent ; il laisse aller la pique et s'assied en tendant les mains. Achille tire son épée et le frappe à la clavicule du cou ; l'épée à double tranchant y était enfoncée tout entière. Lycaon demeure étendu le visage contre la terre, sur laquelle découle un sang noir. Achille, l'ayant empoigné par le pied, le jette dans le fleuve :

– Gis maintenant parmi les poissons, dit-il ; ils lécheront à leur aise le sang de ta blessure, et ta mère ne pleurera pas son fils après l'avoir mis sur un lit ; mais le Scamandre aux noirs tourbillons te portera dans le sein de la vaste mer. Quelque poisson, sautant au-dessus du flot, plongera sous l'onde frissonnante pour manger la graisse blanche de Lycaon. Périssez donc jusqu'à ce que nous ayons conquis Ilion, vous qui fuyez pendant que je détruis tout sur vos derrières ; et ce fleuve aux tourbillons d'argent, auquel vous sacrifiez depuis longtemps et des travaux et des chevaux au dur sabot, ne suffira pas pour vous contenir. Périssez, obéissant à un mauvais destin, jusqu'à ce que vous ayez payé le meurtre de Patrocle et la perte des Achéens que vous avez tués près des vaisseaux pendant que je me tenais éloigné du combat.

Ces menaces mirent le fleuve en colère : il songe à détourner Achille de son œuvre et à écarter des Troyens la ruine qui allait fondre sur eux. Le fils de Pélée, tenant sa pique, s'élance sur Astéropée, fils de Pélégon, pour le tuer. Pélégon était né du fleuve Axios au large cours et de Péribée, la plus âgée des filles d'Acessamène. Achille se jette sur son fils, lequel lui fait face au sortir du fleuve, ayant une pique à chaque main. Le Xanthe, indigné de ce qu'Achille perçait dans ses eaux des jeunes gens déjà tués, pénètre d'une grande vigueur l'âme de Pélégon. Ils s'approchent :

– Qui es-tu, dit Achille, toi qui oses venir à ma rencontre ? Il n'y a que les enfants des malheureux qui s'opposent à ma fureur.

– Fils de Pélée, repart Pélégon, pourquoi t'inquiéter de ma naissance ? Je viens de la Péonie fertile, pays lointain, d'où j'ai amené les Péoniens aux longues lances ; et voici la onzième aurore que je suis à Troie. Je descends de l'Axios au large cours, qui porte sur la terre l'eau la plus belle. Il engendra Pélégon, célèbre par sa bravoure, et je suis fils de Pélégon. Maintenant, illustre Achille, combattons.

Achille lève sa pique ; Astéropée, qui était ambidextre, lance les deux siennes : de l'une, il frappe le bouclier et ne le brise pas : la lame d'or, présent d'un dieu, arrête le coup ; de l'autre, il effleure le coude droit : un sang noir coule de la blessure ; la pique passe au-dessus d'Achille et va se planter en terre, désirant se rassasier de chair. Achille, brûlant de tuer Astéropée, lance sa pique droit sur lui ; elle dévie jusqu'à ce qu'elle demeure plantée sur le bord du rivage où elle vibre à partir de son milieu. Alors il tire son épée du côté de sa cuisse et s'élance avec fureur sur Astéropée : celui-ci ne pouvait pas de sa main robuste arracher la pique d'Achille du bord du rivage. Trois fois il l'ébranle, trois fois il est forcé de la lâcher ;

mais à la quatrième fois, quand il voulut ployer le frêne du descendant d'Éaque, Achille lui ôta la vie avec son épée. Il l'avait frappé au ventre, près du nombril ; ses entrailles se répandirent à terre, et les ténèbres lui voilèrent les yeux pendant qu'il expirait. Achille se précipite sur lui, le dépouille de ses armes et dit en se vantant :

– Gis ainsi ; il t'était difficile, quoique tu fusses issu d'un fleuve, de te mesurer avec les fils de Cronos tout-puissant. Tu es, disais-tu, fils d'un fleuve au large cours ; moi, je me glorifie d'être de la race du grand Zeus. Celui qui règne sur la nombreuse nation des Myrmidons, Pélée, fils d'Éaque, m'a engendré ; et certes Éaque est sorti de Zeus. Et parce que Zeus est plus puissant que les fleuves qui se jettent dans la mer, la race de Zeus a été faite plus puissante que celle d'un fleuve. Tu es ici dans un grand fleuve, avise s'il pourra te servir à quelque chose ; non, il n'est pas permis de combattre contre Zeus fils de Cronos. Ni même l'Achéloos souverain n'oserait s'égaler à lui ; ni la force terrible de l'océan aux flots profonds d'où coulent cependant tous les fleuves, toute la mer, toutes les fontaines et tous les puits ; tout craint la foudre de Zeus et son tonnerre effroyable, lorsqu'il se fait entendre du ciel avec fracas.

Ces paroles achevées, il retire sa pique du bord du rivage, et il abandonne Astéropée gisant sur le sable, après lui avoir ôté la vie. L'eau noire ondulait autour de lui ; les anguilles et les poissons s'ébattaient auprès de son corps, mangeant la graisse qui se trouve sur les reins. Il marche de là vers les Péoniens au casque surmonté d'une crinière, lesquels avaient fui le long du fleuve, lorsqu'ils avaient vu le plus brave d'entre eux dompté par les mains et le glaive du fils de Pélée. Il tue Thersilochos, Mydon Astypylos, Mnésos, Thrasios, Ænios et Ophélestès ; et il en eût tué bien d'autres, si le fleuve irrité, prenant la forme humaine, n'eût tenu ces propos :

– Achille, autant tu l'emportes en force sur les autres hommes, autant tu les surpasses aussi en cruauté ; les dieux te soutiennent toujours. Si Zeus t'a permis de détruire les Troyens, poursuis-les hors de moi, dans la plaine. Mes eaux limpides étant pleines de cadavres, je ne puis les verser dans la mer divine, puisque tu ne te lasses pas de tuer. Donne quelque trêve à ta fureur, car, souverain des peuples, j'ai horreur de ce carnage.

– Scamandre, fils de Zeus, répond Achille, ce que tu viens de dire arrivera. Je ne cesserai de tuer les Troyens orgueilleux que je ne les aie refoulés dans la ville et que je ne me sois mesuré avec Hector face à face : il me domptera, ou je le dompterai.

Il se rua sur les Troyens, semblable à un dieu, dès qu'il eut fini de parler. Alors le fleuve s'adresse à Apollon :

– Hélas ! dieu à l'arc d'argent, enfant de Zeus, tu n'accomplis pas les desseins du fils de Cronos qui a prescrit, à toi surtout, d'assister et de secourir les Troyens jusqu'à ce que le soleil à son déclin ait obscurci la terre aux larges sillons.

Il n'avait pas fini de parler qu'Achille s'était précipité du bord du fleuve au milieu ; celui-ci soulève ses vagues et se grossit avec fureur ; il réunit ses courants et rejette, mugissant comme un taureau, les cadavres qu'Achille avait entassés dans son lit ; il sauve ceux qui étaient encore en vie en les cachant dans ses tournants larges et impénétrables. Le flot s'élève furieusement contre Achille et bat contre son bouclier, en sorte qu'il perdit pied. Achille saisit un orme bien venu, grand, le déracine en entraînant avec lui le bord du rivage, oppose aux eaux ses branches serrées et, après avoir couché l'arbre sur le fleuve, il s'en fait un pont. Alors il s'élance hors de l'abîme, non sans un sentiment de crainte, et bondit pour voler dans la plaine. Le dieu ne se ralentit pas, car il sauta après lui en noircissant sa surface, afin de l'empêcher dans son œuvre de destruction et de s'opposer à la perte des Troyens. Le fils de Pélée, avec le même élan que celui de l'aigle noir, ce chasseur qui est le plus puissant et le plus prompt des oiseaux, fait un saut en arrière aussi long que le jet d'une pique ; il bondit, semblable à cet oiseau, et l'airain résonne terriblement sur sa poitrine. Il fuit ; à mesure qu'il s'éloigne, le fleuve le suit avec grand bruit. Lorsqu'un homme veut conduire dans son jardin l'eau d'une source pour qu'elle en arrose les plantes, la bêche à la main, il déblaie les petits canaux, et les cailloux craquettent en se heurtant sous le cours rapide de l'eau qui murmure et dépasse celui qui lui a frayé passage : ainsi le flot du fleuve devançait toujours Achille malgré sa vitesse, car les dieux sont plus puissants que les hommes. Lorsque Achille, incertain si tous les dieux ne s'étaient pas concertés pour le contraindre à fuir, s'efforçait de faire tête au fleuve, le fleuve de Zeus battait au-dessus de ses épaules ; alors, affligé dans son cœur, il se haussait sur ses pieds, mais le fleuve impétueux, coulant de biais, lui faisait ployer les genoux et dérobait le sable à ses pieds. Le fils de Pélée gémit, et regardant le vaste ciel :

– Zeus tout-puissant, comment aucun des dieux, me jugeant digne de pitié, n'est-il survenu pour me sauver de ce fleuve ! Que dois-je attendre dans la suite ? Mais aucun d'eux n'est aussi coupable envers moi que ma mère, laquelle m'a séduit par ses mensonges, en me disant que je périrais sous les murs des Troyens cuirassés, par les traits rapides d'Apollon. Que n'ai-je péri par la main d'Hector, lui, le plus brave des Troyens ! Un brave aurait ainsi tué et dépouillé un autre brave. Maintenant il est donc décidé par le sort que je périrai d'une mort misérable, enserré dans un grand fleuve, comme un enfant porcher traversant un ravin est entraîné par la tempête.

Aussitôt qu'il eut achevé de dire, Poséidon et Athéna, ayant pris la forme humaine, s'approchèrent de lui ; ils lui prennent la main et lui raffermissent le courage par ces paroles :

– Fils de Pélée, dit Poséidon, ne crains rien et ne te trouble pas trop. Nous sommes des dieux, Pallas Athéna et moi, qui venons à ton aide avec l'assentiment de Zeus. Il n'est pas arrêté par le destin que tu sois dompté par ce fleuve ; il ne tardera pas à s'apaiser, et tu le verras bien toi-même. Nous allons te donner un conseil, et suis-le. Ne cesse pas de combattre avant que tu aies refoulé dans les murs d'Ilion ceux qui auront pu fuir. Et après avoir ravi l'âme à Hector, retourne dans tes vaisseaux : c'est ainsi que nous te donnerons d'acquérir de la gloire.

Ils retournent vers les immortels. Achille, animé par le commandement des dieux, s'en alla par la plaine, laquelle était couverte d'eau ; maintes armes éclatantes de jeunes gens tués à la guerre et quantité de cadavres y flottaient. Il saute en fendant le flot, et le fleuve ne peut le retenir, tant Athéna lui avait donné de force. Le Scamandre, loin de cesser sa fureur, s'irritait encore plus contre le fils de Pélée. Il arme d'un casque le flot de son cours, et le soulevant en l'air il appelle à grands cris le Simoïs :

– Frère chéri, opposons-nous au choc impétueux de cet homme parce qu'il détruira bientôt la ville de Priam et que les Troyens ne pourront pas tenir en bataille contre lui. Viens à mon secours au plus tôt, emplis ton cours des eaux des ruisseaux, excite tous les torrents, élève tes eaux et roule avec fracas troncs d'arbres et blocs de pierre afin de restreindre la violence de cet homme farouche, qui l'emporte à présent et médite de s'égaler en puissance aux immortels. Ni sa force, ni sa beauté, ni ses belles armes, ne le protégeront ; elles resteront couchées tout au fond du gouffre, et je les cacherai sous le limon. Je l'enseveli-rai lui-même sous le sable et amasserai autour de lui un gra-vier immense, et par-dessus j'élèverai une si grande quan-tité de terres que les Achéens ne pourront recueillir ses os. Tel est le monument qui lui sera bâti, et il n'aura pas besoin de tombeau lorsque les Achéens lui feront des funérailles.

Il avait à peine fini de parler que, s'étant précipité sur Achille, il s'élève haut et mugit, grossi d'écume, de sang et de cadavres. Le flot pourpré du fleuve issu de Zeus se tenait donc debout, prêt à fondre sur Achille, lorsque Héra, voyant le fils de Pélée en face d'un si grand péril, dit à Héphaïstos :

– Lève-toi, boiteux, mon enfant, nous estimons que tu peux te mesurer avec le Xanthe aux noirs tourbillons ; accours au plus tôt et fais briller tes feux. Pendant ce temps je susciterai une tempête funeste sur la mer, à l'aide du Zéphyr et du Notos impétueux, laquelle, portant partout la flamme, brûlera les Troyens avec leurs armes. Brûle les arbres qui bordent les rives du Xanthe, et brûle-le lui-même. Ne te laisse pas détourner par ses paroles mielleuses ni par ses menaces, et ne cesse pas d'exercer ta fureur avant que tu m'aies entendue jeter un cri : alors tu arrêteras ton feu infatigable.

A ce commandement Héphaïstos allume un feu terrible, lequel consumait ces monceaux de cadavres qui jonchaient ces lieux mêmes où Achille avait exercé sa fureur ; toute la plaine fut desséchée, et l'eau limpide s'arrêta. Lorsque le vent d'automne Borée dessèche soudain un champ nouvellement arrosé, au contentement de celui qui le cultive, ainsi fut desséchée la plaine, et le feu consuma les cadavres. Alors Héphaïstos tourne ses feux éclatants vers le fleuve. Les armes, les saules, les tamaris, s'enflamment, ainsi que le jonc et le souchet, qui croissaient en abondance le long de son cours. Anguilles et poissons, qui sautillaient çà et là dans ses tournants, sont suffoqués par la fumée de l'habile Héphaïstos. Le fleuve, se voyant embrasé, dit ces mots :

– Héphaïstos, pas un des dieux ne peut te résister : voilà pourquoi je n'ai garde de combattre contre toi, qui t'armes de feux et de flammes. Mettons fin à notre querelle, et qu'Achille descendant de Zeus chasse incontinent les Troyens de leur ville. Qu'ai-je affaire de les combattre ou de les défendre ?

Il parlait ainsi pendant que lui-même brûlait et que ses courants bouillonnaient. Comme bout la graisse d'un porc gras délicatement nourri lorsqu'elle fond dans un chaudron placé sur un bon feu : elle déborde de tous côtés dès qu'on la chauffe avec du bois sec : ainsi les beaux courants du fleuve étaient en combustion, et son eau bouillait ; elle ne pouvait pas suivre son cours, parce qu'elle en était empêchée par la chaleur intense de l'ingénieux Héphaïstos. Le fleuve supplie Héra en ces termes :

– Héra, pourquoi ton fils s'attache-t-il à tourmenter mon cours plutôt que celui des autres fleuves ? Je ne suis cependant pas plus coupable envers toi que ceux des dieux qui sont venus au secours des Troyens. Si tu le veux, je cesserai de leur être favorable ; mais qu'Achille se retire ! De plus je jurerai de ne jamais retarder le jour fatal qui menace les Troyens, quand même leur ville entière serait réduite en cendres par les Achéens, fils d'Arès.

Héra ne l'eut pas plutôt entendu qu'elle dit à Héphaïstos :

– Arrête-toi, mon fils, il ne convient pas d'affliger un dieu pour des mortels.

Héphaïstos obéit à sa mère : il éteint cet immense brasier, et l'eau reprend son cours. Lorsque la fureur du Xanthe fut domptée, Héra, conservant toujours au fond de son cœur sa haine contre les Troyens, contraignit ces dieux à cesser leur combat.

Dans ces entrefaites une querelle éclate parmi les dieux qui ont penché les uns pour le parti des Troyens, les autres pour celui des Grecs. Ils fondent l'un sur l'autre avec un tumulte horrible ; la terre mugit, et la trompette résonne dans l'Olympe. Zeus, l'ayant entendue, se prit à sourire de joie lorsqu'il vit les dieux en venir aux mains pour vider leur querelle. Ils ne restent pas longtemps sans se joindre ; Arès commence le premier ; il se jette sur Athéna, une lance d'airain dans la main, lui faisant ces reproches :

– Pourquoi, mouche de chien, fais-tu entrer ainsi les dieux en bataille par ton audace insatiable ? Ne te souvient-il plus qu'autrefois tu me fis blesser par Diomède, fils de Tydée ? Et puis toi-même ayant pris une lance brillante, tu poussas droit à moi et me déchiras la peau. Je pense te faire payer aujourd'hui le mal que tu m'as fait.

En disant ces paroles, il la frappa de sa lance sur son bouclier redoutable, garni de franges, que ne peut entamer la foudre de Zeus. Athéna prit de sa main robuste une pierre noire et raboteuse, que des hommes du temps passé avaient posée pour servir de borne à un champ, en frappa Arès au cou et lui brisa les membres. Arès tombe et, dans sa chute, couvre sept arpents de son corps, souille ses cheveux de poussière ; et ses armes firent un grand bruit autour de lui. Athéna lui dit en riant :

– Tu n'as donc pas encore senti combien je puis me vanter de l'emporter sur toi, puisque tu as voulu opposer ta force à la mienne ? Puisses-tu payer ainsi la malédiction de ta mère, laquelle, irritée contre toi, te prépare de nouvelles disgrâces, puisque tu as abandonné les Achéens pour secourir les Troyens orgueilleux.

Quand son parler fut achevé, Athéna tourna de l'autre côté ses yeux resplendissants. Aphrodite, ayant pris Arès par la main, l'emmène tandis qu'il gémissait et ne se remettait qu'avec peine. Dès qu'Héra l'eut aperçue, elle dit à Athéna :

– Vois-tu cette mouche de chien emmener derechef Arès hors de la bataille à travers le tumulte ? Poursuis-les.

Ces paroles servirent d'aiguillon à Athéna ; elle est joyeuse de s'élancer après eux. De sa main robuste elle frappe Aphrodite à la poitrine, et lui brise le cœur et les genoux. Arès et Aphrodite sont étendus sur la terre qui nourrit les hommes.

– Qu'il en soit ainsi, dit Athéna, de tous ceux qui défendent les Troyens et combattent contre les Grecs bien cuirassés ! Qu'ils soient aussi audacieux et effrontés qu'Aphrodite, laquelle, pour porter secours à Arès, n'a pas craint d'opposer sa force à la mienne ; il y a longtemps qu'ainsi nous aurions cessé la guerre et détruit la ville bien bâtie d'Ilion.

Héra sourit à ces paroles, et le roi qui fait trembler la terre dit à Apollon :

– Phœbus, pourquoi donc nous tenons-nous à l'écart ? Lorsque les autres dieux nous en donnent l'exemple, il serait honteux pour nous de retourner dans l'Olympe sans nous mesurer. Commence, tu es le plus jeune : car cela ne serait pas convenable pour moi qui suis ton aîné, et partant plus expérimenté que toi. Pauvret ! comme tu t'es fourvoyé ! Tu ne te souviens donc pas de ce que nous avons souffert devant Ilion en travaillant chez le superbe Laomédon. Seuls des dieux nous y étions tenus par l'ordre de Zeus, et nous étions convenus avec ce roi et du temps et du prix. Nous obéissions à ses ordres, moi en bâtissant autour de Troie un mur très épais et très beau pour rendre cette ville inexpugnable, et toi en faisant paître sur les hauteurs de l'Ida les bœufs aux jambes tordues, aux cornes recourbées. Les heures ayant amené le moment joyeux de recevoir le salaire des travaux, il nous en frustra même avec violence et nous renvoya avec menace. Il voulait te lier les pieds et les mains, te vendre dans des îles lointaines et nous couper les oreilles. Nous nous en fûmes, irrités de ce qu'il n'avait pas payé le salaire convenu. Néanmoins, tu favorises les siens et ne veux pas t'accorder avec nous pour faire périr misérablement ces Troyens parjures, eux, leurs enfants et leurs chastes épouses.

– Poséidon, réplique Apollon, tu ne me trouverais pas sain d'esprit si je me mesurais avec toi pour la cause des mortels craintifs, lesquels, semblables à des feuilles, croissent un moment pleins de vigueur en mangeant le fruit de la terre, et un instant après tombent sans vie. Qu'ils combattent eux-mêmes, et retirons-nous.

Ayant tenu ce langage, il se recula, car il redoutait d'en venir aux mains avec son oncle. Mais Artémis la chasseresse lui fit ces reproches :

– Tu t'enfuis, Apollon, abandonnant la victoire à Poséidon, et lui donnant une vaine gloire de ta fuite. Que te sert ton arc ? Tu le portes en vain. Que je ne t'entende plus, dans le palais de mon père, te vanter parmi les dieux immortels que tu combats face à face contre Poséidon.

Phœbus ne lui répondit rien, mais la chaste épouse de Zeus lui dit en colère ces fâcheuses paroles :

– Quoi, chienne impudente, es-tu bien si outrecuidée que de t'opposer à ma volonté ? Il t'est bien difficile d'égaler ta force à la mienne, bien que tu saches tirer de l'arc et que Zeus t'ait placée comme une lionne parmi les femmes, te permettant de tuer celle que tu voudrais. Tu fais ainsi l'arrogante, mais il te serait plus aisé de tuer quelque bête sauvage par les montagnes, voire une biche, que de vouloir essayer tes armes contre une plus vaillante que toi. Et si tu veux courir le risque d'un combat, je te ferai voir qu'en vain tu veux t'égaler à moi.

Disant cela, d'une main elle saisit celles d'Artémis, et de l'autre le carquois. Elle lui en donne quelques coups sur les oreilles, en se gaussant d'elle ; et les flèches tombent pendant qu'Artémis se débat. Artémis s'enfuit tout en pleurs, comme une colombe, dont le destin n'a pas encore marqué l'instant fatal, s'envole vers la cavité d'un rocher pour échapper aux serres de l'épervier. Ainsi fuyait Artémis abandonnant son arc et ses flèches.

A ce moment, Hermès, messager de Zeus et meurtrier d'Argos, dit à Latone :

– Latone, je n'en viendrai pas aux mains avec toi ; il est dangereux de s'attaquer aux épouses de Zeus qui assemble les nuages. Va te vanter hardiment parmi les immortels que tu l'emportes sur moi par la force.

Latone, oyant ce discours, ramassa l'arc et les flèches tombées çà et là et suivit sa fille. Elle était allée dans l'Olympe, à la demeure de son père, et s'était assise à ses genoux. Zeus, voyant frissonner son voile d'ambroisie autour d'elle, la tira près de lui et l'interrogea en riant :

– Chère enfant, lequel des dieux a été si téméraire que de te faire cet outrage, comme si tu lui en avais donné sujet et que tu lui eusses fait quelque déplaisir ?

Elle lui répondit :

– Mon père, c'est ton épouse qui m'a maltraitée de la sorte ; elle est la cause de tous les différends et de la querelle qui est entre les dieux.

Ainsi s'entretenaient Artémis et Zeus.

Apollon s'en alla dans Ilion sacrée pour veiller à ce que le mur de cette ville bien bâtie restât debout jusqu'au jour fatal de sa ruine. Les autres dieux retournèrent dans l'Olympe, les uns fâchés, les autres triomphants ; ils s'assirent près de Zeus. Achille perdait les Troyens et leurs chevaux. De même que, dans l'embrasement d'une ville, des colonnes de fumée, présage de la vengeance des dieux, s'élèvent vers la voûte du ciel et causent à tous fatigue et douleurs, ainsi Achille semait l'épouvante et la mort au milieu des Troyens.

Le vieux Priam, debout sur une tour, aperçoit Achille, qui lui semble être un géant formidable ; les Troyens fuyaient devant lui en désordre, sans songer à faire quelque résistance. Priam gémit ; il descend de la tour pour donner courage aux sentinelles qui font le guet près du mur :

– Tenez les portes ouvertes, dit-il, jusqu'à ce que les troupes qui sont en déroute soient rentrées dans la ville ; celui qui les serre de près est Achille ; je pense maintenant que notre ruine est proche. Dès que les troupes renfermées dans l'enceinte du mur auront pu reprendre haleine, refermez les portes : je crains que cet homme né pour mon malheur ne pénètre dans la ville.

Les sentinelles tirent les verrous et ouvrent les portes, offrant ainsi une voie de salut aux Troyens en déroute. Apollon se précipite à leur rencontre pour les protéger. Ils accouraient de la plaine à la ville, pressés par la soif et couverts de sueur. Achille les poursuivait avec vigueur ; il était toujours animé d'une fureur violente et désirait ardemment remporter de la gloire.

Les Achéens eussent pris la ville de Troie, si Phœbus Apollon n'eût enhardi l'illustre Agénor, fils d'Anténor. Il pénètre son cœur d'audace et se tient près de lui. S'étant appuyé contre un hêtre et enveloppé d'un épais nuage, il écarte de lui les Moires pesantes de la mort. Agénor, ayant aperçu Achille, s'arrête ; son âme est en proie à diverses pensées, il gémit et dit en lui-même :

– Hélas ! si par crainte du violent Achille je me sauvais par où les autres épouvantés s'enfuient en tumulte, Achille me prendrait aussi et m'égorgerait sans défense. Si je les laissais poursuivre par Achille, fils de Pélée, je m'éloignerais de la ville, j'irais sur les hauteurs de l'Ida, je me cacherais dans les buissons et, le soir venu, je reviendrais vers Ilion, après m'être baigné dans le fleuve et avoir lavé ma sueur... Mais à quel propos débattre toutes ces pensées dans mon esprit ? Si le fils de Pélée m'a vu m'éloigner de la ville et qu'il me poursuive et m'atteigne avec ses pieds agiles, je ne pourrai plus éviter le destin ni la mort, car il est bien plus fort que les autres hommes. Mais, si je m'avançais contre lui sous les murs de la ville, son corps peut être entamé par le fer, il n'a

qu'une seule âme ; les hommes disent qu'il est mortel, mais que Zeus veut lui donner de la gloire.

Ayant ainsi parlé, il se retourne et attend Achille ; son cœur vaillant bondit et le pousse à l'attendre de pied ferme. Comme une panthère à la sortie d'un fourré, guidée par la voix des chiens, vient sans crainte attaquer le chasseur, bien que celui-ci, l'ayant prévenue, l'ait blessée, et que le trait lui soit demeuré dans le flanc, elle ne quitte pourtant pas le combat qu'elle n'en soit venue aux prises avec son ennemi, ou qu'elle-même ait été domptée : ainsi le fils de l'illustre Anténor, l'illustre Agénor, ne veut pas se retirer avant de s'être mesuré avec Achille. Ayant porté son bouclier en avant, il pointe sa lance droit sur Achille en criant à haute voix :

– Tu comptes donc, illustre Achille, renverser aujourd'hui la ville des Troyens glorieux ; insensé, tu ne sais donc pas qu'elle sera longtemps encore pour les Grecs une cause de bien des douleurs, car elle renferme un grand nombre de braves guerriers qui la défendront pour sauver leurs parents, leurs femmes et leurs enfants ; et toi, tout terrible et audacieux que tu sois, tu tomberas ici où ton heure t'attend.

En disant ces mots, il lui darde son javelot et le frappe au genou. La cnémide d'étain, ouvrage d'un dieu, retentit avec grand bruit, et le fer rebondit en arrière. Achille assaillit Agénor le dernier ; mais Apollon lui déroba le triomphe en couvrant Agénor d'une nuée obscure, et le mettant en sûreté hors de la mêlée. Il déçut Achille afin de sauver le reste des Troyens et qu'ils eussent le temps d'entrer dans leur ville. Il prend la figure d'Agénor et se montre à quelque distance d'Achille ; celui-ci fond sur lui et le poursuit à travers la plaine le long des rives tortueuses du Scamandre. Apollon ne le devance que de quelques pas pour lui laisser l'espoir de l'atteindre. En ces entrefaites les Troyens, naguère épouvantés, se pressent à

gagner la ville avec joie ; ils y arrivent en foule sans s'attendre en deçà des remparts pour se demander qui était
mort ou sauvé dans les combats. La ville était pleine de
tous ceux qui avaient pu conserver la vie à l'aide des
pieds et des genoux.

Chant XXII

Hector est tué par Achille

Les Troyens étaient accourus dans la ville comme des faons ; ils essuyaient leur sueur et étanchaient leur soif à l'abri de leurs remparts ; les Grecs, le bouclier sur l'épaule, s'approchaient du mur. Le mauvais destin d'Hector le fait demeurer aux portes Scées. En ces entrefaites, Apollon parlait ainsi à Achille :

– Pourquoi, fils de Pélée, toi qui es mortel, me poursuis-tu moi qui suis immortel ? Tu n'as donc pas encore reconnu que je suis dieu, puisque tu ne mets aucun relâche à ta furie. Tu as discontinué de poursuivre les Troyens que tu as mis en fuite et qui sont enfermés dans la ville, pour te détourner jusqu'ici. Mais tu ne me tueras pas, parce que je suis point sujet à la mort.

– Tu m'as fourvoyé, repart Achille indigné, dieu qui lances au loin les traits, et le plus funeste des dieux, en m'attirant jusqu'ici loin du mur ; certes beaucoup d'autres auraient encore mordu la poussière avec les dents avant de rentrer dans Ilion. Mais tu m'enlèves une grande gloire en les sauvant, sans que tu coures aucun risque, puisque tu ne crains pas qu'on se venge de ta perfidie. Certes je me vengerais de toi si j'en avais la puissance.

Cela dit, roulant de grandes pensées dans son esprit il s'achemine vers la ville avec une ardeur semblable à celle d'un cheval qui se prépare à gagner le prix de la course et court légèrement, s'allongeant à travers la plaine : aussi rapidement Achille remuait ses genoux et ses pieds.

Priam, le premier, le voit s'élancer dans la plaine, aussi brillant que l'astre qui se lève en automne avec plus d'éclat que tous les autres : on l'appelle chien d'Orion ; il est d'un mauvais présage, car il apporte une grande chaleur aux mortels malheureux : ainsi reluisaient les armes d'Achille pendant sa course. Le vieillard se lamentait, il levait les mains au ciel, se frappant la tête, et d'une voix suppliante il appelait à grands cris son fils chéri ; celui-ci se tenait aux portes, désirant ardemment d'en venir aux mains avec Achille ; le vieillard, tendant les mains, dit ces paroles touchantes :

– Hector, mon fils chéri, pour moi, n'attends point seul, loin des autres, cet homme qui est bien plus fort que toi : car, dompté par le fils de Pélée, tu toucherais le seuil de la mort. Barbare ! que n'est-il aussi cher aux dieux qu'à moi ! Les chiens et les vautours le dévoreraient étendu sur le sable, et mon cœur serait délivré d'une douleur amère. Il m'a privé de mes fils nombreux et vaillants, tuant les uns, vendant les autres dans les îles lointaines. Je ne puis voir, parmi les Troyens rentrés dans la ville, Lycaon et Polydore, que m'a donnés Laothée, la meilleure des femmes ; s'ils sont encore vivants dans le camp des Grecs, nous les rachèterons avec de l'airain et de l'or, et il y en a dans ma maison ; s'ils sont morts et dans les demeures d'Hadès, la douleur tombera sur moi, sur leur mère, qui les avons engendrés. L'armée ne regrettera pas autant leur perte si tu ne péris pas, aussi dompté par Achille. Entre dans le mur, mon enfant, afin de sauver les Troyens et les Troyennes, de n'être pas l'objet d'une grande gloire pour le fils de Pélée, et de ne pas perdre une vie chérie. Aie pitié de moi, malheureux qui te dis encore des choses sensées : infortuné, que le fils de Cronos fera périr victime d'une destinée dure sur le seuil de la vieillesse, me donnant comme surcroît, de nombreuses disgrâces : des fils tués, des filles enlevées, des lits nuptiaux dispersés, des enfants ne parlant pas encore jetés contre terre au milieu d'un carnage terrible, et des brus entraînées par les mains funestes des Achéens. Et des chiens carnassiers me mettront en pièces moi-même le dernier, sur le seuil de la porte, lorsque je serai frappé de l'épée ou du trait par celui qui m'aura enlevé la vie hors des membres ; et ces chiens domestiques que j'ai nourris dans mes palais, gardes de nos murs, après avoir lapé mon sang, poussés par la rage, se coucheront dans les vestibules. Qu'un jeune homme percé par le fer dans un combat soit étendu sur la terre, tout est beau en lui, même étant mort, et dans tout ce qui peut paraître ; mais, quand des chiens outragent une tête blanche, une barbe blanche et la pudeur d'un vieillard, c'est le dernier opprobre que peuvent recevoir les mortels misérables.

En achevant ces mots, le vieillard arrachait ses cheveux blancs avec ses mains, mais il ne persuada pas Hector. D'un autre côté, sa mère se lamentait en versant des larmes ; ayant découvert son sein elle tire sa mamelle et lui dit :

– Hector, mon enfant, respecte ce sein et prends pitié de moi-même. Si jamais je t'ai présenté cette mamelle qui endort les chagrins, souviens-t'en aujourd'hui, cher enfant ; combats cet homme au-dedans du mur et ne te présente pas le premier devant lui. Le barbare ! s'il te tue, je ne te pleurerai pas sur un lit, toi, cher rejeton que je mis au monde ; et ton épouse, comblée de riches présents nuptiaux, ne te pleurera pas non plus : des chiens agiles te dévoreront loin de nous deux, près des vaisseaux des Argiens.

Le père et la mère suppliaient ainsi leur fils en pleurant, mais Hector demeurait obstiné dans sa résolution d'attendre de pied ferme Achille qui approchait. Comme un dragon des montagnes, repu de venin, attend dans sa retraite un homme qui va passer, une terrible colère s'insinue en lui et, regardant ce passant de travers, il se replie sur lui-même : de même Hector, animé d'un courage que rien ne peut abattre, ne se retire pas ; ayant appuyé son bouclier contre une tour qui formait une saillie, tout indigné, il dit à son grand cœur :

– Malheur à moi si je passe les portes et rentre dans les murs ! Polydamas le premier me le reprochera, lui qui voulait que je fisse rentrer les Troyens dans la ville, cette nuit funeste où parut Achille égal à un dieu. Je ne l'ai pas écouté, et cependant c'eût été beaucoup plus utile. Maintenant que j'ai perdu le peuple par ma présomption, je crains les Troyens et les Troyennes aux voiles traînants, et qu'un jour un plus lâche que moi ne dise : « Hector, pour s'être trop fié à sa force, a perdu le peuple. » Ainsi dira-t-on. Il vaut donc mieux que je m'avance pour tuer Achille ou que je périsse moi-même glorieusement devant la ville. Mais, si j'ôtai mon bouclier et mon casque, que j'appuie ma lance contre le mur, que j'aille au-devant d'Achille et que je lui promette de rendre aux Atrides Hélène, l'origine de la querelle, avec ses richesses, et surtout avec celles que Pâris apporta dans nos murs, et de distribuer aux Achéens toutes les richesses cachées dans notre ville, faisant jurer aux Troyens, par le serment des vieillards, de ne rien cacher, mais de faire deux parts du tout... quelques richesses que contienne notre ville agréable !... Mais pourquoi me représenter tout cela ? Je n'irai point le supplier de la sorte, car il n'aurait point pitié de moi et me tuerait ainsi désarmé comme une femme, après que je me serais dépouillé de mes armes. Il n'est pas permis à présent de nous entretenir assis sur un chêne ou un rocher, comme une jeune fille et un jeune homme ; jeune homme et jeune fille s'entretiennent volontiers. Il vaut mieux que nous nous élancions tous deux au combat et que nous voyions auquel des deux Zeus en accordera la gloire.

Il pensait ainsi sans bouger, mais Achille vient à lui, semblable à Arès, et brandissant de sa main droite sa lance terrible autour de laquelle brillent les feux de la foudre ou du soleil levant. Hector tremble dès qu'il l'aperçoit, il n'ose plus l'attendre ; il laisse les portes derrière lui et s'en va saisi de frayeur. Le fils de Pélée s'élance après lui, se fiant à ses pieds rapides. Tel l'autour, la meilleure aile d'oiseau, poursuit la colombe timide ; celle-ci, effrayée, vole çà et là en faisant des détours ; lui la suit en jetant des cris aigus et animé du désir de la prendre : tout de même Achille volait droit sur Hector ; celui-ci tremblait sous le mur des Troyens et faisait mouvoir ses genoux flexibles. Ils avaient dépassé le guet et le figuier battu par les vents, en suivant le chemin des chars, lorsqu'ils arrivent aux deux bassins aux belles eaux, d'où jaillissent les deux sources du Scamandre tourbillonnant. De l'une, qui est tiède, s'élève une fumée comme celle d'un feu allumé ; l'autre est froide comme la grêle, la neige ou la glace. Auprès d'elles, des lavoirs de pierre, larges et beaux, où les épouses des Troyens et leurs belles-filles lavaient leurs vêtements, avant que les Grecs assiégeassent leurs murailles. C'est par là qu'ils couraient : l'un fuyant, l'autre poursuivant. Un vaillant homme prenait la fuite, et un plus vaillant le chassait, car il n'y allait pas de la peau d'un bœuf ou d'une victime, récompense ordinaire de la vitesse des hommes à la course, mais ils couraient pour la vie d'Hector. Tels des chevaux souvent vainqueurs courent légèrement autour de bornes pour gagner le prix ordonné en quelques funérailles, à savoir une femme ou un trépied : tels eux deux tournèrent trois fois autour de la ville ; et tous les dieux les regardaient. Zeus leur tint ce langage :

– Ô Dieux, je vois un homme que j'affectionne, poursuivi par un autre autour de la muraille, et mon cœur plaint Hector, qui brûlait pour moi maintes cuisses de bœufs sur les sommets de l'Ida aux nombreux vallons, et d'autres fois dans la ville haute d'Ilion. Maintenant Achille le poursuit autour des murs : considérez si nous le ferons tomber sous le fer d'Achille.

Athéna lui repartit :

– Ô Père à la foudre rapide, aux sombres nuages, quelle chose as-tu dite ? Veux-tu dégager encore de la mort au son terrible un homme qui, étant mortel, y est destiné depuis longtemps par son destin ? Fais ; mais nous autres dieux nous ne t'approuverons pas.

Mais Zeus :

– Rassure-toi, dit-il, Tritogénie, chère enfant, je ne te parle pas d'un cœur entier, je veux être bienveillant pour toi : ne cesse pas de faire comme tu en as l'intention.

Lui disant ces paroles, il la fit hâter, étant déjà portée d'elle-même à lui obéir.

Cependant Achille poursuivait Hector sans relâche. Lorsqu'un chien poursuit par monts le faon d'une biche qu'il a fait lever de son gîte, il tient la voie à travers les vallées et à travers les halliers ; et, bien que le faon effrayé se soit caché sous un fourré, cependant le chien ne cesse de courir jusqu'à ce qu'il l'ait fait débucher : ainsi Hector ne peut se soustraire au fils de Pélée. Toutes les fois qu'il tâchait de gagner une tour de la ville, pour voir si les Troyens le protégeraient de leurs traits, autant de fois Achille, gagnant l'avantage, lui en ôtait le moyen, le faisant rebrousser vers la plaine ; mais Hector volait toujours du côté de la ville. Comme, dans un songe, on ne peut pas poursuivre celui qui fuit, ni fuir quand on est poursuivi, ainsi l'un et l'autre ne peuvent se joindre ni s'éviter.

Comment est-ce qu'Hector eût pu éviter la mort si Apollon ne lui fût venu au-devant à l'extrémité, et pour la dernière fois, lequel lui augmenta la force et l'agilité ? Achille faisait signe à ses troupes de ne pas lancer leurs javelots contre Hector ; il craignait de se voir enlever la gloire de le frapper le premier. Mais, lorsque pour la quatrième fois ils arrivèrent aux sources, Zeus, prit ses balances d'or, et plaça dans l'un des bassins le sort de la mort qui étend tout du long, et dans l'autre successivement celui d'Achille et celui d'Hector. Il la lève par le milieu, et le sort d'Hector pencha et se dirigea vers les Enfers. Apollon l'abandonne. Athéna s'approche d'Achille et lui dit :

– Achille aimé de Zeus, j'espère que nous remporterons un grand triomphe aux Grecs, avant qu'ils retournent en leurs vaisseaux, quand nous aurons tué Hector, bien qu'il soit insatiable de combattre. Il ne lui est plus permis d'échapper de nos mains, quoi que fasse Apollon, et quand même ce dieu se jetterait aux pieds de Zeus qui tient l'égide. Mais arrête et reprends haleine ; je vais près d'Hector, l'engager à combattre contre toi.

A ces paroles, Achille se réjouit ; il attend appuyé sur sa lance de frêne armée d'une pointe d'airain. Athéna va trouver Hector, prenant la ressemblance et la voix de Déiphobe, et lui dit en l'approchant :

– Oui, mon frère, Achille te serre de près autour de la ville de Priam ; mais arrête, et l'attendons de pied ferme.

– Déiphobe, répond Hector, jusqu'à ce moment tu m'étais le plus cher des frères que Priam et Hécube ont engendrés ; mais à présent je fais encore plus d'estime de toi, qui n'as pas craint, à cause de moi, de sortir du mur lorsque les autres restent dedans.

– A la vérité, lui réplique Athéna, mon père et ma mère, embrassant tour à tour mes genoux, et mes amis, autour de moi, me suppliaient vivement de rester, tant ils tremblent tous de frayeur ! Mon cœur était affligé d'une grande tristesse. Maintenant, pleins d'ardeur, combattons incontinent, et n'épargnons pas nos lances, afin que nous sachions si Achille, après nous avoir tués tous deux, emportera nos dépouilles vers ses vaisseaux, ou si tu le perceras de ta pique.

Athéna l'animait ainsi pour mieux le décevoir. Ils vont l'un sur l'autre, ils s'approchent. Le grand Hector au casque étincelant dit le premier :

– Je ne te craindrai plus comme auparavant, fils de Pélée. J'ai fait trois fois le tour de la ville en fuyant ; maintenant mon courage me pousse de m'éprouver contre toi ; je te prendrai ou je serai pris. Mais remettons-nous-en aux dieux, qui sont les meilleurs témoins des conventions, pour l'accord que je te propose. Si Zeus me donne la victoire et que je t'enlève la vie, je n'outragerai pas ton corps : après t'avoir dépouillé de tes belles armes, Achille, je donnerai ton cadavre aux Achéens : fais-en de même pour moi.

Achille, le regardant de travers, lui dit :

– Ne me parle pas de convention, Hector, toi que je ne puis oublier. De même qu'il n'est pas de serment sûr entre les lions et les hommes, que les loups et les agneaux, loin d'avoir la même pensée, sont toujours ennemis les uns des autres, de même nous ne pouvons contracter d'amitié ensemble, ni faire aucun pacte, que l'un ou l'autre de son sang n'ai rassasié Arès, guerrier invincible. Souviens-toi de toute ta valeur : il faut maintenant lancer le javelot et se montrer guerrier audacieux. Tu n'as plus de moyen d'échapper. Pallas Athéna te domptera par ma lance, et tu me paieras maintenant les nombreuses douleurs de mes compagnons que, dans ta fureur, tu as percés de ta pique.

Comme il parlait encore, il brandit sa pique et la lance contre Hector. Celui-ci gauchit au coup, et la pique s'enfonce en terre ; Pallas Athéna la saisit et la rend à Achille à l'insu d'Hector, lequel tint ces propos à Achille :

– Tu te trompais, Achille semblable au dieux, en disant que tu savais mon sort de Zeus ; mais tu n'es qu'un discoureur insensé et trompeur en paroles, afin de me donner tant de frayeur que je perde mon ardeur et ma force. Tu ne me perceras pas en fuyant ; mais enfonce-moi ton fer à travers la poitrine, si un dieu t'en donne le pouvoir. Évite à ton tour ma pique d'airain. Puisses-tu la recevoir tout entière dans ta chair ! La guerre deviendrait alors plus légère aux Troyens, auxquels tu es un très grand fléau.

Parlant encore, Hector lui porte un coup de pique au milieu du bouclier ; il ne le manque pas, mais le fer est détourné du but. Alors Hector s'afflige de ce que le trait rapide soit inutilement échappé de sa main ; il reste la tête baissée : il n'avait pas d'autre javelot. Il appelle Déiphobe au bouclier blanc pour lui demander une lance longue, mais Déiphobe était bien éloigné de lui. Reconnaissant la ruse, il dit :

– Ô dieux, vous m'appelez certainement à la mort. Quant à moi, j'ai cru que Déiphobe était là, mais il était dans le mur, et Athéna m'a trompé. Maintenant la mort funeste est près de moi, et aucun moyen de fuir ne m'est laissé. Il en est donc ainsi ordonné par Zeus et par son fils qui lance les traits au loin, eux qui ont eu autrefois pour agréable de me sauver ; maintenant mon destin me touche. Du moins je ne périrai pas lâchement et sans gloire, mais en faisant quelque chose de grand qui sera appris aux races futures !

Il finissait de parler qu'il tira son épée aiguë, laquelle, grande et forte, lui pendait au flanc. S'étant assemblé, il fond comme un aigle au vol élevé qui sillonne la plaine à travers les nues épaisses pour enlever un agneau tendre ou un lièvre timide : tel Hector s'élançait avec impétuosité, brandissant sa lance pesante. Achille s'élance aussi, non moins impétueux ; il avait rempli son âme d'une colère sauvage ; il portait devant sa poitrine son bouclier resplendissant, fait avec art, et il agitait son casque brillant à quatre cônes, autour duquel flottaient de belles crinières d'or, épaisses, qu'Héphaïstos avait fixées au cimier. Tel dans l'ombre de la nuit s'avance le plus beau des astres, l'astre du soir : de même une lueur jaillissait de la lance que brandissait Achille de la main droite, méditant la perte d'Hector et regardant par où il le pourrait prendre à découvert. Les belles armes dont Hector dépouilla Patrocle après l'avoir tué couvraient, à la vérité, tout son corps, mais elles laissaient paraître la gorge par où les clavicules tiennent le cou séparé des épaules, et où la perte du souffle de la vie est la plus prompte. C'est là qu'Achille le frappa de sa lance furieuse, et la pointe traversa le cou tendre de part en part, sans entamer la gorge, afin qu'il pût répondre aux paroles qu'il pourrait entendre. Il tomba sur la poussière. Achille lui dit, en se glorifiant :

– Hector, tu pensais qu'en dépouillant Patrocle, tu t'en tirerais sain et sauf, et tu ne me craignais pas parce que je me tenais à l'écart. Malheureux ! moi son vengeur et bien plus fort que lui, qui t'ai brisé les genoux ; j'étais, loin de lui, resté sur mes vaisseaux. Les chiens et les oiseaux te déchireront honteusement, et les Achéens lui feront des funérailles.

Hector, proche de sa fin :

– Je t'en supplie, dit-il, par ton âme, par tes genoux, par tes parents, ne permets pas que les chiens des Argiens me dévorent près des vaisseaux. Mais accepte de l'or et de l'airain en abondance, présents que t'offriront un père et une mère vénérables. Fais porter mon corps à ma maison, afin que les Troyens et les Troyennes le mettent sur le bûcher.

Achille le regardant de travers :

– Chien, dit-il, ne me supplie ni par mes genoux, ni par mes parents. Plût aux dieux que, pour le mal que tu m'as fait, je fusse stimulé par ma colère et mon cœur jusqu'à manger tes chairs crues, les ayant découpées par morceaux. Il n'est personne qui puisse écarter les chiens de ta tête, m'apporterait-on dix fois, vingt fois plus de présents que tu m'en offres, et plus encore, Priam fils de Dardanos voudrait-il te racheter à ton poids d'or. Non, ta mère vénérable qui t'a enfanté ne te pleurera pas après t'avoir mis sur un lit, mais les chiens et les oiseaux dévoreront ton corps tout entier.

Hector mourant :

– Je te regarde et te reconnais bien, car certes je ne devais pas te fléchir : tu as un cœur de fer dans ta poitrine. Songe maintenant que les dieux me vengeront le jour ou Phœbus, Apollon et Pâris te tueront aux portes de Scées, malgré ta valeur.

Comme il finit de parler, la mort le couvre de son voile ; son âme laisse vigueur, jeunesse, et pleure son destin : s'étant envolée de ses membres, elle va dans la demeure d'Hadès.

Tout mort qu'il était, Achille lui réplique :

– Péris donc ; quant à moi, je recevrai la Moire quand il plaira à Zeus et autres dieux de me l'envoyer.

Achevant de parler ainsi, il tire sa pique du corps d'Hector, et lui ôte de dessus les épaules ses armes ensanglantées ; les autres Grecs y accoururent : saisis d'admiration, ils contemplaient la beauté du corps et la grande stature d'Hector, et chacun n'approcha de lui sans lui faire une blessure. L'un disait à l'autre :

– Ô dieux, certes Hector est plus facile à toucher que lorsqu'il porta sur nos vaisseaux un feu brûlant.

Et parlant ainsi il le frappait.

Achille, l'ayant dépouillé, fit ce discours aux Grecs :

– Amis, chefs et gouverneurs des Argiens, puisque les dieux m'ont donné de dompter cet homme, duquel nous avons reçu plus de mal que de tous les autres, essayons avec les armes de gagner les murailles des Troyens, afin de connaître leur pensée : s'ils abandonneront la ville haute, Hector étant tombé ; ou s'ils veulent tenir bon, leur chef même n'étant plus. Mais comment mon cœur peut-il former cette pensée ? Patrocle, gît près de mes vaisseaux sans avoir été pleuré et sans sépulture ; je ne l'oublierai jamais tant que je vivrai et que j'aurai la force de mouvoir mes genoux ; et si l'on oublie les morts en la demeure d'Hadès, là même encore je conserverai la mémoire de mon ami. Allons, enfants des Achéens, chanter un Péan ; retournons aux vaisseaux en y conduisant ce mort ; nous avons remporté une grande gloire, nous avons tué l'illustre Hector, auquel les Troyens, dans leur ville, faisaient des vœux comme à un dieu.

Il finissait de dire, qu'il se propose d'outrager le corps d'Hector. Il perce les tendons des pieds depuis la plante jusqu'à la cheville et y passe des lanières de peau de bœuf qu'il lie à son char il laisse la tête traîner à terre. Il monte sur son char et, levant en l'air les armes d'Hector, il fouette ses chevaux, qui ne demandent pas mieux que d'avancer. Un nuage de poussière s'élève derrière Hector ainsi traîné : sa chevelure s'emplit de poussière, et sa tête, tout à l'heure gracieuse, sillonne le sable : Zeus avait donné à ses ennemis de l'outrager sur le sol de sa patrie.

Ainsi sa tête tout entière était souillée de poussière ; sa mère s'arrachait les cheveux, rejetait son voile, et poussa un grand cri en regardant son fils. Son père pleurait, et tous les peuples étaient en proie, par la ville, aux lamentations et aux gémissements : on aurait dit que la ville entière d'Ilion était ruinée par le feu de fond en comble. A peine pouvait-on retenir le vieux Priam, lequel, tout affligé qu'il était, voulait sortir hors des portes de la ville ; et, se roulant sur le fumier, il les suppliait tous en appelant chacun par son nom :

– Arrêtez, mes amis et, malgré votre douleur, laissez-moi sortir seul de la ville ; j'irai, jusqu'aux vaisseaux des

Achéens, supplier cet homme funeste et violent de respecter mon âge et d'avoir pitié de ma vieillesse : car il a un père, Pélée, qui l'a engendré et élevé pour être le fléau des Troyens. Mais c'est surtout à moi qu'il a causé de la douleur, tant il m'a tué de fils florissants de jeunesse ! Et je ne les pleure pas tous autant que j'en pleure un seul, Hector, dont le deuil m'emportera dans la demeure d'Hadès. Plût aux dieux qu'il fût mort dans mes mains ! Par là sa mère malheureuse qui l'a enfanté et moi aurions peut-être pu nous rassasier de le pleurer et de nous lamenter.

Ces paroles étaient accompagnées de ses larmes et de celles des citoyens. Hécube, entre les Troyennes :

– Mon enfant, dit-elle, pourquoi vivrais-je après toi, malheureuse et ayant déjà souffert des maux terribles ? Toi qui dans la ville étais mon orgueil le jour et la nuit, et l'appui des Troyens et des Troyennes qui t'accueillaient comme un dieu : tu étais une très grande gloire pour eux lorsque tu vivais, mais maintenant la mort et le destin t'ont saisi.

L'épouse d'Hector n'avait encore rien appris : car personne, messager véridique, ne lui avait annoncé que son époux restait en dehors des portes ; elle tissait au fond de sa maison une trame double de pourpre sur laquelle elle représentait des fleurs différentes. Elle avait ordonné à ses suivantes à la belle chevelure de mettre un grand trépied sur le feu, afin que les bains fussent chauds quand Hector serait revenu du combat. Insensée ! elle n'avait pas vu qu'Athéna aux yeux bleus l'avait dompté par les mains d'Achille loin du bain qu'elle lui faisait préparer. Ayant entendu du haut de la tour des plaintes et des gémissements, ses membres sont ébranlés, la navette tombe à terre ; elle dit à ses suivantes :

– Venez ici, que deux d'entre vous me suivent, je vais voir ce qui est arrivé ; j'ai entendu la voix de ma belle-mère ; le cœur me bondit dans la poitrine et mes genoux chancellent ; quelque malheur menace les enfants de Priam. Plaise aux dieux que ce mot soit loin de mon oreille ! Mais je crains bien qu'Achille ne poursuive mon époux à travers la plaine, et que, l'ayant coupé de la ville, il n'ait dompté ce courage pernicieux qui le possédait : car il n'était jamais au milieu des troupes, mais il courait écarté loin des siens, ne voulant céder à personne en courage.

Après avoir prononcé ces paroles, elle s'élance de son palais, semblable à une furieuse ; son cœur bat avec violence ; ses femmes l'accompagnent. Lorsqu'elle arrive à la tour, où se trouvaient bon nombre de guerriers, elle s'arrête et se tient debout sur le mur. Promenant ses regards çà et là, elle aperçoit Hector traîné sans pitié par des chevaux courant à toute bride vers les vaisseaux des Achéens. Une nuit sombre voile ses yeux ; elle tombe à la renverse et rend son âme en respirant. Loin de sa tête elle laisse tomber les bandelettes qui formaient le diadème, et celle qui rassemblait ses cheveux au-dessus de sa tête, et le réseau, et la chaîne qui entourait ses tempes, et le voile doré qu'Aphrodite aux cheveux d'or lui donna le jour qu'Hector au casque étincelant l'emmena de la maison d'Éétion et lui fit des présents infinis. Autour d'elle se tenaient et les sœurs de son mari et les femmes de ses frères, lesquelles empêchaient qu'elle ne se perdît dans son égarement. Lorsque peu à peu elle eut respiré, et que le sentiment se fut réveillé dans son esprit, elle pleura en sanglotant et dit aux Troyennes :

– Hector, ô malheureuse que je suis ! Nous sommes nés avec un même destin, toi dans Ilion à la maison de Priam, et moi à Thèbes sous le Placos boisé, dans la maison d'Éétion ; lui-même malheureux me nourrissait, moi misérable, étant toute petite. Plût aux dieux qu'il ne m'eût jamais engendrée ! Maintenant tu t'en vas dans les demeures d'Hadès, dans les abîmes de la terre, et tu me laisses dans ces palais veuve et plongée dans un deuil affreux. Cet enfant qui ne parle pas encore et que tous deux malheureux nous avons engendré, tu ne lui seras d'aucun secours, puisque tu es mort, et lui ne pourra te seconder. Car, bien qu'il échappe de cette guerre aux nombreuses larmes, il n'aura dans la suite que fatigue et douleurs : on enlèvera les bornes de ses champs. Dès le jour qu'un enfant est orphelin, ses amis l'abandonnent ; il a toujours les yeux baissés, et ses joues sont noyées de larmes. Quand il est dans le besoin, il monte chez les amis de son père, tire l'un par le manteau, l'autre par la tunique ; et celui qui en a pitié lui tend une petite coupe où il peut mouiller ses lèvres, mais non son palais. Cet autre, fier d'avoir encore son père et sa mère, le chassera rudement de la table et, l'ayant frappé, lui dira des injures : « Va-t'en, misérable, ton père n'est pas admis au festin avec nous », et l'enfant tout en pleurs revient chez la veuve sa mère, Astyanax, qui naguère sur les genoux de son père mangeait seulement la moelle et la graisse des brebis ; quand le sommeil le prenait, ayant cessé ses jeux d'enfant, il dormait dans son lit, dans une couche moelleuse, le cœur rempli de délices : à présent qu'il ne t'a plus, il pourra souffrir bien des disgrâces, Astyanax ! que les Troyens appellent de ce nom, puisque seul tu défendais pour eux leurs portes et leurs hautes murailles. Maintenant près des vaisseaux recourbés, loin de tes parents, les vers mouvants te mangeront nu, lorsque les chiens se seront rassasiés de tes chairs ; et tu as dans le palais des vêtements fins et gracieux faits par les mains des femmes. Certes je les brûlerai tous, puisqu'ils ne sont plus d'aucune utilité pour toi et qu'aucun d'eux ne peut même te servir de linceul ; mais qu'ils te soient un titre de gloire de la part des Troyens et des Troyennes.

Ainsi parlait-elle en pleurant, au milieu des gémissements de ses femmes.

Chant XXIII

Funérailles de Patrocle

Ainsi les Troyens gémissaient dans la ville. Les Achéens retournent à leurs vaisseaux à l'ancre sur l'Hellespont. Lorsqu'ils furent arrivés, ils se séparèrent, et chacun regagna son navire, sauf les Myrmidons, auxquels Achille dit ces paroles :

– Myrmidons aux rapides coursiers, mes chers compagnons, ne dételons pas nos chevaux, mais avançons plus près de Patrocle, et pleurons-le : c'est une dette que l'on doit payer à ceux qui sont morts. Quand nous nous serons rassasiés de gémissements funèbres, nous détellerons et nous souperons tous ici.

Ils se rendent au désir d'Achille, puis ils font tourner par trois fois leurs chevaux aux beaux crins autour du corps ; Thétis leur accroît encore l'envie d'épancher des larmes. Le sable, les armes, étaient arrosés de pleurs, tant ils regrettaient un tel instrument de crainte ! Le fils de Pélée gémit et, ayant posé ses mains homicides sur la poitrine de son compagnon :

– Réjouis-toi, Patrocle, dit-il, même dans les demeures d'Hadès ; je ferai tout ce que je t'ai promis : je traînerai Hector ici, et je donnerai aux chiens ses chairs crues à dévorer ; je couperai les têtes à douze beaux enfants des Troyens devant le bûcher, tant je suis irrité de te voir tué.

Il finissait de parler, qu'il fit subir à Hector un traitement indigne ; il l'étendit près du lit du fils de Ménoetios, la face contre la poussière. Les Myrmidons se désarment, détellent leurs chevaux et s'asseyent près du vaisseau du petit-fils d'Éaque ; celui-ci leur donne un repas funèbre qui réjouit le cœur. Bœufs gras s'allongent autour du fer qui les égorge : moutons, chèvres bêlantes, cochons aux dents blanches, cuisent étendus sur la flamme d'Héphaïstos, et il coule autour du mort autant de sang qu'une coupe en peut puiser.

Les rois des Achéens mènent Achille vers Agamemnon comme par force, tant il était affligé de la mort de son ami. Lorsqu'ils furent arrivés à la tente du fils d'Atrée, ils ordonnèrent aussitôt aux hérauts à la voix éclatante de placer près du feu un grand trépied, et engagèrent le fils de Pélée à laver le sang mêlé de poussière dont il est couvert ; mais celui-ci refuse avec obstination, faisant ce serment :

– Non, par Zeus, qui est le suprême et le meilleur des dieux, il ne m'est pas permis d'approcher l'eau de ma tête avant d'avoir placé Patrocle sur le feu d'un bûcher, de lui avoir construit un monument et de m'être rasé les cheveux : car une pareille douleur ne me saisira plus le cœur tant que je serai parmi les vivants. Maintenant, prenons le repas funèbre ; et toi, prince des hommes, Agamemnon, excite-les à apporter de bonne heure le bois et tout ce qu'il faut à un mort pour qu'il aille sous l'obscurité ténébreuse, afin que le feu, le consumant plus vite, l'emporte loin de nos yeux, et que les peuples retournent aux travaux de la guerre.

Chacun s'empresse de lui obéir. On prépare le repas, qui est servi par portions égales. Ils chassent ainsi le désir du boire et du manger et vont se coucher chacun dans sa tente.

Le fils de Pélée se couche au milieu des Myrmidons, sur le rivage de la mer, dans un lieu pur, arrosé par les flots. Un sommeil doux se répand tout autour de lui et dissipe les chagrins de son cœur : il avait fatigué ses membres brillants de force en poursuivant Hector vers Ilion exposée aux vents. Alors survient l'âme de Patrocle infortuné ; elle avait sa taille, ses beaux yeux, sa voix, et elle avait revêtu sa chair des mêmes vêtements que lui ; se tenant sur la tête d'Achille, elle lui dit :

– Tu dors, fils de Pélée, et tu m'as oublié. Tu avais plus d'égards pour moi durant ma vie que tu n'en as après ma mort : ensevelis-moi le plus tôt que tu pourras, afin que je passe la porte d'Hadès. Les âmes, images de ceux qui ont péri, me repoussent au loin, et ne me permettent pas de me mêler à elles sur le fleuve ; j'erre au hasard autour de la demeure d'Hadès aux larges portes. Donne-moi la main, je t'en conjure avec larmes, car je ne viendrai plus désormais de chez Hadès, lorsque tu m'auras mis sur le bûcher. Nous n'irons plus tout seuls nous consulter, assis loin de nos compagnons chéris ; le destin odieux qui m'est échu à ma naissance m'a entouré de sa bouche béante, et le tien est, Achille égal aux dieux, de périr sous le mur des Troyens illustres. Je vais te demander une chose, et ne me la refuse pas. Ne sépare pas mes os des tiens, Achille ; mais mets-les ensemble, de même que nous avons été nourris dans ta maison. Ménoetios m'y a conduit d'Oponte, étant encore tout petit, lorsque je tuai, sans le vouloir, le fils d'Amphidamas, pour un différend que nous eûmes en jouant aux osselets. Pélée cavalier me reçut chez lui, me nourrit avec soin et me nomma son serviteur. Que cette urne, amphore d'or, que ta mère t'a donnée, contienne nos os.

– Pourquoi, tête chérie, poursuit Achille, viens-tu près de moi, et me recommandes-tu ces choses une à une ? Certes, je ferai tout ce que tu me demandes et t'obéirai comme tu me l'ordonnes. Approche, et qu'après nous avoir rassasiés de gémissements lugubres, nous nous serrions entre nos bras, quoique pour bien peu de temps encore.

Disant ces mots, il veut l'atteindre avec ses mains, et il ne peut rien saisir ; l'âme s'en alla en sifflant sous la terre, comme une fumée. Achille se lève stupéfait, frappe des mains avec bruit, et dit cette parole lugubre :

– Ô dieux, certes on est âme et image même dans les demeures d'Hadès, mais la force vitale n'y est pas du tout. L'âme du malheureux Patrocle, qui s'est tenue près de moi toute la nuit en gémissant et en se lamentant, et m'enjoignant de faire ce qu'il me demandait, lui ressemblait merveilleusement.

Tous avaient envie de gémir en entendant ces paroles. Comme ils se lamentaient autour du cadavre d'une manière à exciter la pitié, l'aurore aux doigts de rose leur apparut. Agamemnon ordonne que des hommes et des mulets sortent des tentes pour charrier du bois ; Mérion, serviteur d'Idoménée, les conduit. Les hommes s'en vont, précédés des mulets, et munis de haches bien tranchantes et de cordes bien tressées. Ils montent, ils descendent, prennent tantôt à droite, tantôt à gauche, jusqu'à ce qu'ils arrivent aux hauteurs de l'Ida aux nombreuses sources. Là ils coupent des chênes à haute chevelure, qui tombent avec grand bruit. Les Achéens, après les avoir fendus, les lient sur les mulets, lesquels, aspirant à gagner la plaine, mesurent la terre avec leurs pieds à travers les broussailles épaisses. Tous ceux qui avaient coupé le bois portèrent les troncs : ainsi l'avait commandé Mérion, serviteur d'Idoménée, et ils les jetèrent avec ordre sur le rivage, à l'endroit qu'Achille avait désigné pour y élever un grand tombeau pour Patrocle et lui-même.

Après avoir tassé le bois, ils s'asseyent. Alors Achille ordonne aux Myrmidons de s'armer et de mettre leurs chevaux à leurs chars ; ils obéissent, et combattants et conducteurs montent dans les chars à deux places. Les cavaliers marchent en avant, ils sont suivis par une nuée de fantassins : au milieu, Patrocle, porté par ses

compagnons. On couvrait son corps entier de cheveux, qu'on se faisait couper pour les lui jeter. Achille, en proie à une vive douleur, lui soutenait la tête par-derrière, accompagnant aux Enfers son compagnon irréprochable. Comme ils parvinrent au lieu qu'Achille leur avait désigné, ils mirent bas le corps, et amoncelèrent du bois en abondance. Alors Achille s'avisa d'une autre chose : se tenant debout loin du bûcher, il rasa sa chevelure blonde, qu'il nourrissait pour le fleuve Sperchios, et, tout indigné, il dit, regardant la mer couleur de vin :

– Sperchios, Pélée, mon père, t'avait fait vœu, mais en vain, que, de retour dans la terre chérie de la patrie, je raserais ma chevelure pour toi, que je t'immolerais une hécatombe sacrée, que je te sacrifierais cinquante moutons mâles près de ta source, dans un champ qui t'est consacré, et sur lequel fume un autel couvert de parfums. Tel est le vœu que t'a fait le vieillard mon père, vœu que tu n'as pas accompli. Maintenant, puisque je ne retournerai pas dans la terre aimée de la patrie, je donne ma chevelure à emporter au héros Patrocle.

Et, comme il parlait encore, il mit ses cheveux dans les mains de son compagnon chéri, et souleva chez eux tous l'envie de gémir. La lumière du soleil se serait couchée avec leurs larmes si Achille, s'étant approché d'Agamemnon, ne lui eût dit :

– Fils d'Atrée (c'est surtout à toi que les Achéens obéissent), il est permis quant à présent de cesser nos gémissements ; ordonne-leur de s'éloigner du bûcher et de préparer le repas ; nous à qui le mort touche de plus près, nous nous occuperons de ses funérailles ; que les chefs restent près de nous.

Aussitôt Agamemnon renvoie le peuple vers les vaisseaux ; ceux qui sont chargés du soin du corps restent là, et entassent le bois ; ils font un bûcher de cent pieds en long et en large, et, le cœur rempli de tristesse, placent le corps au sommet. Ils écorchent et surveillent devant le bûcher des moutons gras, des bœufs aux jambes tordues, aux cornes recourbées. Achille, en ayant retiré la graisse, en enduit le corps de la tête aux pieds, et entasse les corps écorchés. Il verse sur le lit où repose Patrocle des amphores de miel et d'huile et, poussant un profond gémissement, il jette vivement sur le bûcher quatre chevaux au cou élevé, et deux chiens, entre neuf, que Patrocle nourrissait à sa table ; il leur avait aussi coupé le cou. Il traite en ennemis, par le fer, douze jeunes hommes fils de valeureux Troyens, et, méditant des œuvres mauvaises, il envoie sur eux la fureur inexorable du feu afin qu'elle se repaisse de leur chair. Ensuite il gémit, et, appelant son cher compagnon :

– Réjouis-toi pour moi, Patrocle, dit-il, même dans les demeures d'Hadès ; j'ai accompli tout ce que je t'ai promis. Le feu brûlera avec toi douze fils vaillants de Troyens magnanimes ; je ne jetterai point Hector au feu, mais il sera dévoré par les chiens.

Ainsi menaçait-il Hector ; cependant les chiens n'en approchaient pas : Aphrodite, fille de Zeus, les chassait nuit et jour en arrière du corps, l'oignant d'une huile de rose divine, afin qu'il ne fût pas lacéré quand il serait traîné derrière le char d'Achille. Phœbus Apollon fit descendre un nuage sombre du haut du ciel dans la plaine, et en couvrit toute la place que le cadavre occupait, de peur que l'ardeur du soleil n'en desséchât la chair, les nerfs et les membres.

Le bûcher de Patrocle ne s'allumait pas. Achille s'avisa d'un autre moyen. Debout, éloigné du bûcher, il prie les deux vents Borée et Zéphyr : il leur promet de belles victimes et de faire de nombreuses libations dans une coupe d'or s'ils venaient au plus tôt brûler le bois et les corps des morts. Iris, prompte messagère, ayant entendu sa prière, va trouver les vents. Ils prenaient part à un festin dans la demeure de Zéphyr au souffle redoutable, lorsque Iris arrive en courant et s'arrête sur le seuil de pierre. Chacun des vents, l'ayant vue, se lève avec empressement, va au-devant d'elle, l'appelle et la prie de s'asseoir, ce qu'elle refuse, disant :

— Il n'est pas temps de s'asseoir : je retourne vers les courants de l'Océan, vers la terre des Éthiopiens, où ils sacrifient des hécatombes aux immortels ; je veux aussi participer à ces sacrifices. Mais Achille prie Borée et Zéphyr, avec promesse de leur immoler des victimes choisies, de venir allumer le bûcher sur lequel gît Patrocle, lequel tous les Achéens pleurent en gémissant.

Disant ces paroles, elle s'en alla. Borée et Zéphyr partent avec un bruit impétueux, chassant les nuages devant eux. Passant sur la mer, ils soulèvent les flots par leur souffle véhément, jusqu'à ce qu'ils arrivent devant Troie aux larges sillons ; ils tombent sur le bûcher, et le feu, allumé par les dieux, pétille avec grand bruit. Toute la nuit, de concert, ils font jaillir en sifflant la flamme du bûcher ; toute la nuit Achille, puisant du vin dans un cratère d'or, en arrosait la terre, et appelait l'âme du malheureux Patrocle. Lorsqu'un père gémit en brûlant les os de son fils, nouvel époux, lequel par sa mort afflige ses parents malheureux, de même Achille se lamentait en brûlant les os de son compagnon ; il rampait autour du bûcher en poussant de profonds soupirs.

Quand l'étoile du matin vint sur la terre annoncer la lumière, et quand, après elle, l'aurore au voile de safran se répandit sur la mer, le bûcher languissait et la flamme avait cessé. Les vents retournèrent chez eux par la mer de Thrace, laquelle gémissait furieuse sous le gonflement de ses flots. Le fils de Pélée, s'étant retiré un peu à l'écart du bûcher, étendit sur le sol ses membres fatigués, et un doux sommeil s'empara de lui. Mais il se réveille au tumulte et au bruit que faisaient les Grecs en se rassemblant autour du fils d'Atrée. Il se dresse, s'assied, et leur dit :

– Fils d'Atrée, et autres chefs des Achéens, éteignons avec du vin noir tout ce que la fureur du feu a consumé du bûcher ; puis recueillons les ossements de Patrocle fils de Ménoetios (ils sont faciles à reconnaître, car lui seul gisait au milieu du bûcher, et les autres, chevaux et hommes, brûlaient pêle-mêle à part, sur les bords de la pile) ; mettons-les dans une urne d'or, après les avoir oints d'une double couche de graisse, jusqu'à ce que moi-même je sois caché dans les Enfers. Je ne commande pas qu'on lui fasse un très grand tombeau, mais un convenable ; ensuite, Achéens qui resterez après moi dans vos vaisseaux à plusieurs rangs de rames, vous le ferez vaste et élevé.

Les Grecs obéissent au fils de Pélée. Ils éteignent avec un vin noir tout ce que la flamme avait consumé du bûcher : la cendre tombe en abondance. Ils recueillent en pleurant les ossements blancs de leur compagnon aimé dans une urne d'or, après les avoir oints d'une double couche de graisse ; ils les placent dans les tentes et les voilent d'un tissu fin ; ils tracent le monument en forme de cercle, et en jettent les fondements autour du bûcher : et sur-le-champ ils amassent de la terre friable. Le monument étant terminé, ils s'en retournent. Achille les arrête et les fait asseoir. Il fait apporter de ses vaisseaux des prix qu'il offrait pour achever ces funérailles : c'étaient des bassins, des trépieds, des chevaux, des mulets, des bœufs aux têtes robustes, des femmes à la belle ceinture et du fer à l'aspect blanchâtre.

Il met au premier prix une femme habile dans les ouvrages de mains, un trépied à anses et vingt-deux mesures ; au second, une jument de six ans indomptée et portant dans son sein un fœtus de mulet ; au troisième, un beau bassin qui n'a pas encore été au feu et contient quatre mesures : il n'avait encore rien perdu de sa blancheur ; au quatrième, deux talents d'or ; au cinquième, une coupe au pied évasé, laquelle n'a pas encore été au feu.

– Voici, dit-il, fils d'Atrée, et vous Grecs aux belles cnémides, ces prix que j'ai disposés dans l'arène, lesquels attendent les écuyers. Si nous luttions à l'occasion des funérailles d'un autre guerrier, certes je serais celui qui le premier les emporterait dans sa tente. Vous savez que mes chevaux surpassent tous les autres en valeur, qu'ils sont immortels : Poséidon les donna à Pélée, et je les tiens de lui. Mais je demeurerai tranquille, et mes chevaux aussi, parce qu'ils ont perdu la gloire d'être menés par un tel conducteur, lequel versait de l'eau sur leurs crinières après les avoir lavées dans une eau limpide. Debout, ils le pleurent, leurs crinières traînant sur la terre, et affligés dans leur cœur. Mais équipez-vous, vous autres, qui vous fiez à vos chevaux et à vos chars bien ajustés.

Les écuyers s'assemblent. Eumèlos, fils chéri d'Admète, fort bon homme de cheval, se présente le premier ; puis le brave Diomède, fils de Tydée, conduisant les chevaux troyens qu'il prit à Énée, lequel Apollon délivra de ses mains. Ménélas s'émeut le troisième ; il mène deux chevaux rapides, Podarge et Éthé, jument d'Agamemnon, auquel Échépolos, fils d'Anchise, l'avait donnée, afin de ne pas le suivre sous Ilion exposée aux vents. Échépolos voulait passer son temps dans sa maison ; il habitait dans Sicyone aux vastes danses, et Zeus lui avait donné de grands biens. Ménélas conduisit sous le joug Éthé qui brûlait de s'illustrer à la course. Antilochos fils de Nestor, vient le quatrième avec ses chevaux à la belle crinière, Antilochos, fils illustre de Nestor, prince au grand cœur, fils de Nélée ; ses chevaux aux pieds agiles, nés à Pylos, l'emportaient sur son char. Son père se tient près de lui et, quoiqu'il connaisse son fils pour être assez avisé, il ne lui donne pas moins ces conseils :

– Antilochos, Zeus et Poséidon t'ont aimé dès ta jeunesse, et t'ont enseigné l'art de conduire les chevaux et les chars : voilà pourquoi je n'ai pas besoin de t'en dire plus long là-dessus. Tu sais bien tourner les chevaux autour des bornes ; mais, comme les tiens sont les plus lents, je crains qu'il ne t'arrive quelque accident. Cependant, si leurs chevaux sont plus agiles, eux ne connaissent pas les ressources de ton art. Il faut donc que tu fasses flèche de tout bois pour que les prix ne t'échappent pas. L'art sert mieux le bûcheron que sa force, et c'est aidé par l'art que le pilote dirige sur la mer couleur de vin son vaisseau ballotté par les vents : il en est de même pour un conducteur de char. Celui qui se fie trop à la bonté de ses chevaux et de son char fait souvent des détours inutiles : il laisse courir ses chevaux çà et là et ne sait s'en rendre maître ; mais celui qui connaît les ressources de son art, eût-il de mauvais chevaux, ne perd pas la borne de vue, tourne de près, sait quand il est à propos de rendre ou de maintenir les rênes, épiant toujours qui le devance. Je vais te montrer la borne, elle est facile à reconnaître. Un tronc de bois sec, chêne ou pin, haut d'une brasse, lequel n'est pas pourri par la pluie, semble sortir de terre ; à chacun de ses côtés est appuyée une pierre blanche, à l'endroit où la voie n'est pas aussi large ; tout autour s'étend le champ de course. Ce tronc est peut-être le monument de quelque mortel mort autrefois, ou bien une borne placée par des hommes du temps passé ; aujourd'hui le généreux Achille l'a désigné pour borne de la course. Approche tout près de la borne ton char et tes chevaux et, assis sur le siège, penche-toi un peu sur la gauche des chevaux, pique le cheval de droite en le menaçant et lui rendant les rênes ; en même temps tourne le cheval de gauche si près de la borne que le moyeu de la route semble la raser ; ne heurte pas la pierre, car tes chevaux blessés et ton char brisé seraient un sujet de joie pour les autres, mais de honte pour toi-même. Mon ami, si tu es sensé, prends bien tes précautions. Si dans ta poursuite tu dépasses ainsi la borne, il n'est personne qui pourra t'atteindre ni te devancer, quand bien même on lancerait derrière toi Arion issu d'un dieu, cheval rapide d'Adraste, ou les vigoureux coursiers de Laomédon, lesquels ont été nourris dans ces plaines.

Dès que Nestor eut rappelé à son fils ces points les plus importants, il alla s'asseoir à sa place.

Survient Mérion, cinquième, avec ses chevaux aux beaux crins. Tous montent sur leurs chars et tirent au sort pour la place que chacun doit occuper. Achille remue les dés : celui d'Antilochos fils de Nestor sort le premier ; puis, successivement, ceux d'Eumèle, de Ménélas fils d'Atrée, de Mérion et du fils de Tydée, le meilleur d'eux tous. Ils se rangent tous de front sur une même ligne ; Achille leur montre la borne au loin dans la plaine ; il y envoie en observateur Phénix, écuyer de son père, afin qu'il lui rende compte de la course et lui dise la vérité.

Tous lèvent en même temps leurs fouets sur leurs chevaux, les frappent avec les lanières, et les gourmandent de paroles avec grande ardeur. Les chevaux, s'éloignant des vaisseaux, traversent la plaine avec rapidité ; la poussière qu'ils soulèvent se dresse sous leurs poitrails comme un nuage ou un ouragan ; leurs crins flottent au gré du vent. Les chars touchaient tantôt à la terre qui nourrit beaucoup d'êtres, tantôt paraissaient comme suspendus en l'air ; les conducteurs se tenaient sur leurs sièges ; le cœur de chacun d'eux battait dans l'espoir de remporter la victoire, les uns et les autres encourageant leurs chevaux, lesquels volaient par la plaine en foulant la poussière.

C'est vers le bout de la carrière, lorsqu'ils reviennent faisant face à la mer, qu'apparaît la valeur de chacun, et que les chevaux redoublent de vitesse : les cavales du petit-fils de Phérès, Eumèlos, s'emportent, ainsi que les deux étalons de Tros, conduits par Diomède, qui les suivent de très près. On dirait qu'ils vont monter sur le char et le dos d'Eumèlos ; ils échauffent de leur souffle ses larges épaules, et volent tous deux derrière lui en le touchant de leur tête. Et le fils de Tydée, Diomède, aurait ainsi devancé le petit-fils de Phérès, ou bien aurait rendu la victoire incertaine, si Phœbus Apollon, irrité contre lui, n'eût fait tomber de ses mains son fouet brillant. Des larmes coulèrent de ses yeux, indigné qu'il était de voir les cavales continuer leur course, tandis que ses chevaux perdaient du terrain faute d'être pressés du fouet. Apollon n'échappa point aux regards d'Athéna lorsqu'il voulut rendre inutiles les efforts du fils de Tydée : celle-ci suit ce pasteur des peuples, lui rend son fouet et inspire à ses chevaux une nouvelle ardeur. La déesse marche derrière Eumèlos, brise le joug de ses cavales, lesquelles s'enfuient des deux côtés de la voie, et le timon brisé roule à terre. Eumèlos roule sous le char près de la roue ; il est écorché aux coudes, à la bouche et au nez ; son front est fracassé au-dessus des sourcils, ses yeux sont remplis de larmes, et sa voix ne peut franchir son gosier. Le fils de Tydée tourne ses chevaux et dépasse les autres de beaucoup. Athéna avait inspiré une nouvelle vigueur à ses chevaux et voulait qu'il acquît de la gloire. Ménélas le suit de près. Antilochos animait ainsi les chevaux de son père :

– Haïe donc, vous deux ! allongez le pas, et le plus vite que vous pourrez. Je ne vous dis pas de dépasser les chevaux de Diomède, fils de Tydée belliqueux : Athéna leur a donné la vitesse aujourd'hui, et veut que leur maître acquière de la gloire ; mais devancez ceux de Ménélas, de crainte qu'Éthé, jument, ne déverse de la honte sur vous deux. Pourquoi donc, vous si courageux, restez-vous derrière ? Je vais vous dire une chose que j'effectuerai : vous n'aurez de quoi paître au logis de Nestor, mais il vous tuera avec son glaive si par négligence nous avons le dernier prix. Suivez donc, et vous diligentez. Je machinerai de manière à gagner l'avantage, en me glissant furtivement dans un passage étroit, et ne m'y tromperai pas.

Le courage de ces chevaux s'échauffe par ces menaces ; ils couraient depuis quelque temps plus vite qu'auparavant, lorsque l'intrépide Antilochos aperçoit le défilé sur la voie : la terre s'était entrouverte à cet endroit, où, pendant l'hiver, des amas d'eau, défonçant la route, y avaient creusé une espèce de ravin : c'est par là que se dirigeait Ménélas pour éviter des rencontres de chars. Antrilochos tourne ses chevaux hors de la voie et, comme il prenait sur le côté, Ménélas eut peur et lui cria :

– Antilochos, tu es un maladroit ; retiens tes chevaux, ici la voie est trop étroite, plus loin tu pourras passer : vas-tu nous blesser tous deux en heurtant contre mon char ?

Ces propos ne font point arrêter Antilochos ; il feint de n'avoir pas entendu et presse ses chevaux davantage. Ils avaient franchi l'espace que parcourt un disque lancé du haut de son épaule par un homme jeune et fort, lorsque les chevaux de Ménélas reculèrent ; lui-même ne veut pas les pousser, de crainte que les chevaux, venant à se rencontrer, ne renversent les chars et ne les fassent tomber eux-mêmes sur la poussière, en se hâtant pour gagner la victoire.

– Antilochos, dit Ménélas en l'injuriant, va-t'en, tu es le plus perfide des hommes. Nous autres Achéens nous te prenions pour un sage, mais nous nous sommes bien trompés. Tu n'emporteras pas ce prix sans faire un serment aux dieux.

Ayant ainsi parlé, il encourage ses chevaux, leur criant :

– Ne vous arrêtez pas, et ne soyez pas affligés, car les pieds et les genoux de ceux qui vous ont devancés se fatigueront plus tôt que les vôtres : il y a longtemps que la jeunesse les a quittés.

Ces chevaux, écoutant l'exhortation de leur maître, courent avec plus de vigueur et s'approchent des autres en peu de temps.

Les Argiens assis dans le lieu de la lutte regardaient la course des chevaux, lesquels venaient légèrement, remplissant la campagne d'une poussière épaisse. Idoménée, chef des Crétois, prend garde le premier à la vitesse des chevaux : il était placé en un lieu éminent, d'où il pouvait voir facilement. Il entend soudain quelqu'un qui encourageait ses chevaux et, quoiqu'il soit encore loin de lui, il le reconnaît ; il voit même marcher un beau cheval qui était en avant, lequel était roux et avait au front une marque blanche de la forme de la lune dans son plein :

– Vous, mes amis, conducteurs et chefs des Argiens, dit-il, ne voyez-vous pas les chevaux aussi bien que moi ? Certains me semblent les premiers ; un conducteur apparaît là-bas ; ces cavales que je voyais les premières sont peut-être tombées dans la plaine. Je les avais vues se jeter près de la borne, mais à présent je ne les vois nulle part, bien que je porte mes regards tout autour de la plaine troyenne. Les rênes sont-elles échappées des mains du conducteur, ou lui-même n'a-t-il pu bien tenir ses chevaux en tournant autour de la borne ? J'ai peur qu'il ne soit tombé, que son char ne soit brisé, et que ses cavales ne se soient enfuies, ayant la fureur au cœur. Levez-vous, et regardez aussi, car je ne distingue pas bien ; il me semble cependant que c'est un homme étolien de naissance ; il commande parmi les Argiens : c'est le fils de Tydée, dompteur de chevaux, le vaillant Diomède.

– Idoménée, répond Ajax, pourquoi jases-tu avant de rien savoir ? Les cavales qui lèvent les pieds haut courent au loin à travers la plaine. Tu n'es pas des plus jeunes, tu n'as pas la vue des meilleures, et tu babilles sans cesse.

Ne fais donc pas le beau parleur devant des hommes plus habiles que toi. Les cavales d'Eumèlos sont les premières en avant ; lui-même est penché sur son char et tient ses rênes en main.

Le chef des Crétois, s'étant indigné, apostrophe Ajax en ces termes :

– Ajax, homme disputeur mais peu sensé, inférieur aux Grecs et grossier, gageons un trépied ou un bassin, devant Agamemnon, quels sont les chevaux qui sont premiers, et tu le sauras en payant.

Ajax se préparait à lui faire entendre de dures paroles, et ils auraient pu en venir aux mains, si Achille, après s'être levé, ne leur eût tenu ce langage :

– Ne vous répandez plus en invectives l'un contre l'autre, Ajax et Idoménée, cela n'est pas bien : vous verriez avec aversion quiconque en ferait autant. Asseyez-vous parmi les autres, et regardez les chevaux : ils ne tarderont pas à venir en faisant tous leurs efforts pour remporter la victoire ; alors vous les reconnaîtrez, et pourrez distinguer les premiers et ceux qui les suivrons.

Comme il parlait ainsi, le fils de Tydée arrive près d'eux, poussant ses chevaux du fouet : ceux-ci s'enlevaient en l'air pour achever promptement le parcours ; des grains de poussière frappaient sans cesse le conducteur ; le char couvert d'or et d'étain courait traîné par les chevaux aux pieds rapides, et les roues ne laissaient derrière elles aucune empreinte sur le sable, tant les deux coursiers volaient avec rapidité vers le but. Le fils de Tydée s'arrête au milieu de l'arène ; une sueur abondante dégoutte du cou et du poitrail des chevaux. Il saute de son char brillant et met le fouet sur le joug. Sthénélos n'est pas lent à saisir le prix ; il donne à ses compagnons à conduire la femme et à porter le trépied à anses, puis il dételle ses chevaux.

Antilochos, petit-fils de Nélée, poussait ses chevaux derrière Diomède. Quoiqu'il eût dépassé Ménélas par ruse, cependant celui-ci le serrait de très près. Lorsqu'un cheval s'allonge par la plaine, traînant son maître assis sur un char, le bout de sa queue touche le cercle de la roue et, comme il est attelé de court, il n'y a entre lui et la roue qu'un très petit intervalle : telle était la distance qui séparait Ménélas de l'intrépide Antilochos. Il avait d'abord devancé Ménélas de la longueur du jet d'un disque ; mais celui-ci l'avait bientôt rejoint, grâce à la cavale d'Agamemnon, Éthé aux beaux crins, dont la vigueur s'était renforcée. Et, s'il y eût eu davantage à courir, Ménélas eût précédé Antilochos et n'eût pas rendu la victoire indécise. Mérion, brave serviteur d'Idoménée, était en arrière de Ménélas de la portée d'un javelot. Ses chevaux à la longue crinière étaient très lents, et lui-même n'était pas habile à conduire un char dans l'arène. Le fils d'Admète, Eumèlos, arrive le dernier, traînant son beau char et poussant ses cavales devant lui. Achille, le voyant, en eut compassion, et proféra ces paroles au milieu des Argiens :

– L'homme le plus habile arrive le dernier ; cependant il convient de lui donner le second prix : que le fils de Tydée remporte le premier.

Tous applaudissent à ce qu'il ordonne ; et il aurait, avec l'approbation des Achéens, donné la cavale à Eumèlos, si Antilochos fils de Nestor ne lui eût dit avec raison :

– Achille, je serai justement irrité contre toi si tu fais ce que tu as proposé : de me ravir le prix, en considération de ce qu'Eumèlos, étant vaillant, a eu ses chevaux blessés et son char brisé ; mais il devait invoquer les immortels, afin de ne pas arriver le dernier. Si tu as quelque pitié de sa disgrâce, et s'il est cher à ton cœur, tu as de l'or et de l'airain dans ta tente, tu ne manques pas non plus de troupeaux, de captives et de chevaux : tu peux lui choisir un prix qui excède même ceux que tu as proposés, et le lui donner sur-le-champ. Quant à cette cavale que j'ai gagnée, je ne la donnerai pas, et que celui-là en vienne aux mains avec moi qui voudra me la disputer.

Achille sourit et, comme Antilochos était un de ses compagnons aimés, il lui dit :

– Antilochos, puisque tu veux que je donne quelque chose du mien à Eumèlos, je le ferai. Je lui donnerai une cuirasse d'or, dont j'ai dépouillé Astéropée ; elle est garnie d'airain et dun cercle d'étain. Je crois qu'elle sera pour lui d'un grand prix.

Aussitôt il commande à Automédon d'aller la quérir dans sa tente, ce qu'il fit. Il l'apporte et la met entre les mains d'Eumèlos, qui la prend avec allégresse.

Ménélas, la douleur dans l'âme et fortement irrité contre Antilochos, se lève ; un héraut lui met un bâton dans la main et ordonne aux Argiens de faire silence :

– Antilochos, dit-il, toi dont jusqu'à présent on estimait la franchise, qu'as-tu fait ? Tu a mis en doute mon courage en faisant trébucher mes chevaux, et les devançant avec les tiens, qui sont loin de les égaler en vitesse. Vous, chefs et princes des Argiens, jugez-nous sans faveur, de sorte qu'aucun des Achéens ne puisse dire : Ménélas a contraint Antilochos par des mensonges ; il emmène la cavale ; Antilochos avait des chevaux très lents, mais Ménélas le surpasse par le courage et par la force ; ou, si vous le voulez, je jugerai moi-même, et personne de vous ne blâmera ma sentence. Antilochos, viens ici, tiens-toi debout devant tes chevaux et ton char, prends le fouet avec lequel tu poussais tes chevaux tout à l'heure : jure, par le dieu qui ébranle la terre, que ce n'est pas par ruse que tu as empêché mon char.

Antilochos lui repart prudemment :

– Patience à présent, Ménélas roi : je suis beaucoup plus jeune que toi, et tu me surpasses par l'âge et la bravoure. Tu sais quelles peuvent être les erreurs d'un jeune homme ; si son esprit est prompt, son jugement est faible.

Que ton cœur s'apaise, et je te donnerai la cavale que j'ai remportée ; et si tu me demandes un autre prix de plus grande valeur que je devrai prendre dans ma maison, je te le donnerai sur-le-champ, plutôt que d'être effacé de ton cœur, nourrisson de Zeus, et d'être impie envers les dieux.

Le fils de Nestor au grand cœur amène la cavale et la présente à Ménélas. Le cœur de ce prince fond de joie, comme la rosée sur les épis d'une moisson qui croît lorsque les épis se hérissent : ainsi ton cœur s'attendrit dans ta poitrine, Ménélas, et tu lui dis :

— Antilochos, je te la cède moi-même, puisque tu n'es ni étourdi ni insensé : aujourd'hui seulement la jeunesse avait vaincu la prudence. Évite une autre fois d'offenser les hommes d'un rang supérieur au tien. Un autre que toi ne m'eût pas sitôt apaisé ; mais tu as déjà beaucoup souffert à cause de moi, ton père même et ton frère aussi ; cela est cause que j'accède volontiers à ce que tu désires, et que je te donne la cavale, bien qu'elle soit mienne, afin que tous connaissent que mon courage ne fut jamais superbe ni cruel.

Achevant son discours, il donne la cavale à Noémon, compagnon d'Antilochos, et prend le bassin. Mérion a les deux talents d'or, étant arrivé le quatrième. Une coupe à pied évasé restait comme cinquième prix. Achille la porte à Nestor à travers l'assemblée :

— Tiens, vieillard, garde cette coupe comme souvenir des funérailles de Patrocle, car tu ne le verras plus parmi les Argiens. C'est par déférence pour toi que je te donne ce prix, puisque tu ne te présenteras pas au pugilat, à la lutte, ni à la course à pied, ni au combat de la pique : la vieillesse chagrine te pourchasse déjà.

Il met la coupe dans les mains de Nestor, qui la reçoit avec joie et lui dit :

— Oui, mon fils, tu as dit la vérité fort à propos. Mes membres ne sont plus dispos ; mes pieds, mes mains, ami, ne se meuvent plus librement de chaque côté de mes épaules. Plaise aux dieux que je sois aussi jeune, que ma force soit aussi florissante qu'au temps où les Épéens ensevelirent à Buprasie leur chef Amaryncée, et que ses enfants proposèrent des prix pour célébrer les funérailles de leur père ! Je ne trouvai pas mon égal parmi les Épéens, les Pyliens, ni les Étoliens au grand cœur. Je fus victorieux au pugilat contre Clytomède, fils d'Énops ; à la lutte, contre Ancée de Pleuron ; à la course, contre Iphiclos, et à lancer le javelot, contre Plylée et Polydore. Les deux fils d'Actor me dépassèrent seulement à la course des chevaux, parce qu'ils étaient deux, et qu'ils m'enviaient cette victoire à laquelle les plus beaux prix étaient réservés. Ces deux frères étaient jumeaux : l'un conduisait les chevaux, l'autre les pressait à coups de fouet. J'étais tel alors ; mais aujourd'hui c'est à de plus jeunes à se livrer à ces exercices. J'obéis à la vieillesse chagrine. A mon tour je me distinguais parmi les héros. Mais va maintenant honorer par des jeux les funérailles de ton ami. J'accepte volontiers ce présent, et mon cœur est aise que tu te souviennes que j'ai été bon pour toi, et que tu me glorifies au milieu des Achéens. Que les dieux te récompensent de cette libérale reconnaissance.

Achille, ayant ouï l'éloge entier du fils de Nélée, s'en va parmi la foule des Grecs. Il présente les prix du pugilat, cause de douleurs : c'est une mule de six ans, infatigable, qu'on n'avait encore pu dompter, et une large coupe pour celui qui serait vaincu.

– Agamemnon, dit-il, et vous autres, Achéens, ordonnez que deux hommes, les plus forts, s'essayent à coups de poing pour ces prix. Que celui auquel Apollon donnera la victoire, au jugement des Grecs, retourne dans sa tente emmenant la mule infatigable ; et celui qui sera vaincu emportera la coupe.

Épéos, fils de Panopée, homme grand et robuste, habile au pugilat, n'eut pas plutôt entendu ce discours qu'il toucha la mule et s'écria :

– Que celui qui doit emporter la coupe s'avance, car je dis qu'aucun autre que moi des Achéens n'emmènera la mule après m'avoir vaincu au pugilat, puisque je me vante d'y être le plus fort. N'est-ce pas assez que je ne sois pas des meilleurs à la bataille, et un mortel peut-il être habile dans tous les genres de combats ? Je dis une chose que je ferai : je déchirerai la chair et briserai les os de celui qui s'attachera à moi ; et tous ses amis ne seront pas de trop pour l'enlever quand il aura été dompté par mes mains.

Tout le monde fait silence. Euryale se lève contre lui : Euryale, mortel égal aux dieux, fils de Mécistée, qui se trouva jadis à Thèbes aux funérailles d'Œdipe, où il vainquit tous les enfants de Cadmos. Le fils de Tydée, Diomède, s'empresse autour de lui, l'anime de paroles, désirant vivement qu'il emporte la victoire. D'abord il lui entoure les reins d'une ceinture et lui donne des courroies taillées dans la peau d'un taureau sauvage. Étant tous deux ceints par le milieu du corps, ils s'avancent au centre de l'arène ; ils lèvent ensemble leurs mains robustes ; ils tombent l'un sur l'autre et s'entrelacent. Un fracas terrible de mâchoires retentit, la sueur dégoutte de tous leurs membres. Épéos, ayant pris son élan, frappe à la joue Euryale qui l'observait : celui-ci ne reste pas debout longtemps ; ses membres, encore brillants de force, s'affaissèrent. Comme le poisson bondit sur le rivage couvert d'algues lorsqu'il y est poussé par le souffle de Borée, et que le flot le recouvre, ainsi bondissait Euryale frappé par Épéos. Épéos le relève, ses compagnons l'emmènent traînant les pieds à travers l'arène, crachant un sang épais et jetant sa tête de côté et d'autre ; ils le soutiennent au milieu d'eux et, en s'en allant, ils emportent la coupe.

Aussitôt le fils de Pélée fait apporter le troisième prix, celui de la lutte pénible ; il le montre aux fils de Danaos : c'est, pour le vainqueur, un grand trépied qui va au feu : les Achéens l'estiment du prix de dix bœufs ; et une femme pour celui qui sera vaincu : elle est habile dans les travaux des mains, et du prix de quatre bœufs.

– Levez-vous, dit-il, vous qui voulez vous essayer à cette lutte.

Ajax fils de Télamon se lève, puis Ulysse ingénieux et fécond en ruses. Ils ceignent leurs reins, s'avancent dans l'arène, et de leurs mains robustes se prennent à bras le corps, comme ces poutres que joint ensemble sur le toit d'une maison élevée un charpentier habile, de manière à ce qu'elles résistent à l'impétuosité des vents. Leurs dos grincent sous la terrible étreinte de leurs mains robustes, la sueur ruisselle de leurs membres, des tumeurs violacées s'élèvent sur leurs flancs et sur leurs épaules, et ils n'en étaient pas moins ardents pour remporter le trépied bien fabriqué. Ulysse ne pouvait faire tomber Ajax, et Ajax ne pouvait vaincre la force puissante d'Ulysse. Mais, voyant que les Grecs étaient attiédis de la longueur du combat, Ajax dit à Ulysse :

– Fils de Laërte, issu de Zeus, Ulysse au génie artificieux, lève-moi de terre, ou je te lèverai ; ensuite Zeus aura soin du reste.

Ce disant, Ajax le happe. Ulysse n'oublie pas d'avoir recours à la ruse ; il le frappe par-derrière, au pli du jarret, lui fait ployer les membres, le jette à la renverse, et tombe avec lui sur sa poitrine. Les peuples contemplaient cette lutte avec admiration. A son tour Ulysse veut lever Ajax, mais c'est avec peine qu'il peut le soulever tant soit peu de terre, il lui fait seulement ployer le genou : tous deux tombent l'un près de l'autre et sont souillés de poussière. Et, s'étant relevés, ils auraient recommencé la lutte pour la troisième fois si, les empêchant, Achille ne leur eût dit :

– Ne continuez pas la lutte, et ne vous broyez plus le corps : la victoire est à vous deux ; et, après avoir pris chacun un prix égal, allez-vous-en, afin que les autres puissent lutter à leur tour.

Achille met d'autres prix pour la course, d'abord un cratère d'argent artistement élaboré : il contenait six mesures et surpassait en beauté tous ceux de la terre ; des ouvriers sidoniens l'avaient façonné, et des Phéniciens l'apportèrent à travers la mer Noire, lesquels, s'étant arrêtés dans un port, en firent présent à Thoas ; Eunéos, fils de Jason, le donna comme rançon de Lycaon, fils de Priam, à Patrocle héros. Achille propose ce cratère, pour prix des jeux célébrés en l'honneur de son compagnon, à celui qui sera le plus léger à la course. Ensuite il donne au second prix un bœuf de haute taille et florissant de graisse, et au dernier un demi-talent d'or. Il se lève :

– Approchez, dit-il, vous qui voulez vous essayer à cette lutte.

Ajax fils d'Oïlée se présente ; après lui le fils de Laërte, Ulysse, puis Antilochos fils de Nestor : celui-ci surpassait à la course tous les jeunes gens de son âge. Ils se tiennent debout, de front ; Achille leur montre le but. Le parcours s'étendait loin de la barrière. Le fils d'Oïlée s'élance avec rapidité, Ulysse le suit de très près ; comme une navette se tient près de la poitrine d'une femme à la belle ceinture, lorsque celle-ci l'a chassée adroitement de ses mains pour passer le fil à travers la chaîne, tel Ulysse courait derrière le fils d'Oïlée : il emboîtait son pas avant que la poussière ne pût s'élever ; il répandait son haleine contre sa tête, soutenant toujours la vitesse de sa course, et les Grecs lui donnaient courage par leurs applaudissements. Comme ils furent au bout de la carrière, Ulysse fit dans son cœur cette prière à Athéna aux yeux bleus :

– Écoute-moi, déesse, donne de la vitesse à mes pieds.

Pallas Athéna exauce sa prière : elle rend ses membres légers, et ses pieds et ses mains. Comme ils allaient s'élancer sur le prix, Ajax glisse en courant (Athéna voulait l'embarrasser) à cet endroit de la plaine où l'on avait répandu le fumier des bœufs mugissants qu'Achille avait tués en l'honneur de Patrocle ; il en a la bouche et les narines imprégnées. Ulysse, l'ayant devancé, enlève le cratère. Ajax prend le bœuf et le tient par les cornes et, après avoir expectoré, il dit aux Argiens :

– Ô dieux, c'est certainement une déesse qui m'a fait broncher : c'est celle qui depuis longtemps assiste et secourt Ulysse comme une mère.

Il n'avait pas fini de parler, que tous se mirent à rire de lui. Antilochos emporte le dernier prix, et dit en souriant :

– Amis, je vous dirai ce que vous savez tous, que les immortels, même encore à présent, honorent les plus âgés. Ajax a quelques années de plus que moi, Ulysse est de la génération précédente et des hommes que l'on nomme anciens ; cependant on dit qu'il est un vieillard encore vert ; et pour tout autre qu'Achille, il est difficile de lutter à la course avec lui.

Il donne ensuite plusieurs louanges à Achille, lequel lui répond :

– Antilochos, je ne veux pas que tu m'aies loué en vain, je te donnerai encore un autre demi-talent d'or.

Il le remet dans les mains d'Antilochos, qui le reçoit avec joie.

Le fils de Pélée dépose dans l'arène un long javelot, un bouclier et un casque, armes dont Patrocle avait dépouillé Sarpédon :

– Nous ordonnons, dit-il, que les deux plus braves, ayant revêtu leurs armes, et pris l'airain qui coupe la chair, s'essayent l'un l'autre, en présence de tous, pour obtenir ces prix. Celui des deux qui le premier aura atteint la chair pleine de vie, et touché les entrailles de l'autre, à travers les armes et le sang noir, je lui donnerai cette épée aux clous d'argent, belle, de Thrace, dont je dépouillai Astéropée. Ils emporteront tous deux ces armes pour les partager entre eux, et nous leur préparerons un bon repas dans les tentes.

Ajax fils de Télamon et Diomède fils de Tydée se lèvent. Ils s'arment et s'avancent au milieu de l'arène, ayant soif de combattre : leur regard est terrible, et l'effroi gagne les Achéens. Étant près l'un de l'autre, trois fois ils s'attaquent. Ajax perce le bouclier de Diomède, mais la cuirasse résiste au fer de sa pique. Le fils de Tydée cherche à rencontrer le cou d'Ajax au-dessus de son large bouclier. Les Grecs, craignant pour Ajax, veulent que le combat cesse et que les prix soient partagés. Achille donne au fils de Tydée la grande épée avec le fourreau et le baudrier bien taillé.

Le fils de Pélée fait déposer une masse ronde, telle qu'elle avait été fondue, que lançait Éétion à la grande force. Achille, l'ayant tué, emporta dans ses vaisseaux cette masse et les autres richesses de ce roi :

– Se lève, dit-il, qui voudra disputer ce prix. S'il a des champs gras, il se pourra servir de cette boule l'espace de cinq années : il ne sera besoin que son pâtre ou son laboureur aillent à la ville acheter du fer, il leur en donnera.

Polypète guerrier intrépide, Léontée égal aux dieux, Ajax fils de Télamon, et Épéos, se placent en rang ; Épéos prend la masse, et, l'ayant fait tournoyer, la jette avec force : tous les Achéens se mettent à rire. Léontée rejeton d'Arès, la jette le second ; Ajax, le troisième : il dépasse les marques de tous. Polypète guerrier intrépide la prend le quatrième ; aussi loin qu'un bouvier peut jeter la houlette, laquelle en biaisant vole à travers les génisses, d'autant il dépasse l'arène ; et les Achéens de s'écrier. Les compagnons de Polypète se lèvent et emportent son prix dans ses vaisseaux.

Cet exercice ne fut pas plutôt fini qu'Achille propose pour prix aux archers du fer à la couleur sombre, dix haches et dix cognées. Il plante au loin dans le sable le mât d'un navire et y lie une colombe timide par le pied avec une corde mince, et ordonne qu'on la vise avec l'arc :

– Celui, dit-il, qui frappera la colombe, emportera les haches ; celui qui, manquant l'oiseau, touchera la corde, aura les cognées.

Teucer et Mérion se mettent en avant. Ils jettent des dés dans un casque d'airain, et Teucer a le droit de tirer le premier. Il décoche soudain avec grande force, mais il ne promet pas de sacrifier au roi Apollon une hécatombe illustre d'agneaux premiers-nés. Il manque l'oiseau : Apollon était courroucé contre lui ; il frappe la corde près du pied par lequel l'oiseau avait été attaché ; la flèche, cause de douleurs amères, coupe la corde entièrement. La colombe s'envole vers le ciel, la corde s'abaisse vers la terre, et les Achéens d'applaudir. Mérion s'empresse d'arracher l'arc des mains de Teucer, y adapte la flèche qu'il tenait depuis longtemps dans sa main comme s'il ajustait. Il promet d'offrir à Apollon qui lance au loin les traits une hécatombe choisie d'agneaux premiers-nés. Il aperçoit en haut sous les nuages la colombe timide errant çà et là, et l'atteint sous l'aile. La flèche avait traversé de part en part ; elle retombe et se fiche devant le pied de Mérion. Cependant l'oiseau, suspendu au mât du vaisseau, laissait pendre son cou et ses ailes : la vie s'envola vite de ses membres, il s'abattit loin de là. Les peuples furent saisis d'étonnement. Mérion eut les dix haches, Teucer les dix cognées.

Achille met dans l'arène une longue lance et un bassin qui n'avait pas vu le feu, du prix d'un bœuf couronné de fleurs. Alors se lèvent les hommes qui lancent le javelot, le premier Agamemnon fils d'Atrée, ensuite Mérion, serviteur d'Idoménée.

Achille leur dit :

– Fils d'Atrée, nous savons combien tu l'emportes sur tous, et que tu es le premier par la force et l'adresse à manier le javelot. Prends donc ce prix et retourne vers tes vaisseaux, et donne, si tu le trouves bon, la lance à Mérion ; quant à moi, je t'y engage.

Agamemnon se rend au désir d'Achille. Il remet à Mérion la lance d'airain, et donne au héraut Talthybios le prix le plus beau.

Chant XXIV

Priam

Les jeux étant terminés, les Grecs se retirent dans leurs tentes pour prendre leur repas du soir et se livrer au sommeil. Cependant Achille, ne pouvant oublier son ami, continuait son deuil, et le sommeil, qui dompte toutes les douleurs, ne pouvait vaincre la sienne ; il repassait dans son esprit la vigueur et l'énergie de Patrocle, les souffrances qu'ils avaient endurées ensemble, leurs beaux faits d'armes et les mers qu'ils avaient traversées. Se remettant ainsi devant les yeux les différentes phases de leur vie commune, il versait des larmes abondantes. Il se couchait sur le côté, un instant après se mettait sur le dos, puis sur le ventre ; et, s'étant levé tout d'un coup, il longeait, comme un égaré, le rivage de la mer, lorsque l'aurore l'aperçoit. Il attelle ses chevaux rapides, attache Hector derrière son char et le traîne trois fois autour du monument de Patrocle fils de Ménoetios. Il rentre dans sa tente, laissant Hector couché le ventre sur la poussière. Apollon veillait à ce que le corps ne souffrît aucune indignité car, bien qu'il fût privé de vie, il l'avait en compassion : il l'avait couvert tout entier de son égide d'or, afin qu'il ne lui fût fait aucune déchirure quand il serait traîné par les pieds.

Achille outrageait ainsi le corps d'Hector. Les dieux bienheureux, le regardant, en avaient pitié, et engagèrent le meurtrier d'Argos, Hermès, à le dérober. Cet avis plaît aux dieux, mais non pas à Héra, Poséidon et Athéna la vierge aux yeux d'azur. Ces trois déesses avaient toujours en haine Ilion sacrée, Priam et son peuple, par la faute de Pâris. Il avait outragé Héra et Athéna lorsque, ces deux déesses étant venues près de ses brebis, il donna le prix de la beauté à Aphrodite, qui lui inspira un amour si funeste. Mais, l'aurore s'étant montrée douze fois depuis qu'Hector tomba sous les coups d'Achille, Apollon dit aux immortels :

– Dieux, vous êtes méchants et cruels. Hector ne vous a-t-il donc jamais brûlé des cuisses de bœufs et des chèvres choisies ? Et vous ne souffririez pas qu'on l'enlevât, même étant mort, pour le laisser voir à son épouse, à sa mère, à son fils, à Priam son père, et à ses peuples, afin qu'ils l'exposent sur un bûcher et lui rendent les honneurs funèbres ? Mais, dieux, vous voulez favoriser Achille, lequel n'a pas de sentiments justes ni un esprit accessible à la pitié ; il est féroce comme le lion, lequel, cédant à sa force et à son courage, se jette sur des mortels pour en faire son repas : de même, Achille n'ouvre plus son cœur à la compassion, et n'a pas cette honte bonne ou mauvaise, selon qu'elle empêche de faire le mal ou le bien. Si quelqu'un perd un être aimé, un frère utérin, un fils, il met un terme à ses larmes et à sa douleur : les Moires n'ont-elles pas placé dans le cœur de l'homme assez de courage pour supporter le malheur ? Lorsque Achille, après avoir ravi l'âme à Hector, l'attache à son char et le traîne trois fois autour du tombeau de son compagnon chéri, certes, cela ne lui sert à rien et ne lui tourne pas à honneur. Que ne nous irritons-nous contre lui, quoiqu'il soit d'un grand courage ? Sa fureur le pousse à outrager une poussière insensible.

Héra, irritée, lui dit :

– Qu'il en soit ainsi, dieu à l'arc d'argent, si toutefois tu honores Hector à l'égal d'Achille. Hector est mortel et suça la mamelle d'une femme ; mais Achille est fils d'une déesse, laquelle j'ai élevée et donnée pour épouse à Pélée, homme qui devint très cher au cœur des immortels ; et vous tous, dieux, assistâtes à son mariage ; et toi, ami des méchants, et toujours perfide, tu pris part au festin avec les dieux, ayant ta lyre à la main.

– Héra, ne t'irrite pas ainsi contre les dieux, repart Zeus qui assemble les nuées, Achille et Hector ne recevront pas le même traitement : Hector était affectionné des dieux comme pas autre Troyen, et de moi-même, parce qu'il ne différait jamais de me faire des présents, et que mon autel ne manquait jamais de festins, de libations, ni de graisse de victimes : nous avons reçu cet honneur en partage. Nous nous abstiendrons de prendre Hector en cachette, cela serait difficile à faire à l'insu d'Achille : sa mère, nuit et jour, est à ses côtés. Que quelqu'un de vous aille lui dire de venir me parler, et je lui conseillerai de disposer Achille à recevoir des présents de Priam et à lui rendre Hector.

Il finissait ces mots, qu'Iris, rapide comme le vent, s'était déjà précipitée dans la mer Noire, entre Samos et Imbros, hérissée de rochers : le détroit en gémit. Elle gagne le fond, comme le plomb recouvert de corne descend portant la mort aux poissons voraces. Elle trouve Thétis dans une grotte ; à ses côtés étaient assises les déesses marines. Thétis pleurait au milieu d'elles la destinée de son fils illustre, qui devait périr dans Troie, loin de sa patrie.

– Lève-toi, Thétis, dit Iris ; Zeus, instruit des desseins éternels, t'appelle.

– Pourquoi, répond Thétis, ce grand dieu m'ordonne-t-il de venir ? Je crains de me mêler aux immortels ; j'ai dans le cœur des douleurs infinies. J'y vais cependant ; le mot qu'il me dira ne sera pas vain.

Ayant ainsi parlé, la plus divine des déesses prit un voile noir : nul autre vêtement n'était plus noir que lui.

Elle s'en va précédée d'Iris, et le flot de la mer s'entrouvrait devant elles. Elles montent sur le rivage, et de là elles s'élancent vers le ciel ; elles trouvent le fils de Cronos au vaste regard et, assis autour de lui, tous les autres dieux bienheureux. Thétis s'assied près de Zeus ; Athéna se retire, cédant sa place à Thétis ; Héra lui met dans la main une belle coupe d'or et la console par ses discours ; Thétis lui rend la coupe dès qu'elle a bu :

– Thétis, dit Zeus, tu es venue dans l'Olympe, quoique tu sois affligée et que tu aies dans le cœur un deuil qu'on ne peut oublier : j'en sais le motif. Moi-même je te dirai pourquoi je t'ai fait venir ici. Il y a neuf jours, une discorde s'éleva parmi les immortels au sujet d'Achille et du corps d'Hector. Ils engageaient Hermès, le meurtrier d'Argos à l'œil perçant, à enlever le cadavre en cachette ; mais moi je réserve à Achille la gloire de rendre Hector, en gardant pour la suite le respect qu'il te doit et ton amitié. Descends bien vite vers l'armée, fais-lui part de mon commandement ; dis-lui que les dieux sont irrités, et que je le suis plus encore que les immortels, de ce qu'étant animé de fureur, il retient Hector près de ses vaisseaux et ne le renvoie pas. Dis-lui, pour voir s'il me craint quelque peu, qu'il le rende. J'enverrai Iris au roi Priam, afin qu'elle le persuade d'aller vers les vaisseaux des Achéens pour délivrer son fils et porter à Achille des présents qui puissent apaiser sa colère.

Thétis se hâte d'obéir à l'ordre de Zeus. Elle descend de l'Olympe et arrive à la tente de son fils, où elle le trouve poussant de grands gémissements ; autour de lui, ses compagnons apprêtaient le repas du matin : ils venaient d'immoler une brebis. Sa mère s'assied près de lui, le caresse et lui dit :

– Jusques à quand rongeras-tu ton cœur de tes plaintes et de tes chagrins, te refusant même la nourriture et le repos ? Il est bon pourtant de s'unir en amour avec une femme. Tu ne vivras plus guère, la mort et la Moire puissante se tiennent déjà là, près de toi. Comprends-moi vite, c'est Zeus qui m'envoie vers toi : il dit que les dieux sont irrités, et que lui-même l'est encore plus que les immortels, de ce qu'étant animé de fureur, tu retiens Hector près de tes vaisseaux et ne le renvoies pas. Délivre au moins son cadavre, après avoir reçu quelque rançon en échange.

– Qu'il en soit ainsi, répond Achille à sa mère ; que celui qui apportera des rançons emporte aussi le cadavre, puisque l'Olympien lui-même le veut ainsi d'un cœur bienveillant.

Ainsi la mère et le fils s'entretenaient familièrement au camp des Grecs.

Le fils de Cronos :

– Quitte, dit-il à Iris, le séjour de l'Olympe, et rends-toi dans Ilion ; tu diras à Priam qu'il aille vers les vaisseaux des Grecs pour délivrer son fils ; qu'il porte à Achille des présents qui puissent apaiser son cœur ; qu'il y aille seul avec un héraut, lequel conduira les mules et le char et ramènera le mort que tua l'intrépide fils de Pélée ; que la crainte de la mort ne l'effraie point : nous lui donnons pour guide le meurtrier d'Argos, qui le conduira jusqu'à ce qu'il ait approché d'Achille. Quand il sera dans sa tente, qu'il ne craigne point de perdre la vie de la main du héros : il le protégerait plutôt que de souffrir qu'il lui fût fait aucun mal ; il n'est ni insensé, ni irréfléchi, ni impie ; il respectera l'homme suppliant.

Iris aux pieds prompts comme l'orage obéit aussitôt au désir de Zeus. Elle arrive en la demeure de Priam, et y entend des cris et des plaintes. Dans une cour, ce roi, entouré de ses fils, qui mouillaient leurs vêtements de leurs larmes, serrait étroitement son manteau sur son corps ; sa tête et son cou étaient imprégnés d'ordures qu'il avait ramassées avec ses mains en se roulant à terre.

Ses filles, ses brus, disséminées dans les palais, pleuraient tous ces braves guerriers qui gisaient ayant perdu la vie sous les mains des Argiens. La messagère de Zeus s'approche de Priam, et lui parle à voix basse pour ne pas l'effrayer. Néanmoins le frisson saisit ses membres :

– Rassure-toi, Priam, fils de Dardanos, et ne crains rien. Je ne viens pas ici te prédire une nouvelle disgrâce, mais pour te parler avec bonté. Je suis la messagère de Zeus, lequel, bien qu'il soit éloigné d'ici, n'en veille pas moins sur toi. Il veut que tu ailles délivrer Hector, que tu portes à Achille des présents qui puissent apaiser son cœur, que tu t'y rendes seul avec un hérault, lequel conduira les mulets et le char et ramènera vers la ville le mort qu'Achille a tué. Que la crainte de la mort ne t'effraie point : tu auras pour guide le meurtrier d'Argos, qui te conduira jusqu'à ce que tu approches d'Achille. Quand tu seras dans sa tente, ne crains point de perdre la vie de la main de ce héros : il te protégera plutôt que de souffrir qu'il te soit fait aucun mal ; il n'est ni insensé, ni irréfléchi, ni impie ; il respectera l'homme suppliant.

Iris partit aussitôt qu'elle eut fait son message. Priam ordonne à ses fils de monter le char aux belles roues, auquel peuvent s'atteler des mules, et d'y fixer la caisse. Lui-même, étant descendu dans sa chambre embaumée de parfums brûlés, boisée de cèdre, au plafond élevé, et dans laquelle se trouvent une foule d'objets dignes d'être appréciés, il appelle Hécube, et lui dit :

– Épouse infortunée, la messagère de l'Olympe est venue, de la part de Zeus, me dire d'aller vers les vaisseaux des Achéens pour délivrer mon fils, et de porter à Achille des présents qui puissent apaiser son cœur. Dis-moi, qu'en penses-tu ? Quant à moi, mon courage et mon cœur me poussent fortement à me rendre vers les vaisseaux dans le camp étendu des Achéens.

Sa femme lui répond en sanglotant :

– Hélas, malheureuse que je suis ! où est ta prudence, si célèbre chez les étrangers et parmi ceux auxquels tu commandes ? Veux-tu aller seul aux vaisseaux des Achéens, et paraître aux yeux d'un homme qui t'a tué plusieurs enfants courageux ? Il faut que tu aies un cœur de fer. Si cet homme barbare et sans foi te prend et te fixe avec ses yeux, il n'aura ni pitié ni respect pour toi. Asseyons-nous plutôt dans le palais et pleurons à l'écart ; quand Hector naquit, la Moire lui donna ce destin de rassasier les chiens agiles chez un homme violent, duquel puissé-je, m'étant fermement attachée à lui, tenir le foie pour le manger par le milieu ! Alors je lui ferais payer tous les maux dont il a accablé mon fils : car il l'a tué non parce qu'il se comportait lâchement, mais parce que, ne sachant ce qu'était crainte ou fuite, il se tenait en avant pour défendre les Troyens et les Troyennes au beau sein.

Le vieux Priam :

– Ne me retiens pas, lui repart-il, et ne sois pas toi-même un mauvais présage dans ces palais ; tu ne me persuaderais pas le contraire. Si quelque autre de ceux qui sont sur la terre, devins, aruspices ou prêtres, m'ordonnait d'aller délivrer mon fils, nous croirions qu'il dirait un mensonge, et nous nous éloignerions vite de lui ; mais j'ai entendu moi-même la déesse, et je l'ai regardée en face : sa parole ne sera pas vaine. Si mon destin est de mourir près des vaisseaux des Achéens à la tunique d'airain, je le veux. Qu'Achille me tue dès que j'aurai pris mon fils dans mes bras et que j'aurai apaisé le désir de le pleurer !

Et, disant cela, il leva les beaux couvercles des coffres. Il en retira douze voiles superbes, douze manteaux simples et autant de tapis, autant de belles robes et autant de tuniques. Il portait, après les avoir pesés, dix talents d'or, deux trépieds brillants, quatre vases et une coupe de la plus grande beauté, don précieux que les Thraces lui offrirent lorsqu'il vint chez eux en ambassade : le vieillard ne l'épargna pas non plus, tant il avait à cœur de délivrer son cher fils. Il écartait du portique tous les Troyens, en les apostrophant par des paroles honteuses :

– Allez-vous-en, scélérats, hommes méprisables : vous n'avez donc pas assez à gémir chez vous, que vous venez encore ajouter à mon affliction ? Pensez-vous que ce soit trop peu de chose que de supporter les douleurs que m'envoie le fils de Cronos, Zeus, et d'avoir perdu le meilleur de mes fils ? Vous le saurez, vous aussi : car, lui mort, vous serez plus faciles à tuer pour les Achéens. Quant à moi, avant d'avoir vu de mes yeux la ville détruite et dévastée, puissé-je être descendu dans la maison d'Hadès !

Ce disant, il les fit retirer devant lui. Tous s'en allèrent devant le vieillard qui les poussait rapidement. Il criait après ses fils en les gourmandant : Hélénos, Pâris, Agathon, Pammon, Antiphonos, Politès, Déiphobo, Hippothoos et Dios. Le vieillard, ayant crié, leur ordonne à eux neuf :

– Hâtez-vous pour moi, mauvais enfants, hommes dont on doit rougir ! Plût aux dieux que près des vaisseaux rapides vous eussiez été tués tous ensemble au lieu d'Hector ! Hélas je suis bien malheureux d'avoir engendré dans Troie des fils très braves, et qu'aucun d'eux ne m'ait été laissé : Mestor, égal à un dieu ; Troïle, qui combattait sur un char, et Hector, qui était dieu parmi les hommes et ne paraissait pas fils d'un homme mortel, mais d'un dieu. Arès les a perdus ; ceux qui restent me sont des sujets d'opprobre : ce sont des menteurs, des danseurs, des hommes qui excellent dans des chœurs de danse, qui enlèvent à leurs compatriotes leurs agneaux et leurs chevreaux. N'aurez-vous donc pas bientôt équipé mon char et porté dessus tout ce qui est là, afin que nous fassions du chemin ?

Ceux-ci, respectant l'exhortation de leur père, amènent le char aux belles roues, beau et nouvellement fait, auquel les mules s'attellent ; ils mettent la caisse sur le derrière ; ils décrochent du clou le joug à mules, fait de buis, muni, à son milieu faisant bosse, d'un grand anneau, et d'un petit anneau à chacune de ses deux extrémités ; avec le joug ils décrochent une courroie de neuf coudées. Ils posent la courroie au bout du timon bien poli, engagent le timon dans le grand anneau du joug jusqu'au bouton mobile qui maintient la volée, passent trois fois en dessus et en dessous la courroie pour fixer le joug au timon, et replient le bout de la courroie. Ils chargent sur le char la rançon, d'un très grand prix, de la tête d'Hector ; ils mettent sous le joug les mules aux durs sabots qui travaillent sous le harnais, lesquelles les Mysiens donnèrent comme présents illustres au roi Priam. Ils amènent à leur père ses chevaux sous le joug, que le vieillard avait nourris dans son écurie bien bâtie. Un héraut et Priam animé de sages conseils les attelèrent à leur char dans les bâtiments élevés. Hécube s'approche d'eux, le cœur inquiet ; de la main droite elle porte dans une coupe d'or du vin doux au cœur, afin qu'avant de partir ils fassent des libations. Elle se tient près des chevaux et dit :

– Tiens, verse à Zeus et prie-le qu'il te fasse revenir à la maison, puisque malgré moi tu veux aller aux vaisseaux, chez des hommes ennemis. Prie le fils de Cronos aux nuées noires, qui réside sur l'Ida, qui voit d'en haut Troie entière ; demande-lui qu'il envoie à ta droite l'oiseau messager rapide, qui lui est le plus cher des oiseaux et dont la force est la plus grande, afin qu'en l'apercevant tu ailles toi-même, te confiant en lui, vers les enfants de Danaos aux coursiers rapides. Mais, si Zeus au vaste regard ne te donne pas son messager, je ne veux pas t'exciter à aller aux vaisseaux des Argiens, quoique tu le désires beaucoup.

– Femme, répond Priam, je ferai ce que tu me demandes : il est bon d'élever les mains à Zeus, afin qu'il veuille avoir pitié de nous.

Le vieillard demande à une servante intendante de lui verser sur les mains de l'eau pure ; elle s'approche, tenant dans ses mains un bassin et une aiguière. Dès qu'il s'est lavé, il prend la coupe que lui présente sa femme et, se tenant debout au milieu de l'enceinte de la cour, il verse le vin goutte à goutte, et en même temps il regarde le ciel :

– Zeus père, souverain de l'Ida, dieu très glorieux, très grand, fais que je sois reçu dans la tente d'Achille comme un ami, et qu'il me juge digne de sa pitié ; envoie à ma droite l'oiseau qui t'est le plus cher et dont la force est très grande, afin qu'en le voyant je me confie en lui lorsque j'irai vers les vaisseaux des enfants de Danaos.

Sa prière fut exaucée de Zeus. Aussitôt il lui envoya le plus sûr des oiseaux de présage, l'aigle chasseur, au plumage sombre, que l'on appelle Percnos. Aussi grande a été faite la porte bien ajustée, bien fermée, de la chambre au toit élevé où repose l'homme riche, aussi grandes sont les ailes de l'aigle. Il leur apparut à leur droite, au-dessus de la ville. L'ayant vu, ils se réjouirent et leur cœur ressentit de la joie dans leur poitrine.

Le vieillard monte sur son siège à deux places, et sort du vestibule et du portique sonore. En avant, les mules traînent le chariot à quatre roues, poussées par le sage Idaios ; derrière sont les chevaux que le vieillard presse de son fouet et guide à travers la ville ; tous ses amis le suivent, le pleurant beaucoup, comme s'il allait à la mort. Dès que Priam et Idaios furent descendus de la ville et arrivèrent dans la plaine, enfants et gendres retournèrent vers Ilion. Priam et son héraut n'échappèrent pas à Zeus au vaste regard ; ayant vu le vieillard, il en eut pitié : il dit aussitôt à Hermès, son fils chéri :

– Hermès, c'est ta fonction que de t'adjoindre à un homme comme son compagnon et de lui donner ton assistance ; va conduire Priam vers les vaisseaux des Achéens, de manière qu'on ne le voie pas et qu'aucun des Achéens ne soupçonne son arrivée tant qu'il ne sera pas près du fils de Pélée.

Le meurtrier d'Argos obéit au père des dieux. Aussitôt il s'attacha sous les pieds des sandales d'une grande beauté, d'ambroisie, d'or, lesquelles le portaient tantôt sur l'eau, tantôt sur la terre sans borne, avec le souffle du vent ; il prit la baguette avec laquelle il fascine comme il veut les yeux des hommes et éveille de nouveau ceux qui dorment. Tenant cette baguette dans ses mains, le puissant meurtrier d'Argos avait pris son vol. Semblable à un jeune prince à la barbe naissante, à la jeunesse gracieuse, il arrive à Troie et à l'Hellespont.

Priam et Idaos, ayant dépassé le grand tombeau d'Ilos, s'arrêtèrent pour faire boire leurs chevaux dans le fleuve ; l'obscurité commençait à couvrir la terre. Le héraut, ayant aperçu Hermès, dit à Priam :

– Prends garde, fils de Dardanos, un esprit prudent est ici nécessaire ; je vois un homme : je pense qu'il nous perdra bientôt. Fuyons avec nos chevaux, et ensuite nous lui toucherons les genoux en le suppliant d'avoir pitié de nous.

A ces paroles, l'esprit du vieillard est troublé et une crainte violente le saisit : ses poils se hérissent sur ses membres abattus ; il est frappé de stupeur. Hermès, s'étant avancé près de lui, lui prend la main, l'interroge et lui dit :

– Père, où conduis-tu ainsi tes chevaux et tes mules, au milieu de la nuit d'ambroisie, tandis que les autres mortels reposent ? Ne crains-tu pas les Achéens, qui ne respirent que le courage, qui non loin d'ici sont tes ennemis et irrités contre toi ? Quelle pensée te viendrait à l'esprit si quelqu'un d'eux te voyait à travers la nuit noire, qui n'est pas de longue durée, conduire tant de riches présents ? Tu n'es pas jeune, et c'est le vieillard qui t'accompagne qui doit repousser celui qui vous attaquerait. Quant à moi, loin de te faire du mal, j'écarterai celui qui viendrait à te rencontrer, car il me semble voir en toi un père chéri.

Priam, vieillard semblable aux dieux, lui répondit :

– Ce que tu dis est vrai, cher fils. Un des dieux a étendu encore sa main sur moi en envoyant à ma rencontre un voyageur de bon augure, admirable de corps et de beauté, d'un esprit sensé et né de parents bienheureux.

– Oui, vieillard, répond le meurtrier d'Argos, tout cela est juste ; mais en quel endroit envoies-tu tous ces trésors précieux ? Est-ce chez des étrangers qui doivent te les garder, ou fuyez-vous, loin d'Ilion sacrée, la crainte dans le cœur ? Le plus brave de tes fils a péri, et il ne le cédait en rien aux Achéens dans le combat.

– Mais qui es-tu, homme excellent, lui demande Priam, et quels sont tes parents, toi qui es si bien informé de la mort de mon malheureux fils ?

– Tu me tentes, vieillard, repart le meurtrier d'Argos, et tu m'interroges sur Hector semblable à un dieu. Je l'ai vu bien souvent dans le combat qui illustre les hommes, et lorsqu'il faisait périr avec sa lance les Argiens qui fuyaient devant lui vers leurs vaisseaux. Nous autres, nous l'admirions. Achille, irrité contre le fils d'Atrée, ne nous permettait pas de combattre. Je suis son serviteur, le même navire à la belle forme nous a amenés ; je suis un des Myrmidons : Polyctor est mon père ; il est riche et vieillard comme toi ; il a six fils, je suis le septième. Ayant ballotté l'urne avec eux, j'obtins du sort de suivre Achille ici. Maintenant, je quitte les vaisseaux pour venir dans la plaine ; les Achéens aux yeux vifs commenceront le combat dès l'aube, autour de la ville. Ils s'impatientent de rester assis tranquillement, et leurs rois, avides de la guerre, ne peuvent contenir leur ardeur.

– Puisque tu es le serviteur du fils de Pélée, reprend Priam, tu me diras toute la vérité : mon fils est-il encore près des vaisseaux, ou bien Achille, ayant coupé ses membres par morceaux, les a-t-il jetés à ses chiens ?

– Vieillard, répliqua le meurtrier d'Argos, ni les chiens ni les oiseaux n'ont pas encore mangé ton fils : il gît, toujours le même, dans la tente d'Achille, près de son vaisseau ; depuis la douzième aurore qu'il y est, sa peau n'est pas altérée, et les vers qui dévorent les mortels victimes d'Arès ne le mangent pas. Cependant, dès que l'aurore divine a paru, Achille le traîne sans pitié autour de son ami chéri, mais il ne le défigure pas. Quand tu seras près de lui, tu verras toi-même comme il est frais : le sang dont il était couvert a été lavé, il n'a plus aucune tache, et toutes les blessures qu'il a reçues (bien des Grecs l'ont frappé) sont fermées. Ainsi, les dieux bienheureux prennent soin de ton bon fils, quoiqu'il soit mort, parce qu'ils le tiennent comme ami dans leur cœur.

– Ô mon fils, dit le vieillard, il est bon de faire aux immortels les présents qui leur sont dus : puisque mon fils, tant qu'il fut vivant, n'a jamais oublié dans ses palais les dieux qui occupent l'Olympe, c'est pourquoi ceux-ci se sont souvenus de lui après sa mort. Accepte cette belle coupe, protège-moi et conduis-moi, avec l'aide des dieux, jusqu'à ce que je sois arrivé à la tente de Pélée.

– Tu me tentes, vieillard, répond le meurtrier d'Argos, mais tu ne me persuaderas pas d'accepter à son insu des présents destinés à Achille.

– Je le crains, et je serais honteux de lui faire tort, de peur qu'il ne m'arrivât quelque malheur dans la suite. Mais j'irais avec toi jusque dans Argos, et serais ton guide soit à pied, soit sur un vaisseau, et personne ne s'aviserait de t'attaquer tant que nous marcherions ensemble.

Hermès, s'étant élancé sur le char, prend en mains le fouet et les rênes, et inspire une grande vigueur aux chevaux et aux mules. Lorsqu'ils arrivèrent aux tours des vaisseaux et au fossé, les gardiens venaient de prendre leur repas. Le messager, meurtrier d'Argos, verse le sommeil à eux tous, ouvre les portes, pousse les verrous et introduit Priam sur son char, avec les présents illustres. Ils approchent de la tente élevée du fils de Pélée, laquelle les Myrmidons avaient faite à ce prince en coupant des ais de sapin et en les recouvrant de roseaux chevelus qu'ils avaient coupés dans la prairie : ils l'entourèrent d'une grande cour fermée avec des pieux serrés les uns contre les autres ; un verrou formé par un grand madrier de sapin maintenait la porte ; trois Achéens poussaient et trois autres repoussaient cette grande clef de porte : Achille la faisait mouvoir seul. Hermès ouvre au vieillard et dépose près du fils de Pélée les dons illustres :

– Vieillard, dit-il, je suis un dieu immortel, Hermès ; mon père a voulu que je t'accompagne comme ton guide ; maintenant je me retire, je ne veux pas aller près d'Achille : on blâmerait un dieu d'aimer les mortels aussi ouvertement. Dès que tu seras entré, prends les genoux du fils de Pélée, prie-le par son père, par sa mère aux beaux cheveux, et par son fils, afin que tu touches son cœur.

Hermès, ayant ainsi parlé, s'en va vers l'Olympe. Priam saute de son char et le laisse à Idaios pour le garder, avec les chevaux et les mules ; le vieillard va droit à la maison où demeurait Achille cher à Zeus. Il le trouve : ses amis étaient assis à l'écart ; deux seulement, le héros Automédon et Alcime rejeton d'Arès, le servaient ; il finissait de boire et de manger, la table était encore là. Priam était entré sans qu'ils l'eussent vu ; se tenant près d'Achille, il baise ses mains terribles, meurtrières, qui lui avaient tué de nombreux enfants. Lorsque, entraîné par le destin, un homme a tué un mortel dans sa patrie et qu'il arrive chez un peuple étranger, dans la maison d'un homme riche, ceux qui le voient sont frappés de stupeur : de même Achille fut stupéfait quand il eut vu Priam semblable à un dieu ; et ses compagnons, étonnés, se regardèrent les uns les autres. Priam :

– Achille égal aux dieux, dit-il, souviens-toi de ton père qui est du même âge que moi, sur le seuil mortel de la vieillesse. Si ses voisins l'inquiètent, personne, il est vrai, n'est là pour écarter la guerre et la mort ; mais il sait du moins que tu es en vie, il se réjouit dans son cœur, et espère chaque jour revoir son cher fils revenu de Troie. Mais moi, très malheureux, j'engendrai des fils courageux dans la vaste cité de Troie, et aucun d'eux ne m'a été laissé. J'en avais cinquante lorsque vinrent les fils des Achéens : dix-neuf d'un seul sein, et mes femmes me donnèrent les autres dans mes palais. Arès impétueux délia les genoux de la plupart ; et celui qui était sans égal pour moi et défendait la ville et les personnes, tu l'as tué dernièrement combattant pour sa patrie, Hector ! Je viens à présent à cause de lui vers les vaisseaux des Achéens pour te le racheter, et je t'apporte une rançon d'un très grand prix. Respecte les dieux, Achille, aie pitié de moi-même en te souvenant de ton père ; je suis plus à plaindre pourtant : j'endure ce qu'aucun autre mortel n'a jamais souffert, j'approche ma main de la bouche du meurtrier de mon enfant !

À ces paroles, Achille pleure en pensant à son père, et écarte doucement la main du vieillard. Celui-ci verse des larmes en se souvenant d'Hector, et se roule aux pieds d'Achille ; Achille pleure son père et parfois Patrocle : leurs plaintes s'élèvent vers la voûte du ciel. Lorsque Achille eut fini ses gémissements, il s'élance de son siège, relève le vieillard par la main et, ayant pitié de sa tête blanche et de son menton blanc, il lui dit :

– Ah ! malheureux ! oui certes tu as supporté beaucoup de maux. Comment as-tu osé venir seul vers les vaisseaux des Achéens, aux yeux d'un homme qui t'a tué tant de fils vaillants ? Tu as donc un cœur de fer ? Mais assieds-toi sur un siège et, quoique affligés, laissons les douleurs au fond de notre cœur. Le gémissement n'avance à rien. Les dieux ont destiné, par le fils de la Moire, les mortels malheureux à vivre affligés ; mais eux sont sans souci. Deux tonneaux de présents, l'un de maux, l'autre de biens, reposent sur le seuil de Zeus : celui à qui Zeus donne des deux en mélangeant les biens et les maux, se trouve tantôt mal, tantôt bien ; mais celui auquel il ne donne que des maux, il l'expose aux outrages : une faim dévorante et funeste le pousse sur la terre divine, et il erre n'étant honoré ni des dieux ni des mortels. Les dieux firent ainsi des dons brillants à Pélée dès sa naissance ; il l'emportait sur tous les hommes en bonheur et en richesse, il régnait sur les Myrmidons : mortel, il eut une déesse pour épouse ; mais un dieu lui a imposé un mauvais destin : c'est qu'il n'a pas dans ses palais une race d'enfants destinés à régner. Il engendra un seul fils, qui doit mourir prématurément ; je ne le soigne pas dans sa vieillesse, puisque, très loin de la patrie, je t'afflige ainsi que tes enfants. Nous entendions dire auparavant que toi aussi, vieillard, tu étais fortuné ; que dans tout le pays compris entre Lesbos, au midi, siège de Macar, la Phrygie, à l'orient, et le vaste Hellespont, tu excellais par tes richesses et tes nombreux enfants. Mais, lorsque les habitants du ciel t'amenèrent ce fléau, tu n'eus plus que combats et carnages autour de la ville. Supporte ces maux, et ne gémis pas sans fin dans ton cœur ; tu ne gagneras rien à te désoler de la perte de ton fils vaillant, tu ne le ressusciteras pas avant que tu ne meures toi-même.

– Ne me fais pas asseoir, nourrisson de Zeus, répond Priam, tant qu'Hector gît sans sépulture dans tes tentes ;

mais délivre-le bien vite afin que je le voie de mes yeux. Reçois cette rançon que nous t'apportons : puisses-tu en jouir, et retourner dans la terre paternelle, après que tu m'auras permis de vivre et de voir la lumière du soleil.

Achille, le regardant de travers :

– Ne m'irrite pas maintenant, vieillard, dit-il, je songe à te délivrer Hector : ma mère, fille du vieillard marin, laquelle m'a engendré, est venue vers moi comme messagère de la part de Zeus. Mais je connais dans mon esprit que toi, Priam, un des dieux t'a conduit vers les vaisseaux des Achéens : car un mortel, même tout à fait jeune, n'aurait osé venir dans l'armée ; il n'aurait pas échappé aux gardes et n'aurait pas tiré facilement les verrous de nos portes. C'est pourquoi n'émeus pas davantage mon cœur par des douleurs, de peur que je ne te laisse pas aller, vieillard, quoique tu sois suppliant, et que je ne manque aux ordres de Zeus.

Le vieillard eut peur et obéit. Le fils de Pélée, comme un lion, s'élance à la porte ; il n'était pas seul : deux serviteurs le suivaient, les héros Automédon et Alcime, celui de ses compagnons qu'il honorait le plus depuis que Patrocle était mort. Ils dételent les chevaux et les mulets et font entrer le héraut-crieur du vieillard. Il s'assied sur un siège, et eux tirent du char bien poli la rançon splendide de la tête d'Hector. Ils laissèrent deux manteaux et une tunique bien filée pour envelopper le cadavre quand il serait porté à la ville. Ayant appelé deux servantes, Achille leur ordonna de le laver et de l'oindre, puis de l'emporter à l'écart, afin que Priam ne vît pas son fils, de peur que, l'ayant vu, il ne contînt pas sa colère, ou bien que lui-même, réveillant sa fureur, ne tuât Priam et ne désobéît aux ordres de Zeus.

Dès que les servantes l'eurent lavé et frotté d'huile, ils jetèrent autour de lui un beau manteau et une tunique. Achille le soulève et le met sur un lit, ses compagnons le haussent sur le char bien poli. Le fils de Pélée gémit et appelle son cher compagnon :

– Ne t'irrite pas contre moi, Patrocle, si tu as appris, quoique tu sois dans la maison d'Hadès, que j'ai délivré Hector divin à son père chéri ; il m'a donné une rançon convenable, à laquelle je te ferai participer, comme il est juste.

Achille retourne dans sa tente. Il s'assied sur un siège fait avec beaucoup d'art, d'où il s'était levé, et dit à Priam :

– Ton fils a été délivré, vieillard, comme tu l'ordonnais, et il gît dans un lit ; avec l'aurore tu le verras toi-même en l'emmenant, mais à présent souvenons-nous du repas. Niobé aux beaux cheveux se souvint aussi de prendre de la nourriture, elle à qui douze enfants périrent dans ses palais, six filles et six fils, à la fleur de l'âge. Apollon, étant irrité contre Niobé, tua les uns de son arc d'argent ; Artémis tua les autres, parce que Niobé se comparait souvent à Latone aux belles joues. Niobé disait qu'Artémis n'avait engendré que deux enfants, tandis qu'elle en avait engendré beaucoup plus ; mais les enfants de Latone, qui n'étaient que deux, tuèrent tous les enfants de Niobé. Ils restèrent étendus neuf jours, et personne ne les ensevelissait ; Zeus changea en pierres les peuples voisins, et les dieux habitants du ciel ensevelirent ces enfants le dixième jour. Elle se souvint de prendre de la nourriture après avoir souffert en versant des larmes. Et dans des rochers, dans des montagnes sauvages, sur le Sipyle, où, dit-on, se trouvent les lits des déesses nymphes qui dansent autour de l'Achéloos, là, quoique étant de pierre, elle digère les douleurs, présents des dieux. Nous aussi, vieillard divin, occupons-nous de prendre de la nourriture, ensuite pleure ton cher fils et, l'ayant conduit à Ilion, tu le pleureras encore plus.

Comme il achevait son discours, il tue une brebis blanche ; ses compagnons l'écorchent, l'arrangent avec art, la parent, la dépècent avec habileté, l'embrochent, la font rôtir avec soin et la retirent du feu. Alors Automédon, ayant pris le pain, le distribue à table dans de belles corbeilles ; Achille partage les viandes. Ils avancent leurs mains vers les mets qui sont servis. Quand ils eurent chassé le désir de boire et de manger, Priam fils de Dardanos admirait Achille, sa taille, sa beauté : face à face, il ressemblait à un dieu. Achille admirait Priam fils de Dardanos, regardant son visage noble et écoutant son parler. Lorsqu'ils furent rassasiés de se regarder l'un l'autre, Priam dit à Achille :

— Nourrisson de Zeus, fais-moi coucher au plus tôt, afin que, me reposant, je me délasse dans un sommeil doux ; mes deux yeux ne se sont pas encore cachés sous mes paupières depuis que mon fils a perdu la vie par tes mains : je gémis toujours et je digère des douleurs infinies, me roulant sur le fumier dans l'enceinte de ma cour. Maintenant j'ai goûté de la nourriture et bu du vin noir, ce que je n'avais pas fait depuis longtemps.

Achille ordonne à ses compagnons et aux servantes de placer des lits sous le portique, de jeter dessus de belles couvertures de pourpre, d'étendre au-dessus des tapis, et de couvrir avec des robes poilues. Elles sortent du palais en tenant un flambeau dans la main et se hâtent d'étendre deux lits.

Achille dit à Priam en raillant :

— Couche dehors, vieillard ami : si l'un des chefs te voyait chez moi par la nuit noire, il le dirait à Agamemnon, pasteur des peuples, et un retard pourrait bien être apporté au rachat du cadavre. Dis-moi : combien désires-tu de jours pour honorer Hector par des funérailles, afin que jusque-là je reste en repos et que je contienne les troupes.

— Si tu veux, lui dit Priam, que je fasse une fête funèbre à Hector, tu me fais à moi-même une chose agréable. Tu sais que nous sommes enfermés dans la ville ; qu'il faut aller chercher le bois au loin sur la montagne, et que les Troyens sont effrayés. Nous pourrions le pleurer neuf jours, l'ensevelir le dixième, et le peuple ferait un festin ce jour-là : le onzième jour nous lui ferions un tombeau, et nous combattrions le douzième, si toutefois la nécessité l'exige.

– Il en sera comme tu l'ordonnes, vieillard Priam, répond Achille. J'empêcherai qu'on ne combatte tout le temps que tu as demandé.

Ce disant, il prend la main droite du vieillard par le poignet afin de le rassurer. Priam et le héraut, animés de sages conseils, se couchent dans le vestibule de la maison. Achille dormit au fond de sa tente, et Briséis aux belles joues se couche à côté de lui.

Les dieux et les hommes qui combattent à cheval reposèrent toute la nuit, domptés par le sommeil doux. Hermès seul veillait ; il songeait dans son cœur au moyen d'emmener Priam loin des vaisseaux, à l'insu des gardiens des portes sacrées. Se tenant au-dessus de la tête du vieillard, il lui dit :

– Ô vieillard, tu n'appréhendes donc aucun malheur, que tu dors encore parmi des hommes ennemis après qu'Achille t'a renvoyé ? Tu as donné une riche rançon pour délivrer ton fils chéri, et tes enfants que tu as laissés derrière toi en donneraient une trois fois plus grande si Agamemnon fils d'Atrée et les autres Achéens savaient que tu fusses ici.

Le vieillard eut peur et fit lever le héraut. Hermès attela pour eux les chevaux et les mules, et les poussa lui-même promptement à travers l'armée, sans que personne s'en aperçût.

Dès qu'ils arrivèrent à un gué du fleuve au beau cours, le Xanthe tourbillonnant, qu'engendra Zeus immortel, Hermès s'en alla vers l'Olympe. L'aurore au voile safran se répandait sur toute la terre ; gémissant et sanglotant, ils poussaient les chevaux vers Ilion, et les mules emportaient le cadavre. Personne parmi les hommes ni les femmes à la belle ceinture ne sut d'avance qu'ils approchaient de la ville : Cassandre seule, semblable à Aphrodite dorée, étant montée à Pergame, aperçut son père chéri se tenant sur le char à deux places, et le héraut crieur de la ville ; elle vit celui qui était couché sur le char traîné par les mules ; elle poussa de longs gémissements et cria par toute la ville :

– Troyens et Troyennes, allez, et vous verrez Hector, vous qui vous réjouissiez lorsque vivant il revenait du combat, puisqu'il était une grande joie pour la ville et pour le peuple.

Elle parla ainsi : aucun homme, aucune femme, ne resta dans la ville, à cause du deuil qui pesait sur eux tous ; ils se portèrent en foule vers celui qui menait le cadavre. Son épouse chérie et sa mère vénérable se déchiraient les cheveux, en s'élançant les premières sur le char aux belles roues, pour toucher la tête d'Hector ; la foule qui se pressait autour du char pleurait. Et ils auraient pleuré Hector devant les portes, tout le jour jusqu'au coucher du soleil, si le vieillard n'avait pas dit au peuple, du haut du char à deux places :

– Cédez-moi le passage pour que je traverse avec mes mules, et ensuite vous vous rassasierez de pleurs, après que je l'aurai conduit à la maison.

Ils se retirèrent et cédèrent passage au chariot. Dès qu'Hector fut introduit dans les bâtiments illustres, il fut mis sur un lit percé à jour, et on plaça auprès de lui des chanteurs chargés de commencer les chants lugubres qui étaient entrecoupés de gémissements ; et les femmes sanglotaient. Andromaque aux bras blancs, tenant entre ses mains la tête d'Hector au grand courage :

– Époux, dit-elle, tu as péri jeune sortant de la vie, et tu me laisses seule dans nos palais avec un fils encore enfant que toi et moi infortunés nous avons engendré ! Je ne crois pas qu'il arrive à la jeunesse, la ville sera ruinée auparavant de fond en comble. Tu as péri, gardien qui protégeait la ville, qui défendait les épouses vénérables et les enfants qui ne parlent pas encore. Les femmes, et moi avec elles, seront bientôt transportées sur les vaisseaux creux ; et toi aussi, mon fils, tu me suivras, tu travailleras pour un maître cruel à des ouvrages vils ; ou l'un des Achéens, t'ayant pris par la main, te lancera du haut d'une tour : mort affreuse ! Cet Achéen irrité peut-être eut un frère, un père ou même un fils tué par Hector : car un grand nombre d'Achéens ont pris la terre avec les dents en luttant contre lui. Ton père n'était pas doux dans le combat, c'est pourquoi les peuples le pleurent dans la ville. Mais tu as causé un gémissement et un deuil inexprimables à tes parents, Hector, et à moi des douleurs amères. Mourant, tu ne m'as pas tendu la main de ton lit, et tu ne m'as pas dit quelque parole sage dont je puisse me souvenir la nuit et le jour en versant des larmes.

Elle parla ainsi en pleurant, et ses femmes gémissaient. Hécube, à son tour :

— Hector, de tous mes enfants de beaucoup le plus cher à mon cœur, tant que tu as vécu pour moi, tu étais cher aux dieux, et ils ont pris soin de toi-même après ta mort. Achille vendait mes autres fils, quel que fût celui qu'il prenait au-delà de la mer inhospitalière, à Samos, près d'Imbros, ou bien à Lemnos ; mais, lorsqu'il te ravit l'âme avec ton airain au large tranchant, il te traîna souvent autour du tombeau de son ami Patrocle, que tu as tué ; mais il ne l'a pas ressuscité. A présent tu gis dans nos palais, frais et immolé récemment, semblable à celui qui serait enlevé par une mort subite.

Hélène, la troisième :

— Hector, le plus cher à mon cœur de tous mes beaux-frères, puisque Pâris à la figure divine, lequel me conduisit à Troie, est mon époux : j'aurais bien dû périr avant qu'il ne m'emmenât ; voilà la vingtième année que je suis venue de ma patrie : je n'ai pas encore entendu de toi une parole mauvaise ni honteuse ; et même, si quelqu'un me querellait dans les palais, soit un de mes beaux-frères, soit une des sœurs de mon mari, soit une des femmes de mes beaux-frères, soit ma belle-mère, mon beau-père m'était toujours bon comme un père ; tu le réprimandais en le persuadant par ton égale humeur et par tes douces paroles. C'est pourquoi je te pleure, ainsi que moi-même, infortunée : car personne dans Troie ne sera plus doux et bon pour moi, tous me prennent en horreur.

Elle parlait en pleurant, et le peuple innombrable gémit. Le vieillard Priam :

– Vous apporterez, dit-il, Troyens, du bois à la ville ; et ne craignez point quelque embuscade de la part des Achéens : car Achille m'a promis, en me renvoyant des vaisseaux, de ne pas combattre avant que la douzième aurore soit venue.

Les Troyens attellent aux chars et les bœufs et les mules, et aussitôt ils se rassemblent dans la ville. Pendant neuf jours ils charrièrent une immense quantité de bois ; et, lorsque l'aurore qui donne la lumière aux mortels parut dixième, alors, en versant des larmes, ils emmenèrent Hector au courage audacieux, placèrent le cadavre tout en haut du bûcher, et mirent le feu.

Quand se leva la fille du matin aux doigts de rose, le peuple se réunit autour du bûcher de l'illustre Hector. Tous, de concert, éteignirent avec du vin noir tout ce que la flamme avait consumé du bûcher ; ses frères et ses amis recueillaient les os blancs en se lamentant, et les pleurs coulaient le long des joues. Ayant pris les os, ils les placèrent dans une urne d'or, et les enveloppèrent de fins voiles de pourpre ; ils descendirent l'urne dans une fosse, sur laquelle ils couchèrent de larges pierres : ils élevèrent vite un tombeau, et des observateurs étaient assis de tous côtés pour voir si les Achéens ne s'élanceraient pas avant le jour convenu. Le tombeau étant élevé, ils reviennent, puis vont ensemble prendre part à un festin splendide dans les maisons de Priam, roi nourrisson de Zeus.

C'est ainsi qu'ils célébrèrent les funérailles d'Hector.

La prise de Troie

La guerre de Troie ne s'arrête pas à la mort d'Hector. La légende continue, telle qu'elle est racontée par Homère dans L'Odyssée, *et surtout dans les épopées et les tragédies grecques, puis latines, de l'Antiquité.*

Grâce à l'intercession des dieux, Achille consent à rendre le corps d'Hector à Priam. Douze jours durant, la guerre est suspendue et Troie peut laisser libre cours à sa douleur. Après les funérailles d'Hector, Penthésilée, à la tête de ses Amazones, apparaît pour prêter main-forte aux Troyens. Son adresse guerrière sème la mort dans le camp des Grecs, mais elle tombe sous les coups d'Achille. Ulysse se rend auprès de Philoctète sur l'île de Lemnos, car le devin troyen Hélénos a révélé que Troie ne saurait être prise sans le secours de cet archer prodigieux qui détient l'arc d'Héraclès. Blessé au pied par une flèche empoisonnée, Philoctète languit depuis près de dix ans sur ce rivage inhospitalier. Guéri par l'habile Podalire, Philoctète rejoint les siens et tue Pâris d'une flèche bien ajustée. Pâris, agonisant, se traîne aux pieds d'Œnone, l'épouse qu'il a délaissée. En effet, on lui a prédit qu'elle seule déciderait de sa mort ou de sa vie. Il l'implore, mais ne réussit pas à fléchir sa colère. Après l'avoir chassé, dévorée par le remords et le désespoir, elle se jette dans le bûcher funèbre de son époux...

Il faut, dit-on, toujours coudre la peau du renard à celle du lion. Les Grecs, à l'instigation d'Ulysse, construisent un immense cheval de bois, y dissimulent des soldats, puis feignent d'abandonner la place. Renonceraient-ils à la prise de la ville ? Au matin les Troyens, du haut de leurs remparts, trouvent la plage déserte, où seul demeure cet étrange animal. Qu'en faire ? L'amener dans la ville, disent les plus exaltés, sournoisement excités par les dieux olympiens. En vain, Cassandre et Laocoon, le prêtre d'Apollon, tentent de s'opposer à ce projet insensé : deux serpents gigantesques sortent des flots pour tuer Laocoon et ses fils. Il n'en faut pas plus : les Troyens ouvrent une brèche dans leur muraille pour faire entrer le cheval dans la ville. Et les réjouissances commencent. Tous festoient et remercient les dieux de leur avoir donné la victoire...

La nuit est venue, les Troyens épuisés par les excès d'une joie sans mesure ont sombré dans le sommeil. Même les gardiens ont relâché leur vigilance. Sur le flanc du cheval une trappe s'ouvre. Ulysse et ses hommes massacrent les sentinelles, ouvrent les portes de la cité aux Grecs revenus à la faveur de la nuit. C'est le carnage. A l'aube, Troie dévastée est la proie des flammes.

L'Odyssée ne donne de la prise de Troie qu'un rapide aperçu à partir duquel nombre d'écrivains, et en particulier Virgile, dans l'Énéide, composeront d'inoubliables textes épiques et tragiques. C'est ici l'aède Démodocos qui chante devant Ulysse et le roi Alkinoos la fin de l'épopée troyenne...

Comme on tranchait les parts et qu'on mêlait le vin, le héraut reparut, menant le brave aède, Démodocos, que tout ce peuple révérait ; il s'en vint l'installer au centre du festin, le fauteuil adossé à la haute colonne.

Ulysse l'avisé appela le héraut, puis, taillant au filet d'un porc aux blanches dents un morceau que bardait une abondante graisse – le plus gros y restait :

ULYSSE. – Héraut, prends cette part et la porte à l'aède ! qu'il mange ! et dis-lui bien que, malgré mon chagrin, je veux le saluer ! Il n'est homme ici-bas qui ne doive aux aèdes l'estime et le respect : car n'apprennent-ils pas de la Muse leurs pièces ? la Muse qui chérit la race des chanteurs !

Il dit : prenant la viande en ses mains, le héraut s'en fut l'offrir à son seigneur Démodocos, et ce don mit la joie dans le cœur de l'aède. Alors, aux parts de choix préparées et servies, ils tendirent les mains.

Quand on eut satisfait la soif et l'appétit, Ulysse l'avisé dit à Démodocos :

ULYSSE. – C'est toi, Démodocos, que, parmi les mortels, je révère entre tous, car la fille de Zeus, la Muse, fut ton maître, ou peut-être Apollon ! Quand tu chantes si bien le sort des Achéens, leurs maux et leurs exploits et toutes leurs traverses, l'as-tu vu de tes yeux ou par les yeux d'un autre ?... Mais poursuis ! et dis-nous l'histoire du cheval de bois, que fit avec Épéios Athéna, et comment le divin Ulysse introduisit ce piège dans la ville, avec son chargement des pilleurs d'Ilion ! Si tu peux tout au long nous conter cette histoire, j'irai dire partout qu'un dieu, qui te protège, dicte ton chant divin.

Il eut à peine dit que, sous l'élan du dieu, l'aède préludait, puis leur tissait son hymne. Il avait pris la scène au point où ceux d'Argos, ayant incendié leurs tentes, s'éloignaient sur les bancs de leur flotte ; mais déjà, aux côtés du glorieux Ulysse, les chefs étaient à Troie, cachés dans le cheval que les Troyens avaient tiré sur l'acropole. Le cheval était là, debout, sur l'agora ; assis autour de lui, les Troyens discouraient pêle-mêle, sans fin, sans pouvoir entre trois avis se décider : les uns auraient voulu, d'un bronze sans pitié, éventrer ce bois creux, et d'autres le tirer jusqu'au bord de la roche pour le précipiter, et d'autres le garder comme une grande offrande qui charmerait les dieux. C'est par là qu'après tout, ils devaient en finir : leur perte était fatale, du jour que leur muraille avait emprisonné ce grand cheval de bois, où tous les chefs d'Argos apportaient aux Troyens le meurtre et le trépas... Et l'aède chanta la ville ravagée, et jaillis du cheval, les Achéens quittant le creux de l'embuscade, et chacun d'eux pillant son coin de ville haute, et, brave comme Arès, Ulysse accompagnant le divin Ménélas jusque chez Déiphobe, et tous deux affrontant la plus dure des luttes et devant leur victoire au grand cœur d'Athéna. Mais, tandis que chantait le glorieux aède, Ulysse faiblissait : les larmes inondaient ses joues sous ses paupières. La femme pleure ainsi, jetée sur son époux, quand il tombe au-devant des murs et de son peuple, pour écarter de sa cité, de ses enfants, la journée sans merci ; elle le voit qui meurt, qui déjà se convulse ; elle s'attache à lui, et crie, et se lamente, et voici, dans son dos, les lances ennemies qui viennent lui tailler la nuque et les épaules ! et voici l'esclavage et ses dures misères ! et les affres du deuil lui ravagent les joues. Tels, les pleurs de pitié tombaient des yeux d'Ulysse.

A toute l'assistance, il put cacher ses larmes. Le seul Alkinoos s'en douta, puis les vit – ils siégeaient côte à côte – et l'entendit enfin lourdement sangloter. Vite, il dit à ses bons rameurs de Phéacie :

ALKINOOS. – Doges et conseillers de Phéacie, deux mots. C'est assez pour l'aède ! laisse, ô Démodocos, la cithare au chant clair ! Car peut-être ces chants ne plaisent pas à tous. Je vois qu'en ce repas, les sanglots de douleur n'ont pas quitté notre hôte, depuis que s'est levé notre aède divin : il faut qu'un grand chagrin ait envahi son âme ! Donc, assez pour l'aède ! inviteur, invités, je veux la joie de tous : n'est-ce pas mieux ainsi ?

Si nous sommes ici, c'est pour fêter notre hôte. Tout est prêt maintenant, le départ, les cadeaux qu'à l'ami nous offrons : l'hôte et le suppliant ne sont-ils pas des frères, pour peu que l'on conserve au cœur quelque sagesse ?

Retours

Agamemnon rentre à Mycènes ; sa femme Clytemnestre a été séduite par Égisthe. Il va mourir sous leurs coups, ainsi que Cassandre, qu'il avait ramenée captive. Son fils Oreste le vengera. Ménélas est déporté par la tempête sur la côte égyptienne. Une tradition veut que les dieux aient alors procédé à un échange. Car l'Hélène que Pâris avait amenée à Troie n'était qu'une apparence, et pendant toute la durée de la guerre la véritable Hélène, fidèle à son corps défendant, serait restée en Égypte.

*Pour Achille, il n'y aura pas de retour. Le destin du héros s'accomplit : une flèche décochée par Pâris l'atteint au talon et il succombe à son tour, (d'autres traditions invoquent une flèche tirée par Apollon), l'*Odyssée *le montre, aux Enfers, pleurant sur son sort devant Agamemnon.*

Répondant à l'appel de l'Hermès du Cyllène, les âmes des seigneurs prétendants accouraient : le dieu avait en main la belle verge d'or, dont il charme les yeux des mortels ou les tire à son gré du sommeil. De sa verge, il donna le signal du départ ; les âmes, en poussant de petits cris, suivirent...

Dans un antre divin, où les chauves-souris attachent au rocher la grappe de leurs corps, si l'une d'elles lâche, toutes prennent leur vol avec de petits cris ; c'est ainsi qu'au départ, leurs âmes bruissaient. Le dieu de la santé, Hermès, les conduisait par les routes humides ; ils s'en allaient, suivant le cours de l'Océan : passé le Rocher Blanc, les portes du Soleil et le pays des Rêves, ils eurent vite atteint la prairie d'Asphodèle, où les ombres habitent, fantômes des défunts, et c'est là qu'ils trouvèrent, près de l'ombre du fils de Pélée, près d'Achille, les ombres de Patrocle, du parfait Antilochos et d'Ajax, le plus beau par la mine et la taille de tous les Danaens ; seul, le fils de Pélée le surpassait encore. Ils entouraient Achille, quand l'ombre de l'Atride Agamemnon survint. Elle était tout en pleurs et menait le cortège de ceux qui, chez Égisthe, avaient trouvé la mort et subi le destin.

Ce fut l'ombre d'Achille qui parla la première :

ACHILLE. – Atride, nous pensions que, de tous les héros, Zeus, le joueur de foudre, n'avait jamais aimé personne autant que toi : quand on sait quelle armée de braves te suivait au pays des Troyens, aux jours de nos épreuves, à nous, gens d'Achaïe ! Mais la Moire de mort avant l'heure est venue te prendre, toi aussi !... hélas, nul ne l'évite ! il suffit d'être né !... Qu'il t'aurait mieux valu subir la destinée et mourir en Troade, au milieu des honneurs, en plein commandement ! Car les Panachéens auraient dressé ta tombe, et quelle grande gloire tu léguais à ton fils ! Ah ! c'est pitié, la mort où t'a pris le destin !

Mais l'ombre de l'Atride en réponse lui dit :

AGAMEMNON. – Ô bienheureux Achille, ô toi, fils de Pélée qui, tout semblable aux dieux, succombas loin d'Argos, là-bas dans la Troade, et pour qui sont tombés, luttant sur ton cadavre, les meilleurs des Troyens et des fils d'Achaïe !... Ah ! je revois encore, dans l'orbe de poussière, ton grand corps allongé, tes chevaux délaissés, et tout ce jour de lutte, qui n'aurait pas fini sans l'orage de Zeus !... En ce soir de bataille, nous avons rapporté ton cadavre aux vaisseaux. On le mit sur ton lit ; on lava ce beau corps dans l'eau tiède ; on l'oignit.

« Sur toi, les Danaens, pleurant à chaudes larmes, coupaient leurs chevelures. Mais ta mère, sitôt qu'elle apprit la nouvelle, sortit des flots, suivie des déesses marines, et soudain, sur la mer, monta son cri divin, et tous les Achéens en avaient le frisson. Ils se seraient enfuis au creux de leurs vaisseaux, si un homme, Nestor, ne les eût retenus ; en sa vieille sagesse, il fut, comme toujours, l'homme du bon conseil : « Arrêtez, Argiens ! restez, fils d'Achaïe ! c'est sa mère qui sort des flots, accompagnée des déesses marines ! elle est venue revoir le corps de son enfant ! » A ces mots de Nestor, la crainte abandonna nos grands cœurs d'Achéens. Et l'on vit se dresser autour de toi les filles du vieillard de la mer, qui, pleurant et criant, revêtirent ton corps de vêtements divins.

« Puis, de leurs belles voix, les neuf Muses ensemble te chantèrent un thrène en couplets alternés : parmi les Achéens, tu n'aurais vu personne qui n'eût les yeux en larmes, tant leur allaient au cœur ces sanglots de la Muse. Là, nous t'avons pleuré dix-sept jours, dix-sept nuits, hommes et dieux ensemble.

« Au dix-huitième jour, on te mit au bûcher et, sur toi, l'on tua un monceau de victimes, tant de grasses brebis que de vaches cornues ! puis tu brûlas, couvert de tes habits divins et de parfums sans nombre et du miel le plus doux. Autour de ton bûcher, pendant que tu brûlais, les héros achéens, gens de pied, gens de char, joutaient avec leurs armes : quel tumulte et quel bruit !

« Quand le feu d'Héphaïestos eut consumé tes chairs, au matin nous recueillîmes tes os blanchis, qu'on lava de vin pur, qu'on oignit de parfums. Ta mère nous donna une amphore dorée, qu'elle disait avoir reçue de Dionysos ; mais du grand Héphaïestos, cette urne était l'ouvrage. On y versa tes os blanchis, ô noble Achille, avec ceux de Patrocle, le fils de Ménoetos. Dans une autre urne, on mit les restes d'Antilochos, celui qu'après la mort de Patrocle, ton cœur honora sans rival parmi tes compagnons. Puis, pour eux et pour toi, toute la sainte armée des guerriers achéens érigea le plus grand, le plus noble des tertres, au bout du promontoire où s'ouvre l'Hellespont : on le voit de la mer ; du plus loin, il appelle les regards des humains qui vivent maintenant ou viendront après nous. Puis ta mère apporta les prix incomparables qu'elle avait obtenus des dieux pour les concours de nos chefs achéens. En l'honneur d'un héros, tu pus voir en ta vie nombre de jeux funèbres, quand, à la mort d'un roi, les jeunes gens se ceignent et s'apprêtent aux luttes ; mais ton cœur et tes yeux n'auraient pu qu'admirer ces prix incomparables que nous donnait pour toi Thétis aux pieds d'argent !... Il fallait que les dieux te chérissent bien fort !... C'est ainsi qu'à ta mort, a survécu ton nom et que toujours Achille aura, chez tous les hommes, la plus noble des gloires !... Mais moi, qu'ai-je gagné à terminer la guerre ? Si Zeus m'a ramené, c'est qu'il voulait pour moi cette mort lamentable, sous les coups d'un Égisthe ! d'une femme perdue !

Après la mort d'Achille, Ulysse et Ajax se disputent ses armes. Le sage Nestor propose de laisser les Troyens désigner le combattant le plus valeureux. Et Ulysse, parfait tacticien, l'emporte sur Ajax, parfait guerrier. Celui-ci ne supporte pas cette humiliation. Devenu fou pendant la nuit, il massacre un troupeau de moutons en croyant tuer des rois grecs. Au matin, les dieux lui ouvrent les yeux et le grand Ajax retourne son épée contre lui.

*Quant à Ulysse, de grandes épreuves l'attendent, et c'est dans l'*Odyssée *qu'on lira ses aventures...*

Glossaire

ACHILLE : Fils de Pélée, héros descendant de Zeus par son père et d'Océanos par sa mère, sa colère contre Agamemnon est le véritable sujet de l'*Iliade*. Il y est souvent décrit comme le guerrier le plus courageux pendant le siège de Troie, le talon étant son unique point faible !

AÈDE : Dans la Grèce primitive, poète qui chante ou qui récite les exploits et les aventures des dieux.

AGAMEMNON : Roi d'Argos, il est chargé du commandement suprême de l'armée achéenne en guerre contre les Troyens.

AJAX : Fils de Télamon, il est, après Achille, le combattant le plus brave du camp achéen.

APHRODITE : Fille de Zeus et de Dioné, déesse de la Beauté et de l'Amour. Mariée à Héphaïstos, disgracieux et boiteux, elle le trompe avec Arès, le dieu guerrier, à qui elle donne trois enfants.

APOLLON : Fils de Zeus et de Léto, frère d'Artémis, dieu de la Musique et des arts en général. Dieu-archer, ses flèches blessent (il peut, dans ses colères, frapper d'épidémies des régions entières) ou guérissent, car il est le patron des médecins. Apollon est le plus beau des dieux et eut de nombreuses aventures amoureuses avec des nymphes et des mortels.

ARÈS : Fils de Zeus et d'Héra, dieu de la Guerre, il est l'amant d'Aphrodite.Surpris tous deux par Héphaïstos, et prisonniers d'un filet tendu par le mari trompé, ils déclenchent l'hilarité des autres dieux de l'Olympe conviés au spectacle.

ARTÉMIS : Fille de Zeus et de Léto, sœur d'Apollon, c'est la déesse de la Chasse. Elle parcourt les bois et les montagnes, armée d'un arc et escortée de ses chiens. De caractère ombrageux et vindicatif, elle punit sévèrement ceux qui l'ont offensée.

ATHÉNA : Surnommée par Homère « la déesse aux yeux pers », elle est sortie tout en armes de la tête de Zeus. Déesse de la Guerre et protectrice d'Athènes, on la représente généralement revêtue de l'égide et armée d'une lance. Une chouette, qui symbolise la sagesse, est perchée sur son épaule. Elle intervient comme conseillère auprès de certains héros tout au long de l'*Iliade*.

ATRIDES : Descendants d'Atrée dont les deux principaux représentants sont Agamemnon et Ménélas.

CHRISÉIS : Fille de Chrysès, prêtre d'Apollon, elle est enlevée par les Grecs lors d'une expédition contre la ville de Thèbes et donnée à Agamemnon comme part de butin. Comme ce dernier refuse de lui rendre sa fille, Chrysès prie Apollon de frapper les Grecs de la peste pour forcer le roi à revenir sur sa décision. Agamemnon accepte alors de rendre Chryséis en échange de Briséis, la captive d'Achille. Cet épisode est à l'origine de la colère d'Achille contre Agamemnon.

DANAOS : Roi de la cité d'Argos.

HADÈS : Fils de Cronos et de Rhéa, dieu des Enfers. Il règne sur le monde souterrain et le royaume des morts. Les Grecs évitaient de citer le nom d'Hadès, pour ne pas attirer son attention et susciter sa colère, mais ce dieu des Morts n'était pas particulièrement cruel ou malfaisant et était craint à l'égal des autres dieux.

HECTOR : Frère de Pâris, il est le véritable chef et le plus vaillant défenseur de la ville de Troie.Marié à Andromaque, il sera – comme il avait été prophétisé – tué de la main d'Achille.

HÉPHAÏSTOS : Fils de Zeus et d'Héra, Héphaïstos est le dieu du Feu et de la Métallurgie. Malgré sa laideur et son infirmité (il boite), il se marie à Aphrodite, mais celle-ci se révèle une épouse bien infidèle.

HÉRA : Fille de Cronos et de Rhéa, elle est la divinité du Mariage et la plus grande des déesses olympiennes. Mariée à son frère Zeus, son tempérament jaloux et vindicatif la pousse à persécuter ses rivales.

HÉRAUT : Dans l'antiquité grecque, le héraut porte les messages et fait les annonces.

HERMÈS : Fils de Zeus et de Maïa, Hermès est le messager des dieux. Chaussé de ses sandales ailées, Hermès survole les routes dont il est le gardien. Protecteur des voyageurs, il est aussi le patron des commerçants... et des voleurs ! Son emblème est le caducée, une baguette entourée de deux serpents et surmontée de deux ailes.

ILION : Autre nom pour désigner la ville de Troie.

MÉNÉLAS : Frère d'Agamemnon et mari d'Hélène, il est brave au combat, mais sa douceur – qui se manifeste notamment dans le pardon qu'il accorde à Hélène – lui attire les critiques de ses adversaires troyens.

MOIRES : Les Moires sont la personnification du destin de chacun. Inflexibles, les dieux eux-mêmes ne peuvent s'opposer à leurs décisions sans exposer le monde à de grands dangers. Les Moires empêchent ainsi les divinités de porter secours à un héros si son heure est venue.

MUSES : Déesses, filles de Zeus et de Mnémosyné (la Mémoire), elles sont neuf sœurs. Chanteuses divines, elles président aux arts et à la pensée sous toutes ses formes (mathématiques, histoire, astronomie...).

MYRMIDONS : Peuple sur lequel règne Achille.

NESTOR : Il est dans l'*Iliade* et l'*Odyssée* le vieillard sage dont on écoute les conseils.Malgré son âge, il est toujours vaillant au combat.

NYMPHES : divinités féminines qui habitent les bois, les montagnes, les cours d'eau.

PÂRIS : Fils de Priam, roi de Troie, il enlève la femme de Ménélas. Pendant la guerre, il affronte Ménélas qui sort vainqueur du combat, mais Pâris est sauvé par Aphrodite. C'est lui qui tue Achille, avant d'être victime de Philoctète.

PATROCLE : Meilleur ami d'Achille, ils ont été élevés ensemble. Revêtu de l'armure de ce dernier, il massacre nombre de Troyens avant d'être tué par Hector. Fou de rage et de douleur, Achille repart au combat pour le venger et tue Hector.

POSÉIDON : Fils de Cronos et de Rhéa, frère de Zeus et d'Hadès, Poséidon est le dieu des Mers. Armé de son trident (un harpon à trois pointes), il règne sur les flots et est craint des marins car il peut déchaîner de terribles tempêtes.

ULYSSE : Il est un des combattants les plus courageux et les plus rusés du camp grec. Originaire de l'île d'Ithaque, il en est le roi. Après la guerre de Troie, il devra voyager vingt ans avant d'en retrouver enfin les rives. Ce voyage constitue le sujet de l'*Odyssée*.

ZEUS : Fils de Cronos et de Rhéa, époux d'Héra (à qui il fait bien des infidélités !), Zeus est le plus grand des dieux. Homère l'appelle le « Père des dieux et des hommes ». Dieu de la Foudre et des phénomènes atmosphériques en général, il préside aussi aux destinées. Sa puissance est symbolisée par l'égide, une cuirasse en peau de chèvre qu'il prête parfois à sa fille Athéna.

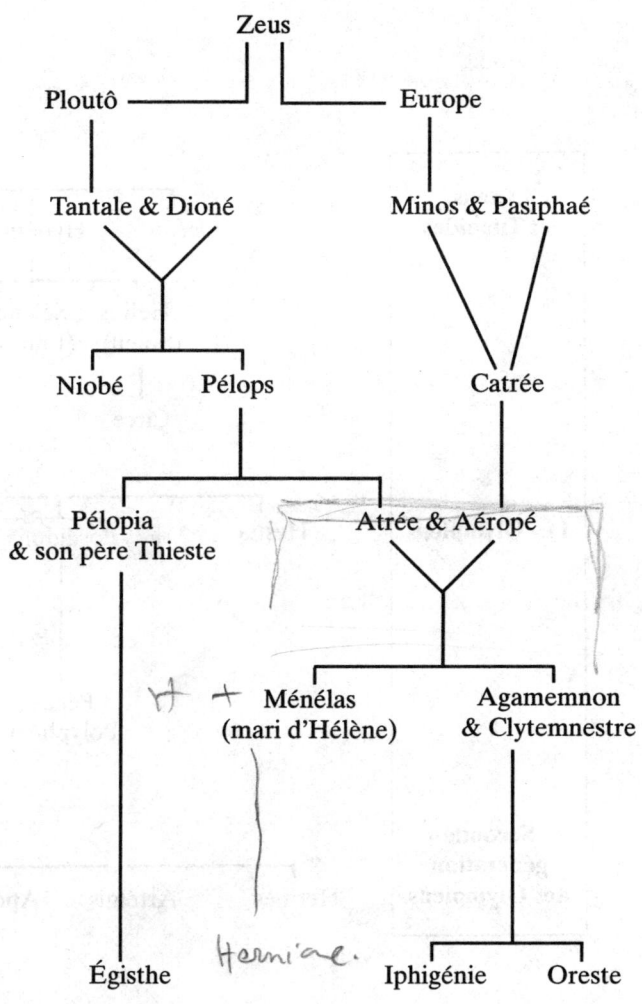

Les Atrides

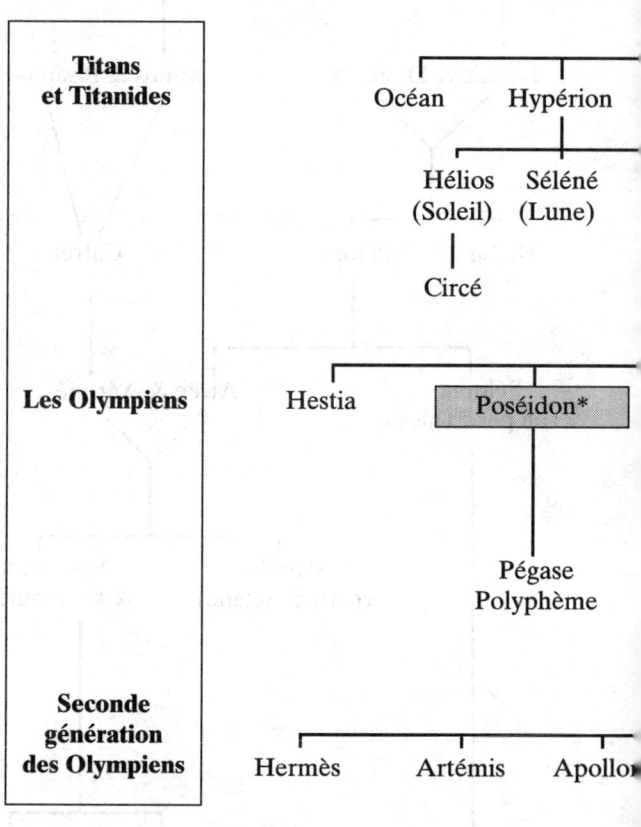

Titans et Titanides

Océan Hypérion

Hélios
(Soleil) Séléné
(Lune)

Circé

Les Olympiens

Hestia Poséidon*

Pégase
Polyphème

Seconde génération des Olympiens

Hermès Artémis Apollo

FOLIO JUNIOR ÉDITION SPÉCIALE

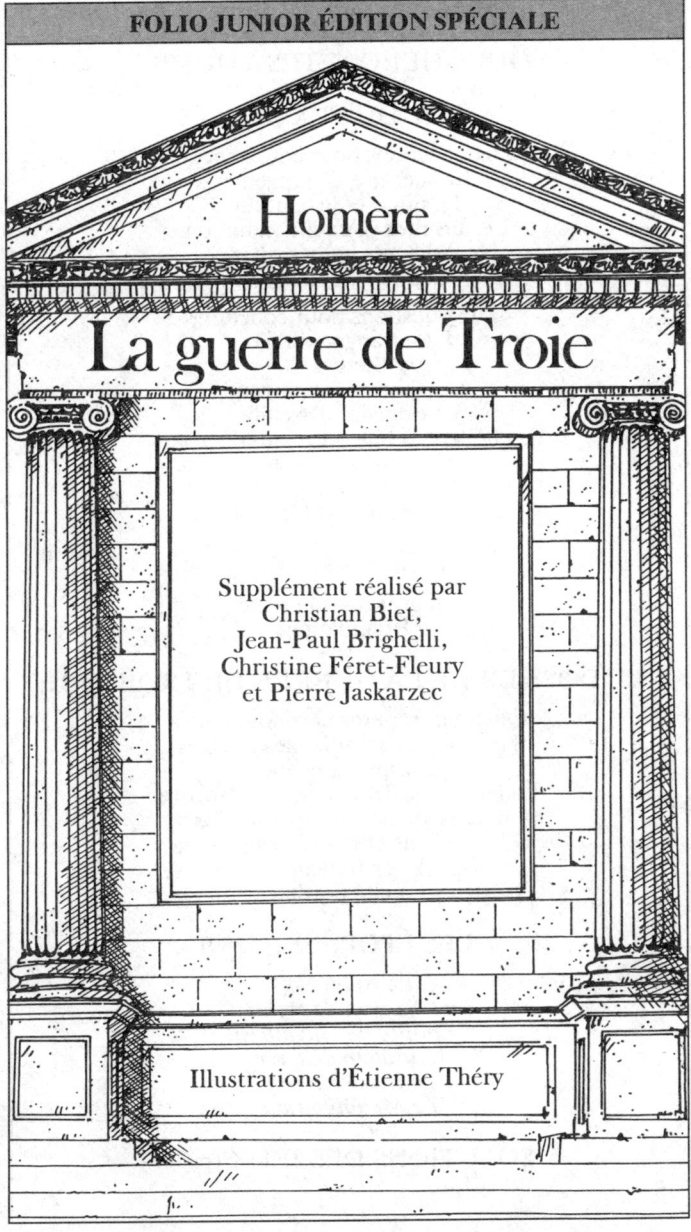

Homère

La guerre de Troie

Supplément réalisé par
Christian Biet,
Jean-Paul Brighelli,
Christine Féret-Fleury
et Pierre Jaskarzec

Illustrations d'Étienne Théry

QUEL HÉROS ÊTES-VOUS ?

Êtes-vous rusé comme Ulysse ? Fier comme le divin Achille ? Ou sage comme Nestor ? Auquel de ces trois héros grecs pouvez-vous vous identifier ? Pour le savoir, répondez aux questions du test puis faites le compte des Δ, des ☐ et des ○ obtenus et reportez-vous à la page des solutions.

1. *Vous avez obtenu une note de 8/20 à votre dernière interrogation écrite :*
A. Vous criez à l'injustice Δ
B. En redoublant d'efforts, vous ferez mieux la prochaine fois… □
C. Sans rien dire à vos parents, vous rajoutez un 1 devant la note ○

2. *Vos camarades de classe :*
A. Vous élisent régulièrement chef de classe Δ
B. Font de vous leur porte-parole lorsqu'il faut convaincre un professeur de repousser la date d'une interrogation écrite ○
C. Vous consultent souvent lorsqu'ils sont dans l'embarras □

3. *Lequel de ces trois mots préférez-vous ?*
A. Stratagème ○
B. Calme □
C. Force Δ

4. *Le défaut que vous haïssez le plus :*
A. La faiblesse Δ
B. L'excès □
C. La naïveté ○

5. *Quelle qualité vous paraît la plus enviable ?*
A. Le sens de l'honneur Δ
B. La pondération □
C. L'éloquence ○

6. *Vous avez quelques économies :*
A. Vous les placez à la Caisse d'épargne □
B. Vous les dépensez immédiatement Δ
C. Vous les prêtez à un ami, avec intérêts, bien sûr ○

7. *Votre futur métier :*
A. Diplomate ○
B. Philosophe □
C. Général d'armée Δ

8. *Pour réussir en amour, il faut :*
A. De la patience □
B. De l'imagination ○
C. De la fougue Δ

9. *Un ami se joue de vous :*
A. Vous laissez éclater votre colère Δ
B. Vous vous expliquez avec lui calmement □
C. Vous cherchez à vous venger ○

10. *Si vous deviez vous défendre, quelle arme choisiriez-vous ?*
A. Le bouclier □
B. La flèche ○
C. Vos poings Δ

Solutions page 366

1
AU FIL DU TEXTE

Dix questions pour commencer
(chants I à XIV)

Avez-vous bien lu cette première partie ? Répondez aux questions qui vous sont posées, sans avoir recours au texte, bien sûr. Puis vérifiez vos réponses à la page des solutions et vous saurez si vous êtes arrivé au pied des hautes murailles de Troie ou si les vaillants Achéens ont pris de l'avance sur vous…

1. *Quelle femme Agamemnon a-t-il enlevée à Achille ?*
A. Chryséis
B. Briséis
C. Hélène

2. *Qu'avaient promis les dieux à Agamemnon ?*
A. Qu'il ne partirait pas de Troie sans avoir détruit la ville
B. Qu'il tuerait Hector
C. Qu'il deviendrait un puissant roi

3. *Qui est envoyé auprès d'Achille pour tenter d'apaiser sa colère ?*
A. Ulysse
B. Hector
C. Agamemnon

4. *Après le refus d'Achille, qui ranime le courage des chefs grecs ?*
A. Nestor
B. Agamemnon
C. Diomède

5. *Que font Diomède et Ulysse la nuit qui précède la bataille ?*
A. Ils préparent l'armée au combat
B. Ils se glissent dans le camp troyen
C. Ils offrent des libations aux dieux

6. *Qui apporte son aide à Diomède et à Ulysse, ce soir-là ?*
A. Héra
B. Agamemnon
C. Athéna

7. *A la fin du chant XI, les Achéens sont :*
A. En bonne posture
B. En très mauvaise posture
C. Vainqueurs

8. *L'un de ces rois n'a pas été blessé durant le combat des chants XII à XIV, lequel ?*
A. Ulysse
B. Agamemnon
C. Nestor

9. *Quel objet magique Héra obtient-elle d'Aphrodite ?*
A. Sa ceinture
B. Une épée
C. Une boucle de cheveux

10. *Quel événement permet aux Grecs d'échapper à la défaite ?*
A. La mort d'Hector
B. Le sommeil de Zeus
C. La trahison d'un soldat troyen

Solutions page 366

Le sacrifice d'Iphigénie

Quand *l'Iliade* commence, le siège de Troie dure déjà depuis de longues années. Mais pour que les rois grecs puissent quitter les rivages de l'Aulide et traverser la mer, un sanglant sacrifice a été nécessaire : celui d'Iphigénie, la fille d'Agamemnon, immolée sur l'autel d'Artémis pour favoriser le retour des vents.

L'histoire d'Iphigénie, qui a inspiré bien des auteurs anciens et modernes, est à l'origine de plus d'un chef-d'œuvre ; toutefois, les auteurs de ces tragédies ne s'accordent pas sur le dénouement de ce drame. Pour certains, Iphigénie a bel et bien répandu son sang sous le couteau du sacrificateur Calchas ; pour d'autres, la déesse apitoyée l'aurait fait disparaître et remplacée au dernier moment par une biche, la transportant, saine et sauve, en Tauride. Au XVIIe siècle, Racine imagine une fin inattendue : une autre jeune fille, Ériphile, fille naturelle de Thésée, est substituée à Iphigénie.

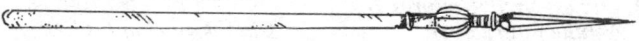

Tous ces auteurs ont repris, dans leur pièce ou leur opéra, le thème du sacrifice d'Iphigénie. Mais un intrus s'est glissé parmi eux… Saurez-vous le trouver ?

Euripide (484 ?-406 av. J.-C.) - Jean de Rotrou (1609-1650) - Ramòn de la Cruz (1731-1794) - Gœthe (1749-1832) - Pierre Corneille (1606-1684) - C. W. Gluck (1714-1787) - Niccolò Piccini (1728-1800) - Luigi Cherubini (1760-1842)

Solutions page 367

La muse et le conteur
(chant I)

Au tout début de *l'Iliade*, Homère s'adresse à sa muse, son inspiratrice. Sans elle, il ne saurait que dire. Sauriez-vous rédiger la réponse de la muse au conteur ?

Les insultes
(chant I)

Les rois, lorsqu'ils sont en colère, s'insultent de manière fort imagée : « face de chien », « sac à vin », « homme au cœur de cerf », « Roi mangeur de ton peuple », etc.

Recherchez, dans *l'Iliade*, d'autres injures particulièrement éloquentes, puis inventez-en d'autres sur le même modèle. Vous pouvez aussi vous inspirer des injures du Capitaine Haddock, dans *Tintin*.

Imaginez ensuite une situation dans laquelle deux personnages s'injurient. Vous reprendrez, pour l'écrire et pour la jouer, les expressions que vous aurez relevées et celles que vous aurez créées.

Achille tient bon
(chant IX)

1. Relisez attentivement les propos d'Ulysse et ceux d'Achille (p. 43 à 53). Comment Ulysse s'y prend-il pour flatter le héros furieux et tenter de le convaincre ? Quels sont ses arguments et à quelles flatteries a-t-il recours ? Comment et pourquoi Achille refuse-t-il de se rendre à la raison ? Quels épisodes de la mythologie sont évoqués, et pourquoi ?

2. Comment Ajax, à son tour, tente-t-il de fléchir le héros courroucé ? (p. 54-55) Quelle est la réponse d'Achille ?

3. Imaginez votre propre discours : quels arguments auriez-vous trouvés pour persuader le fils de Thétis ?

Adjectifs homériques

«Ulysse au pied léger », «Athéna aux yeux pers »,
«l'Aurore aux doigts de rose »...

Relevez d'autres expressions du même type. Que
remarquez-vous ? Personnages et lieux sont-ils toujours
désignés par leur caractéristique principale ?

Dressez une liste de personnages, empruntés à l'histoire, à la littérature ou... à votre vie quotidienne, et amu-
sez-vous à leur décerner, sur le mode de la louange ou
de l'ironie, les qualificatifs de votre choix.

Captives et rebelles

Agamemnon, contraint de rendre à son père sa captive
Chryséis, dérobe à Achille sa «part d'honneur » : la jolie
Briséis. Mais si Homère consacre un chant entier à la
colère du fils de Thétis, il ne nous dit rien des pensées et
des sentiments des deux jeunes femmes. En effet, si les
femmes sont présentes dans la légende, elles décident
bien rarement de leur propre destin.

Depuis l'Antiquité, nombreuses sont les femmes qui,
par leur personnalité exceptionnelle, ont marqué l'histoire et contribué à une évolution des mentalités. Qui
étaient-elles ? Devinez-le en lisant ces quelques por-
traits :

A. Cette poétesse grecque, née au VIIe siècle av. J.-C.,
fut surnommée « la dixième muse » par Platon.

B. Brillante, cultivée, elle correspondit avec presque
toute l'Europe savante et se fit couronner *roi* en 1650.

C. On les appelait les «brigandes». Sous un costume
d'homme, elles se battaient pour Dieu et le roi...

D. En 1791, elle rédigea une *Déclaration des droits de la
femme et de la citoyenne*. Elle fut guillotinée en 1793.

E. Condamnée pour sa participation à la Commune de
Paris, elle fut déportée en Nouvelle-Calédonie. Elle ne
cessa, sa vie durant, de lutter pour les «damnés de la
terre ».

F. Cette physicienne d'origine polonaise fut la première
femme nommée professeur à la Sorbonne. On lui doit la
découverte du radium.

Solutions page 367

Dix questions pour conclure
(chant XV à la fin)

Le siège de Troie s'achève… vérifiez vos connaissances : serez-vous dans le camp des vainqueurs ?

1. *Quel dieu marche à la tête des rangs troyens ?*
A. Arès
B. Apollon
C. Poséidon

2. *Que font les Troyens lorsqu'ils atteignent les vaisseaux grecs ?*
A. Ils les brûlent
B. Ils les pillent
C. Ils les coulent

3. *Les guerriers d'Achille s'appellent :*
A. Les Argiens
B. Les Achéens
C. Les Myrmidons

4. *Par qui Patrocle est-il tué ?*
A. Agamemnon
B. Pâris
C. Hector

5. *Que prédit Patrocle en mourant ?*
A. La mort d'Achille
B. La mort d'Hector
C. La prise de Troie

6. *Quel objet Thétis va-t-elle chercher pour son fils Achille, et auprès de qui ?*
A. Un bouclier auprès d'Héphaïstos
B. Une lance auprès de Zeus
C. Un bouclier auprès d'Aphrodite

7. *Achille sait :*
A. Qu'il ne mourra pas devant Troie
B. Qu'il mourra devant Troie.
C. Il ne sait rien de sa mort

8. *Comment Achille tue-t-il Hector ?*
A. D'un coup de lance dans le cou
B. D'un coup d'épée dans le foie
C. D'une flèche dans le talon

9. *Quel instrument permet à Zeus de choisir entre la mort d'Hector et celle d'Achille ?*
A. La boule de cristal
B. La balance
C. Le trépied divinatoire

10. *Qui convainc Achille de rendre le corps d'Hector ?*
A. Patrocle
B. Zeus et Priam
C. Athéna

Solutions page 367

La harangue d'Ajax
. (p. 129)

Ajax s'adresse à l'armée pour enflammer l'ardeur des guerriers et fortifier leur courage.

1. Imaginez ses paroles pendant le combat.

2. Dans *Henry V* de Shakespeare, le roi, lors du siège d'Harfleur, s'adresse à ses troupes pour les exhorter à combattre vaillamment. Lisez attentivement l'extrait suivant. A quels sentiments et à quelles valeurs fait-il appel ? Quels points communs présente-t-il avec le discours d'Ajax ? Quelles différences notez-vous et par quels facteurs pouvez-vous les expliquer ?

« Dans la paix, rien ne sied à un homme comme le calme modeste et l'humilité. Mais quand la bourrasque de la guerre souffle à nos oreilles, alors imitez l'action du tigre, raidissez les muscles, surexcitez le sang, déguisez la sérénité naturelle en furie farouche ; puis donnez à l'œil une expression terrible ; faites-le saillir par l'embrasure de la tête comme le canon de bronze ; que le sourcil l'ombrage, effrayant comme un roc déchiqueté qui se projette en surplomb sur sa base minée par les lames de l'océan furieux et dévastateur ! Enfin montrez les dents, et dilatez les narines, retenez énergiquement l'haleine et donnez à toutes vos forces leur pleine extension… En avant, en avant, nobles anglais, qui devez votre sang à des pères aguerris, à des pères qui, comme autant d'Alexandres, ont, dans ces contrées, combattu du matin au soir et n'ont rengainé leurs épées que faute de résistance ! Ne déshonorez pas vos mères ; prouvez aujourd'hui que vous êtes vraiment les enfants de ceux que vous appelez vos pères ! Soyez l'exemple des hommes d'un sang plus grossier, et apprenez-leur à guerroyer. Et vous, braves militaires, dont les membres ont été formés en Angleterre, montrez-nous ici la valeur de votre terroir ; faites-nous jurer que vous êtes dignes de votre race. »

3. Imaginez la harangue qu'aurait pu improviser :

- Napoléon avant une bataille ;
- un chef d'armée américaine la veille du débarquement, le 5 juin 1944.

Le feu
(chants XV et XVI)

Composez un poème en alexandrins (vers de douze syllabes ou *pieds*) sur l'incendie des vaisseaux en respectant les rimes suivantes :

Navires merveilleux qui .... héroïque

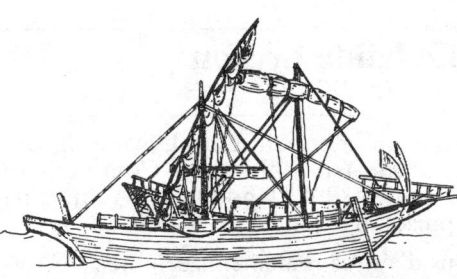

                                         panique
                                         combat
  bas
  patrie
  nourrie
  feu
  cheveu
  courage
  naufrage
  terreur
  malheur

Les dieux sont partout
(chant XVI)

1. Comment les dieux interviennent-ils durant le chant XVI ? Que pensez-vous de ces négociations et de ces décisions ?

2. Dans sa tragédie *Iphigénie*, Racine fait dire à Achille :

« Les dieux sont de nos jours les maîtres souverains
Mais, Seigneur, notre gloire est dans nos propres
mains. »

En quoi ces paroles résument-elles parfaitement la situation des héros de *l'Iliade* ? Dans ces destins déjà scellés, quelle part est laissée à la liberté individuelle ?

Le bouclier d'Achille

Par un dessin, un collage ou un modelage, vous essaierez de représenter le bouclier d'Achille en vous inspirant des indications données par Homère. Vous n'êtes pas obligé de suivre toutes les indications, ce serait trop difficile.

Le choix d'Achille
(p. 215)

Achille a eu à choisir, dès son jeune âge, entre une vie longue et médiocre et une vie courte et glorieuse. Il le sait et il nous le rappelle.

Mais vous, qu'auriez-vous choisi ?

Écrivez un texte d'au moins une page en justifiant votre choix.

Le faible Lycaon
(p. 232-235)

1. Que pensez-vous de la conduite de Lycaon devant Achille ? Que cherche-t-il à obtenir ? Comment se défend-il et que renie-t-il ? Et pourquoi Achille ne l'achève-t-il pas, puisqu'il le jette dans le fleuve ?

2. Connaissez-vous d'autres reniements célèbres ? Citez-en au moins un.

Solutions page 367

Hector et Achille
(chant XXII)

1. En quoi, par ses mots, ses pensées et ses demandes, Hector mourant fait-il preuve de noblesse ? Quelle est la réponse d'Achille ?

Pensez-vous qu'il faille toujours accéder aux demandes d'un mourant ? Qu'auriez-vous fait à la place d'Achille ?

2. A Troie, on s'indigne de la brutalité du vainqueur, dans le camp des Grecs, on la comprend. En supposant que vous ayez à rédiger une chronique de cette guerre, imaginez le récit qu'en feraient les partisans de l'un et l'autre camp.

Les jeux funèbres
(chant XXIII)

A l'occasion des funérailles de Patrocle, les guerriers achéens rivalisent de force et d'adresse.

1. Faites le relevé des différentes épreuves, des gagnants et des prix. Les règles de ces joutes sont-elles précisées ? Quelles sont-elles ?

Selon la légende, c'est Héraclès (Hercule pour les Romains), célèbre par ses douze travaux, qui est à l'origine des jeux d'Olympie, d'abord simples compétitions locales. Les jeux se déroulaient tous les quatre ans, à la fin de l'été; pendant leur durée, une trêve sacrée était respectée, les combats suspendus. Le premier jour des jeux était consacré aux cérémonies religieuses et aux sacrifices. Les épreuves elles-mêmes duraient six jours : course à pied, pentathlon (course, saut, lutte, javelot, disque), lutte, pugilat, pancrace, course de chevaux et de chars. Les vainqueurs recevaient une simple couronne d'olivier. Cette tradition perdura jusqu'en 393 ap. J.-C. Ce n'est qu'en 1896 que le Français Pierre de Coubertin les remit à l'honneur, à Athènes, naturellement.

2. Vous souvenez-vous des douze travaux d'Héraclès ? Si vous parvenez à en citer au moins dix sans vous tromper, alors, bravo, vous êtes très fort !

Solutions page 368

Solutions page 368

Les plaintes d'Hécube
(p. 252 et chant XXIV)

Hécube voit Troie perdue, incendiée, prise, sa famille disparue ou dispersée.
Prenez la parole en son nom et composez, tel un aède, une «lamentation» où la mère d'Hector fera revivre pour votre auditoire les événements douloureux qui lui ont ravi un fils. Elle pleurera les morts et rappellera leurs hauts faits; elle évoquera les jours heureux du passé et laissera enfin libre cours à sa douleur.

2
LE DOSSIER GREC

En grec dans le texte

Les Grecs avaient, et ont encore, un alphabet différent du nôtre. Voici le tableau de l'alphabet grec ancien.

A	α	alpha	a	Ξ	ξ	xi	x
B	β.ϐ	bêta	b	O	o	omicronn	o
Γ	γ	gamma	g	Π	π	pi	p
Δ	δ	delta	d	P	ρ	rhô	r
E	ε	epsilonn	é	Σ	σ.ς	sigma	s
Z	ξ	dzêta	dz	T	τ	tau	t
H	η	êta	ê	Y	υ	upsilonn	u
Θ	θ	thêta	th	Φ	φ	phi	ph
I	ι	iôta	i	X	χ	khi	ch
K	κ	kappa	k	Ψ	ψ	psi	ps
Λ	λ	lambda	l	Ω	ω	ôméga	ô
M	μ	mu	m				
N	ν	nu	n				

1. Quelles sont les lettres de l'alphabet latin (ou français) qui n'existent pas en grec?

2. Essayez maintenant de lire quelques mots :

Ἀχιλλεύς Ἀγαμέμνων Ἀθηνᾶ

Sauriez-vous lire le nom grec d'Ulysse? (Ὀδυσσεύς)
Que vous rappelle-t-il?

3. Essayez maintenant de transcrire en grec votre nom et votre prénom.

Étymologie

L'étymologie est une discipline qui permet de connaître l'origine des mots et d'éclairer leur sens. Beaucoup de mots français viennent du latin, mais aussi du grec. Les bases (ou radicaux) antiques ont été utilisées pour créer de nouveaux mots et parfois l'évolution de la langue a changé leur orthographe et leur prononciation.

Certains mots français dérivent d'un ou de plusieurs mots grecs. Par exemple :

Dino (*deinos*, terrible) - saure (*saura*, lézard); Rhino (*rhinos*, le nez) - céros (keras, corne); Ortho (*orthos*, droit, juste) - graphe (*graphein*, écrire); Géo (*gé*, la terre) - graphie; Bio (*bios*, la vie) - logie (*logos*, le discours, la science).

Certains préfixes viennent aussi du grec; par exemple :

Hypo (en dessous), *méta* (ce qui dépasse), *télé* (à distance), *péri* (autour de), *micro* (petit), *macro* (grand), *hyper* (très grand).

1. Trouvez des mots que vous pourrez expliquer de la même manière, en tout ou en partie (les racines, en particulier les mots qui comportent la même racine que les exemples, les préfixes, en particulier les mots qui comportent le même préfixe que les exemples).

2. Expliquez les mots suivants :

télévision
hypermarché
périphrase
microphone
macroscopie
métamorphose
hypodermique

3. Un certain nombre de prénoms français viennent du grec. Voici une liste de 10 prénoms correspondant à 10 définitions. A vous de trouver l'origine de chacun.

1. Sophie
2. Agathe
3. Eugène
4. Irène
5. Delphine
6. Philippe
7. Angèle
8. Aglaé
9. Mélanie
10. Stéphanie

A. le dauphin, celle qui aime les dauphins
B. celle qui est bonne
C. celle qui annonce, celle qui sert de messager
D. celui qui est d'une bonne lignée, qui est bien né
E. la paix
F. la brillante
G. celle qui est couronnée
H. celle qui est noire
I. celui qui aime les chevaux
J. la sagesse

4. A partir de l'étymologie des mots cités, vous pouvez former des mots nouveaux comme hypersaure : très grand reptile, ou microdelphis : petit dauphin.
Et pourquoi ne pas dessiner ces animaux étranges de votre bestiaire imaginaire ?

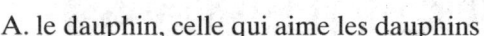

Solutions page 368

3
LE DOSSIER DE LA GUERRE DE TROIE

Quelques repères chronologiques

Age du bronze :

– 2000 av. J.-C. : prédominance de la Crète.

– 1750-1400 av. J.-C. : apogée de la civilisation crétoise, dite minoenne. Palais de Cnossos. Fondation des plus anciens palais de Mycènes, Thèbes et Tirynthe.

– 1600-1300 av. J.-C. : essor de la civilisation mycénienne.

– Vers 1230 av. J.-C. : prise de Troie. Apogée de la civilisation mycénienne.

– Vers 1100 av. J.-C. : destruction de Mycènes par les Doriens.

Age du fer :

– XIe siècle av. J.-C. : fondation de Sparte.

– Xe au Ve siècle av. J.-C. : colonisation grecque en Espagne, Gaule, Sicile, Italie, Asie mineure…

– Entre 800 et 700 av. J.-C. : rédaction de *l'Iliade* et de *l'Odyssée*. (Période archaïque).

– Vers 600 av. J.-C. : début de la démocratie à Athènes.

Histoires de famille : les Atrides

Agamemnon, frère de Ménélas, combat à la tête de l'armée grecque. Fils d'Atrée, il est le chef d'une puissante famille, issue de Zeus, dont l'histoire est fertile en meurtres sauvages et en haines inexpiables : les Atrides. Atrée convoitait le trône de Mycènes; pour écarter son rival, qui n'était autre que son propre frère, Thyeste, il tua deux des fils de celui-ci, coupa leurs corps en morceaux et les servit à Thyeste au cours d'un banquet. On dit que le Soleil, épouvanté par ce spectacle, se détourna de sa route. Thyeste s'unit alors à sa propre fille, Pélopia : leur fils, Éghiste, poursuivit Atrée de sa haine et finit par le tuer.

Après la mort de son père, Agamemnon épousa Clytemnestre, la sœur d'Hélène. Plusieurs enfants naquirent de cette union, parmi lesquels Oreste, Iphigénie et Électre.

Clytemnestre ne pardonna jamais à Agamemnon le sacrifice d'Iphigénie. Pendant son absence, elle devint la maîtresse d'Éghiste. De retour de Troie, le roi de Mycènes fut assassiné dans son sommeil par l'amant de sa femme. Des années plus tard, Oreste devait venger son père en tuant Clytemnestre et Éghiste... Meurtre, adultère, inceste... par la suite, ce nom d'*Atride,* à la tragique célébrité, est passé dans le langage commun pour désigner une famille où le crime semble être héréditaire.

Cette sanglante histoire a inspiré, au cours des siècles, bien des œuvres littéraires et musicales. Saurez-vous consulter dictionnaires et encyclopédies pour répondre à ces quelques questions?

1. De l'œuvre dramatique de ce poète, né vers 480 av. J.-C., dix-sept tragédies nous sont parvenues. Quatre d'entre elles, *Électre*, *Oreste*, *Iphigénie en Aulide* et *Iphigénie en Tauride*, s'inspirent du drame des Atrides. Quel est son nom ?

2. Le dramaturge grec Eschyle (525-456 av. J.-C.), à la fin de sa vie, écrivit la trilogie de *L'Orestie* : *Agamemnon, Les Choéphores...* Quel est le titre de la troisième tragédie et que signifie-t-il ?

3. *L'Elektra* de Hugo von Hoffmannstahl (1874-1929) fut représentée en 1905. Un célèbre compositeur allemand en fit un opéra. De qui s'agit-il ?

4. *Le deuil sied à Électre...* Quel est l'auteur de cette pièce de théâtre, représentée en 1932 ? Quel écrivain français écrivit, six ans plus tard, une autre pièce sur le même thème ?

Solutions page 368

L'armée grecque

Pendant votre lecture, vous avez vu bien des héros s'affronter. L'art de la guerre tient une grande place dans la vie des Achéens et des Troyens... Faites le point sur vos propres connaissances :

1. L'hoplite est un fantassin
VRAI/FAUX
2. Les pointes des flèches utilisées par les archers sont en fer
VRAI/FAUX
3. L'équipage d'un char de combat se compose d'un conducteur et d'un combattant
VRAI/FAUX
4. Arès, dieu de la guerre, protège plus particulièrement les combattants en char
VRAI/FAUX
5. Le char est orné d'incrustations en os ou en ivoire et peint de couleurs vives
VRAI/FAUX
6. Les pointes des flèches sont enduites de poison
VRAI/FAUX

7. Pour le citoyen-soldat, à Athènes, la carrière militaire dure de 14 à 35 ans
VRAI/FAUX

8. Les Crétois furent les premiers à utiliser l'épée à lame étroite qui permettait de frapper d'estoc, c'est-à-dire avec la pointe de la lame
VRAI/FAUX

9. Les guerriers se protègent à l'aide d'un long bouclier en cuir bordé de métal
VRAI/FAUX

10. Les combats ne se déroulent pas selon une tactique préétablie : la stratégie n'existe pas encore. On se bat par régions, par familles
VRAI/FAUX

Solutions page 368

La guerre de Troie dans le désordre

A vous de remettre dans l'ordre chronologique ces épisodes de la guerre…

A. Achille rend le corps d'Hector à Priam
B. Achille tue Hector
C. Agamemnon doit sacrifier Iphigénie pour que la flotte grecque puisse voguer jusqu'à Troie
D. Duel entre Ajax et Hector
E. Duel entre Ménélas et Pâris
F. Hector tue Patrocle

G. La défaite des Grecs est évitée grâce à la nuit

H. La Discorde offre, au banquet des dieux, une pomme destinée "à la plus belle"

I. Combat pour les vaisseaux

J. Les Grecs feignent d'abandonner le siège de Troie en laissant le cheval de bois sur la plage comme offrande

K. Ménélas enlève Hélène

L. Pâris choisit Aphrodite sur le mont Ida

M. Ulysse ne parvient pas à convaincre Achille de reprendre les armes

N. Achille est furieux contre Agamemnon

Solutions page 369

Dieux grecs et dieux romains

On sait que la mythologie latine a emprunté nombre de dieux au panthéon grec. Et les latins ont naturellement adapté les noms. Sauriez-vous rendre à chaque dieu grec son nom latin ?

1. Aphrodite	A. Jupiter
2. Arès	B. Vénus
3. Artémis	C. Neptune
4. Athéna	D. Bacchus
5. Cronos	E. Minerve
6. Déméter	F. Proserpine
7. Dionysos	G. Cérès
8. Hadès	H. Pluton
9. Héra	I. Diane
10. Perséphone	J. Junon
11. Poséidon	K. Mars
12. Zeus	L. Saturne

Solutions page 369

Rois et royaumes

1. Chacun de ces rois règne sur une ville ou une région grecque ou troyenne. Rendez à chaque roi son royaume.

1. Achille
2. Agamemnon

3. Diomède
4. Ménélas
5. Nestor
6. Ulysse
7. Priam

A. Mycènes
B. Sparte
C. la Thessalie
D. Ithaque
E. Pylos
F. Argos
G. Troie

2. Placez maintenant sur la carte les territoires gouvernés par ces rois.

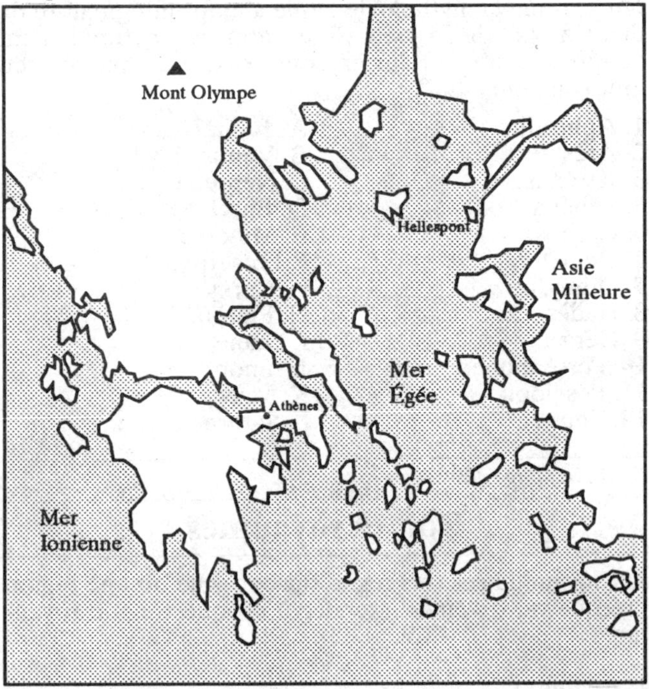

Mont Olympe

Hellespont

Asie
Mineure

Mer
Égée

Athènes

Mer
Ionienne

Solutions page 369

Les survivants

La prise de Troie par les Achéens est l'occasion d'un effroyable massacre. La ville est pillée et détruite, ses habitants tués ou emmenés en captivité. Tous ? Non. A travers mille dangers, un homme a réussi à s'enfuir. Escorté de quelques compagnons fidèles, il porte son père sur son dos et tient par la main son jeune fils Ascagne.

1. Quel est le nom de cet homme ?

2. Quel auteur latin composa un poème épique où sont chantés les exploits de ce héros ?

3. Au cours de leur périlleux voyage, les Troyens rescapés abordent le rivage de la Libye. Là s'élève une ville où règne une femme d'une grande beauté. Un amour dévorant va naître dans son cœur à la vue du prince troyen, un amour fatal que Henry Purcell (musicien anglais, 1659-1695) a immortalisé dans un opéra. Quel est le nom de cette reine ?

4. Selon la légende, une ville fut fondée par ces hommes intrépides. Une ville qui devait, bien plus tard, dominer le monde... de quelle ville s'agit-il ?

Solutions page 369

La cité perdue

Retrouver les vestiges de la cité de Priam : c'est le rêve d'un garçon de huit ans, Heinrich Schliemann, passionné par les exploits héroïques contés dans *l'Iliade* et *l'Odyssée*. Il est persuadé que la guerre de Troie a bien eu lieu et que les récits d'Homère reposent sur une indiscutable réalité historique. Des murailles aussi gigantesques n'ont pu être entièrement détruites ; la légendaire Ilion est là, quelque part : il suffit de creuser. Quarante ans plus tard, cet homme qui a exercé tous les métiers : commis d'épicerie, mousse, garçon de bureau... qui parle vingt langues et a amassé une considérable fortune, n'a pas oublié son rêve d'enfance. En se fiant uniquement aux descriptions du poète, dédaigneux des incrédules et des critiques – il s'en trouvera beaucoup – il va chercher et découvrir le site de Troie, sur la colline d'Hissarlik, en Turquie. Le 11 octobre 1871, les fouilles commencent. Et la persévérance de Schliemann est récompensée : il va mettre au jour, non seulement les fondations de la cité, mais aussi un fabuleux trésor : le « trésor de Priam ».

Aujourd'hui on sait que la ville retrouvée par Schliemann date du IIIe millénaire avant J.-C., c'est-à-dire près de 1000 ans avant la guerre de Troie. Mais des fouilles plus récentes, conduites par Dörpfeld, ont permis de découvrir la Troie homérique.

Quant au trésor de Priam, les merveilleux bijoux exhumés par Schliemann, il a disparu en 1944, lors du bombardement de Berlin.

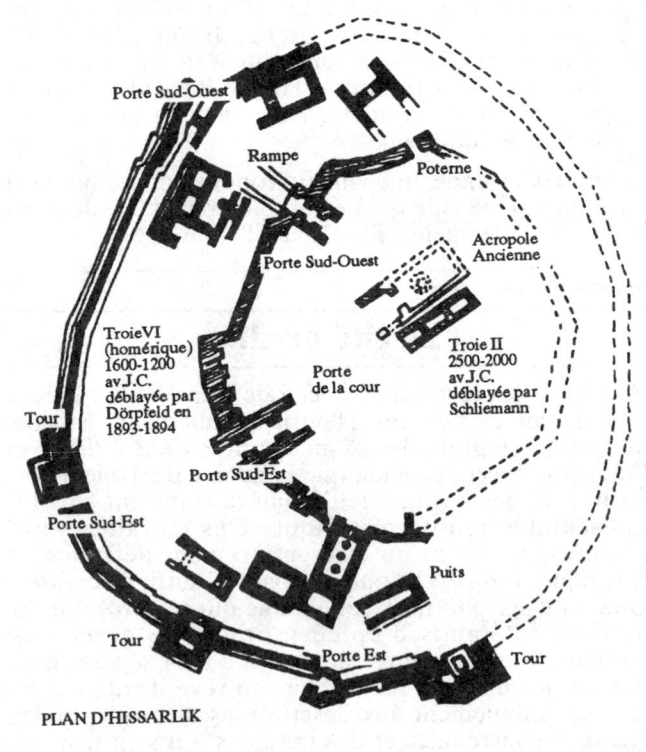

PLAN D'HISSARLIK

4
LES ÉPOPÉES

Qu'est-ce qu'une épopée ? Ce mot englobe poèmes, chansons, contes en prose transmis par la tradition orale. Il est donc bien difficile à définir. L'épopée, en général, met en scène des personnages valeureux, et commente leurs actions héroïques et prodigieuses ; parfois très proche du mythe (le *Mahâbhârata*, l'*Épopée de Gilgamesh*) elle est souvent liée à l'histoire d'un peuple, aux origines d'une nation (*l'Iliade*, *l'Énéide*). En elle s'accomplit la fusion du profane et du sacré : c'est pourquoi elle nous fascine encore aujourd'hui, car elle a formé notre imagination, notre morale et nos cultures, si diverses qu'elles puissent être.

Le Kalevala

Au début du XIXe siècle, un poète, Elias Lönnrot, décide de recueillir les chants populaires de son pays, transmis depuis des siècles par la tradition orale. Il les rassemble par thèmes et compose le Kalevala *qui fait revivre les personnages de la mythologie finnoise. Dans ce passage, le vieux Väinämöinen a été avalé par le géant Vipunen; après s'être construit un bateau pour naviguer « d'un bout de l'intestin à l'autre », il martèle nuit et jour l'estomac du vieux sorcier, le soumettant à un véritable supplice…*

« Apaise-toi, chien de Hiisi,
Calme-toi, roquet de Mana,
Sors de ma poitrine, canaille,
Quitte mon foie, terreur du monde,
Cesse de dévorer mon cœur,
De ravager ma pauvre rate,
De remuer mes intestins,
De tournoyer dans mes poumons,
De me grignoter le nombril,
De me lacérer les deux tempes,
De me griffer les os du dos,
De me torturer les côtés !

« Si je n'ai pas assez de force,
J'invoquerai les plus puissants
pour me délivrer du fléau,
Pour expulser cet affreux monstre.

« Du sol sortiront les patronnes,
Du champ les antiques ancêtres,
Des plaines les hommes au glaive,
Du sable tous les cavaliers,
Pour m'encourager, m'assister,
Pour m'affermir, me secourir
Dans cette tâche difficile,
Dans cette douleur effroyable.

« Si le maudit n'obéit point,
S'il ne recule pas du tout,
Forêt, accours avec tes hommes,
Bois de genièvre avec ton peuple,
Pinède avec toute ta race,
Lac limpide avec tes enfants,
Cent hommes armés de longs glaives,
Mille héros munis de fers
Pour frictionner ce Hiisi,
Pour anéantir ce Juutas ! »

Elias Lönnrot,
Le Kalevala
© Stock

La Chanson de Roland

La Chanson de Roland *est le plus ancien de nos récits épiques. Rédigée vers 1100, elle brosse, sur une mince trame historique (le massacre de l'arrière-garde de l'armée de Charlemagne, en 778, par des montagnards basques, dans les Pyrénées) une merveilleuse fresque légendaire. L'un des passages les plus célèbres demeure celui où Olivier, le fidèle et sage compagnon de Roland, devant un ennemi supérieur en nombre, invite son ami à sonner de son cor pour alerter le reste de l'armée.*

« Ami Roland, sonnez donc de votre cor. Charles l'entendra, lui qui traverse les défilés. Je vous le garantis, les Français feront aussitôt demi-tour.
– A Dieu ne plaise, réplique Roland, que personne au

monde dise jamais que j'ai sonné du cor pour des
païens. Mes parents n'encourront jamais ce reproche.
Quand je serai au cœur de l'immense bataille et que je
frapperai des milliers de coups, vous verrez l'acier de
Durendal tout trempé de sang. Les Français sont courageux, ils frapperont vaillamment; jamais ceux
d'Espagne ne seront protégés de la mort. »

La Chanson de Roland

L'Épopée de Gilgamesh

*L'Épopée de Gilgamesh est la plus vieille épopée
connue. Elle ne nous est malheureusement parvenue que
par fragments et a été écrite il y a trente-cinq siècles en
Mésopotamie (actuel Irak). Gilgamesh, « le grand
homme qui ne voulait pas mourir », a réellement existé.
Mais la légende s'est emparée de lui, comme des héros de
la guerre de Troie, pour en faire un être surnaturel…*

« Après que Gilgamesh eut été créé par les grands
             dieux
Shamash lui accorda la beauté
Et Adad la vaillance.
Pour deux tiers il est dieu
Pour un tiers il est homme
Il est semblable à un taureau sauvage
Sa force est incomparable
Ses armes sont invincibles.
Aux battements du tambour
Son peuple est attentif.
En leurs maisons les gens d'Ourouk
Vivent sans cesse dans la crainte.
Ils disent :
"Gilgamesh ne laisse pas un fils à son père
Jour et nuit règne sa violence
Mais Gilgamesh, le pasteur d'Ourouk aux remparts
Est notre pasteur
Le fort, l'admirable, l'omniscient.
Il ne laisse pas une vierge à sa mère
Fille de guerrier ou promise à un héros. »

L'Épopée de Gilgamesh
© Berg International Éditeurs

Jérusalem délivrée

La Jérusalem délivrée, poème épique en vingt chants, fut dédiée par son auteur, Torquato Tasso dit Le Tasse (1544-1595) à Alphonse II d'Este, duc de Ferrare. S'inspirant des chroniqueurs de la première croisade et mêlant au récit des combats des épisodes amoureux, le poète conte la conquête de Jérusalem par les Croisés, qui ont placé à leur tête Godefroi de Bouillon, le plus brave de tous les chevaliers...

« Déjà le soleil avait cinq fois parcouru son oblique carrière, depuis que l'ardeur d'un saint zèle avait entraîné les chrétiens dans l'Orient. Nicée avait cédé à leur audace : la puissante Antioche, surprise par leur adresse, avait été défendue par leur valeur contre toutes les forces de la Perse. Maîtres de Tortose, l'hiver suspendait leurs efforts, et ils attendaient le retour du printemps.

Déjà cette saison qui enchaîne l'activité des guerriers touchait à sa fin, quand du haut de son trône, de ce trône qui s'élève autant au-dessus de la sphère étoilée, que les étoiles s'élèvent au-dessus des enfers, l'Éternel abaissa ses yeux sur la terre ; en un seul instant, un seul de ses regards embrasse l'univers et tous les êtres qu'il renferme.

Tout est présent à sa vue ; mais surtout elle se fixe sur la Syrie et sur les princes chrétiens. De ce coup d'œil qui pénètre les cœurs et qui en éclaire les replis les plus tortueux, il voit Godefroi enflammé du zèle le plus pur. Ce guerrier plein de foi brûle d'affranchir Solime du joug de l'impie. La gloire, les empires, les richesses, tout est vil à ses yeux.

L'ambitieux Baudouin n'aspire qu'aux grandeurs humaines dont il est occupé tout entier. Tancrède en proie à un amour funeste qui l'agite et le dévore, dédaigne la vie. Boëmond jette dans Antioche les fondements de son nouvel empire, établit des lois, crée les arts, et donne à ses sujets un culte pur et les vertus.

Profondément absorbé dans ces grands desseins, il ne paraît plus connaître d'autre gloire, ni d'autres exploits. L'âme impétueuse de Renaud appelle la guerre, et s'indigne contre le repos. Ce ne sont point des trésors, ce n'est point un empire qui flatte ses vœux; il ne brûle que pour l'honneur; mais il brûle d'une ardeur immodérée. »

Le Tasse,
Jérusalem délivrée

Le Dit des Heiké

Le Dit des Heiké est le troisième volet de la grande trilogie épique qui a joué un rôle essentiel dans l'histoire des lettres et de la civilisation japonaises. Elle relate les événements qui ont bouleversé les structures politiques et sociales du Japon dans la seconde moitié du XIIᵉ siècle. L'épisode suivant – la bataille du pont d'Uji – a constamment inspiré artistes et dramaturges.

« Ashikaga sur une tunique de damas couleur feuille-morte portait cuirasse à lacets de cuir rouge et casque à hautes cornes; un sabre frappé d'or à la ceinture, un carquois de flèches empennées de plumes blanches rayées de noir au dos, l'arc cerclé de rotin à la main, il montait un cheval pommelé, sur une selle bordée d'or à dessin de hiboux sur un chêne. Dressé sur ses étriers, d'une voix forte il se nomma : "Au loin sa renommée vous sera parvenue, de près, sous vos yeux, voyez-le ! Descendant à la dixième génération de celui qui jadis détruisit le rebelle Masakado et en fut récompensé, Tawara Tôda Hidésato, fils d'Ashikaga no Tarô Toshitsuna, voici Matatarô Tadatsuna, qui dans la dix-septième année de son âge, sans être pourvu d'office ni rang, ose se dresser contre le Prince, tendre son arc et lui décocher ses flèches, entreprise non peu redoutable certes, mais qu'importe, car le succès que les dieux accorderont à ses arc et flèches est l'affaire des Heiké ! Quiconque, dans le parti de Messire le Religieux du Troisième rang, se jugera digne de moi, qu'il approche ! Il me trouvera !" s'écria-t-il et il se lança à l'attaque du portail du Byôdô-in.

Quand il vit cela, le chef suprême, le Capitaine de la Garde Militaire de la Gauche Tomomori ordonna : "Traversez ! Traversez !" et lors les vingt-huit mille cavaliers tous se jetèrent à l'eau. Barrées par les chevaux et les hommes, les eaux si rapides pourtant de la rivière d'Uji refluèrent vers l'amont. Mais quand par hasard l'eau parvenait à passer, elle emportait tout d'un élan irrésistible. Les valets traversaient au flanc des chevaux, à l'aval, si bien que bon nombre d'entre eux ne se mouillèrent pas plus haut que le genou. Pour je ne sais quelle raison, des gens des deux provinces d'Iga et d'Isé, de l'armée impériale, les rangs de leurs chevaux rompus, se noyèrent et six cents cavaliers furent ainsi emportés par les flots. Les cuirasses de toutes couleurs, à lacets vert-jaune, couleur flamme ou rouges, ballottées par les vagues, tantôt émergeaient tantôt coulaient, pareilles en tout point au feuillage rougeoyant du mont Kamunabi, qui cédant à l'invite de la tempête des cimes, à la fin de l'automne sur la rivière de Tatsuta, se heurte à l'obstacle des barrages. »

Le Dit des Heiké,
© A. L. C.

Le Mahâbhârata

Le Mahâbhârata est sans nul doute la plus grande épopée de la culture indienne. Composé entre l'an mille avant notre ère et le VIe siècle, il comporte cent vingt mille versets contenus dans dix-neuf livres. (Il n'en existe pas de traduction intégrale en français, mais une excellente sélection est proposée en Garnier-Flammarion.) Le Mahâbhârata raconte la lutte épique que se livrèrent les Pandava et les Kaurava, deux groupes de cousins germains. Dans l'extrait qui va suivre, Arjuna, le héros de ce poème, exprime au dieu Krishna les doutes qui l'assaillent au moment de livrer un combat décisif à ses ennemis qui sont aussi des gens de sa famille.

« Debout dans son char, Arjuna faisait face à l'armée ennemie. Il pouvait maintenant apercevoir les fils de Dhrtarâstra. Dans le bruit assourdissant provoqué par les multiples cors, tambours de guerre et trompettes, Arjuna, saisissant son arc Gandiva, dit :
– Krishna, conduis mon char entre les deux armées. Je veux voir tous ces héros que nous allons affronter. Je veux voir tous ces héros qui sont si désireux de nous affronter. Je veux voir qui nous allons combattre. Je

veux voir tous ces grands héros qui servent Duryodhana.

Krishna fit avancer le char jusqu'à la place qu'avait désignée Arjuna : face à Bhîsma, Drona et tous les autres.

– Regarde, Arjuna, dit-il. Regarde l'immense armée rassemblée par Bhîsma et Drona. Regarde tous les Kauravas qui sont ici présents pour mourir de ta propre main.

Arjuna contemplait ce spectacle grandiose. Il voyait les héros prêts pour la bataille, mais il voyait aussi tous ceux qui étaient chers à son cœur. Il y avait là ses grands-pères, ses maîtres, ses oncles, frères et fils, ses amis les plus chers et ses camarades. Il les regarda tant et tant que soudain il ressentit pour eux une profonde compassion. Sa voix tremblant de chagrin, il dit :

– Je sens une terrible faiblesse qui m'envahit. Ma bouche est sèche et je tremble de tout mon corps. La tête me tourne ; je suis si faible. Je n'ai plus la force de tenir mon arc. En voyant tous mes parents, je sens que je ne peux les combattre. Rien de bon ne peut venir de leur mort. Je ne désire pas gagner cette guerre. Je ne désire aucun royaume et les plaisirs de ce monde ne m'importent pas. Jamais je ne tuerai ces héros pour régner sur les trois mondes. Est-ce que je devrais attenter à la vie des fils de Dhrtarâstra pour l'éphémère plaisir de régner ? Certes ont-ils été cupides, malveillants, avares et avides, je le reconnais. Il n'en demeure pas moins qu'ils sont mes cousins, et c'est un grave péché de tuer quelqu'un de sa famille. Je préfère me détourner de cette guerre. Je ne veux pas combattre.

Arjuna s'était affaissé sur le siège de son char. Il avait jeté au loin son arc et ses flèches, et son cœur était plein d'une peine infinie. Ses yeux brillaient de larmes.

Après l'avoir observé quelques instants, Krishna lui dit :

– Arjuna, pourquoi te laisses-tu submerger par cette inquiétude ? Ne vois-tu pas que la situation est critique ? Ta vie traverse une grave crise et tu permets à tous ces sentiments de la bousculer encore plus. Ces sentiments ne sont pas nobles ; ils t'éloignent du ciel et entachent ton noble nom. Chasse cette faiblesse de ton cœur et agis. Allons, Arjuna ; prépare-toi pour le combat ! »

Le Mahâbârata

5
SOLUTIONS DES JEUX

Quel héros êtes-vous ?
(p. 337)

Si vous obtenez une majorité de ○ : rusé, courageux, toujours prêt à quelque malice pour mener à bien vos projets, vous ressemblez à Ulysse. Attention à vous si l'on découvre vos manœuvres !

Si vous obtenez une majorité de □ : pondéré, calme, toujours de bon conseil, vous seriez plutôt un Nestor. Vous avez de l'influence sur vos camarades. Mais la violence, parfois, vous désarçonne.

Si vous obtenez une majorité de △ : vous êtes Achille, le héros. Un honneur éclatant qui n'a pas que des avantages. Ombrageux, vous ne savez pas toujours vous dominer et vos relations avec les autres s'en ressentent.

Dix questions pour commencer
(p. 339)

1 : B (p. 26-27) - 2 : A. (p. 37) - 3 : A (p. 42) - 4 : C (p. 55) - 5. B (p. 64-67) - 6 : C (p. 70-72) - 7 : B (p. 96-97) - 8 : C (p. 98) - 9 : A (p. 103) - 10 : B (p. 107)

Si vous obtenez de 8 à 10 bonnes réponses : on ne peut qu'admirer la précision et la fidélité de votre mémoire. Vous évoluez au milieu des dieux et des héros avec la plus grande aisance. Bravo !

Si vous obtenez de 4 à 7 bonnes réponses : dans la mêlée, vous avez un peu perdu la tête. Relisez attentivement le début du texte et tout ira bien.

Si vous obtenez moins de 4 bonnes réponses : vous êtes-vous endormi près de votre nef creuse ? Attention, la bataille risque d'avoir lieu sans vous !

Le sacrifice d'Iphigénie
(p. 340)

L'intrus est Pierre Corneille.

Captives et rebelles
(p. 342)

A. Sappho - B. Christine de Suède (1626-1689) - C. Pendant les guerres de Vendée, elles se battaient aux côtés des Blancs. L'histoire a surtout retenu le nom de l'une d'entre elles : Renée Bordereau. - D. Olympe de Gouges - E. Louise Michel (1830-1905) - Marie Curie (1867 - 1934)

Dix questions pour conclure
(p. 343)

1 : B (p. 124) - 2 : A (p. 132-135) - 3 : C (p. 141) - 4 : C (p. 159) - 5 : B (p. 160) - 6 : A (p. 196-203) - 7 : B (p. 215) - 8 : A (p. 259) - 9 : B (p. 256) - 10 : B (chant XXIV)

Si vous obtenez de 8 à 10 bonnes réponses : quelle époque épique ! Bientôt elle n'aura plus de secrets pour vous. Félicitations ! Plongez-vous vite dans la lecture de L'*Odyssée*.

Si vous obtenez de 4 à 7 bonnes réponses : si vous avez pris part avec passion à ces actions héroïques, quelques détails sont restés… sur le champ de bataille. Prenez la peine de les relever…

Si vous obtenez moins de 4 bonnes réponses : vous en êtes encore à vous demander si Achille est oui ou non le frère d'Agamemnon… Replongez-vous dans la mêlée avec courage !

Le faible Lycaon
(p. 346)

2. Le plus célèbre se trouve dans le Nouveau Testament : le reniement de saint Pierre.

Les jeux funèbres
(p. 346)

Il tue le lion de Némée et revêt sa peau - Il tue l'hydre de Lerne et trempe ses flèches dans le sang du monstre - Il capture le sanglier d'Érymanthe - Il saisit à la course la biche de Cérynie aux pieds d'airain - Il abat les oiseaux du lac Stymphale - Il nettoie les écuries d'Augias - Il capture le taureau de Crète - Il s'empare des juments de Diomède, qui se nourrissaient de chair humaine - Il dérobe la ceinture de la reine des Amazones - Il capture les troupeaux de bœufs de Géryon - Il s'empare des pommes d'or du jardin des Hespérides - Il va chercher Cerbère aux Enfers.

Étymologie
(p. 343)

1 : J - 2 : B - 3 : D - 4 : E - 5 : A - 6 : I - 7 : C - 8 : F - 9 : H - 10 : G.

Histoires de famille : les Atrides
(p. 352)

1. Euripide
2. *Les Euménides* (Les bienfaisantes. Ainsi se sont transformées les Érynnies vengeresses qui poursuivaient Oreste après le meurtre de Clytemnestre.)
3. Richard Strauss (1864-1949)
4. Eugène O'Neill, écrivain américain (1888-1953) - Jean Giraudoux (1882-1944) a également écrit *La guerre de Troie n'aura pas lieu*

L'armée grecque
(p. 353)

1. vrai
2. faux, elles sont en bronze
3. vrai
4. faux : les fantassins révèrent Arès; Poséidon protège les combattants en char
5. vrai
6. vrai

7. faux : de 18 à 60 ans, soit 42 ans !
8. faux : les Mycéniens furent les premiers à utiliser cette arme révolutionnaire
9. vrai
10. vrai

La guerre de Troie dans le désordre
(p. 354)

H - L - K - C - N - E - D - G - M - I - F - B - A - J

Dieux grecs et dieux romains
(p. 355)

1 : B - 2 : K - 3 : I - 4 : E - 5 : L - 6 : G - 7 : D - 8 : H - 9 : J - 10 : F - 11 : C - 12 : A

Rois et royaumes
(p. 355)

1. 1 : C - 2 : A - 3 : F - 4 : B - 5 : E - 6 : D - 7 : G
2. A : 3 - B : 7 - C : 5 - D : 1 - E : 2 - F : 6 - G : 4

Les survivants
(p. 357)

1. Énée - **2.** Le poète Virgile (vers 70 av. J. -C. - vers 19 av. J. -C.) composa *l'Énéide* - **3.** Didon - **4.** Rome

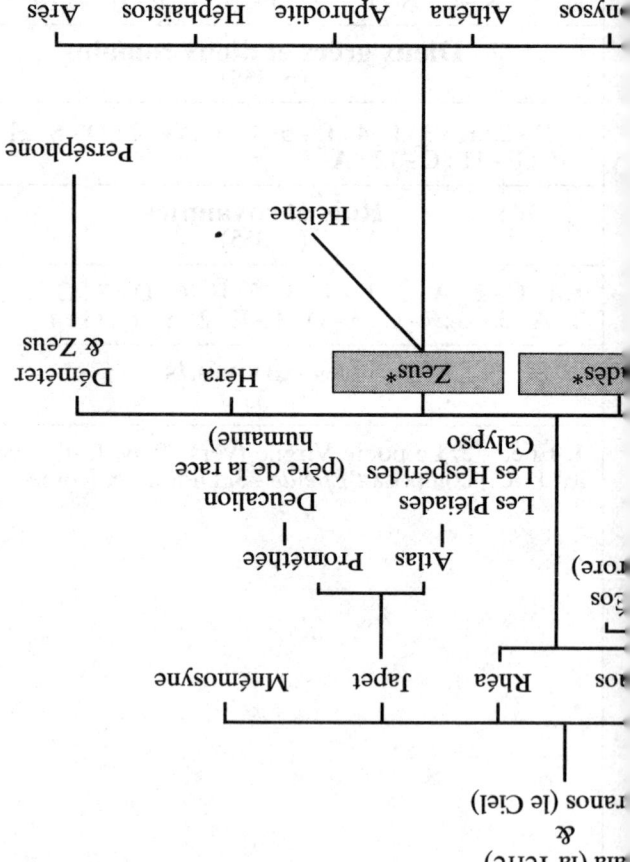

* Tous les trois se partagèrent l'Univers après leur victoire sur les Titans. Poséidon devint dieu de la Mer, Hadès, dieu du Monde souterrain et Zeus, dieu du Ciel.